Ekkehard Kaier
Edwin Rudolfs

Turbo Pascal-Wegweiser für Mikrocomputer Grundkurs

Mikrocomputer sind Vielzweck-Computer (General Purpose Computer) mit vielfältigen Anwendungsmöglichkeiten wie Textverarbeitung, Datei/Datenbank, Tabellenverarbeitung, Grafik und Musik. Gerade für den Anfänger ist diese Vielfalt häufig verwirrend. Hier bieten die Wegweiser-Bücher eine klare und leicht verständliche Orientierungshilfe.

Jedes Wegweiser-Buch wendet sich an Benutzer eines bestimmten Mikrocomputers bzw. Programmiersystems mit dem Ziel, Wege zu den grundlegenden Anwendungsmöglichkeiten und damit zum erfolgreichen Einsatz des jeweiligen Computers zu weisen.

Bereits erschienen:

BASIC-Wegweiser für den Apple II e/c
und kompatible Computer
(Diskette 5.25": Applesoft BASIC unter DOS 3.3 und ProDOS)

MBASIC-Wegweiser für Mikrocomputer
unter CP/M und MS-DOS
(Disketten 5.25": IBM PC/MS-DOS, Apple-CP/M, Schneider CPC-CP/M)

BASIC-Wegweiser für den Commodore 64
(Diskette 5.25": Floppy 1541)

BASIC-Wegweiser für den IBM Personal Computer
und Kompatible
(Diskette 5.25": IBM PC/MS-DOS)

BASIC-Wegweiser für den Commodore 16,
Commodore 116 und Commodore plus/4
(Diskette 5.25": Floppy 1541)

BASIC-Wegweiser für MSX-Computer
(Disketten: 3.5" und 5.25")

Turbo Pascal-Wegweiser für Mikrocomputer,
Grundkurs
(Disketten 5.25": Apple-CP/M, IBM PC/MS-DOS, Commodore 128-CP/M, MSX-DOS, Schneider CPC-CP/M, Diskette 3.5": MSX-DOS)

Turbo Pascal-Wegweiser für Mikrocomputer,
Aufbaukurs
(Disketten wie Grundkurs)

BASIC-Wegweiser für den Commodore 128
(Diskette 5.25": CP/M 3.0)

In Vorbereitung:

BASIC-Wegweiser für den Schneider CPC 464, 664 und 6128
(Diskette 5.25" Vortex: AMS-DOS)

Ekkehard Kaier
Edwin Rudolfs

Turbo Pascal-Wegweiser für Mikrocomputer Grundkurs

2., durchgesehene und bearbeitete Auflage

Mit 88 Programmen, 42 Programmablaufplänen und Struktogrammen sowie 100 Abbildungen

Friedr. Vieweg & Sohn Braunschweig / Wiesbaden

1. Auflage 1985
2., durchgesehene und bearbeitete Auflage 1986

Umschlaggestaltung: Peter Lenz, Wiesbaden
Druck und buchbinderische Verarbeitung: Lengericher Handelsdruckerei, Lengerich
Printed in Germany

ISBN 3-528-14415-7

Vorwort

Dieses Wegweiser-Buch führt den Leser zum erfolgreichen Einsatz von Turbo Pascal und ist in die drei Abschnitte „Entwicklung von Software", „Bedienung des Turbo Pascal-Systems" und „Programmierkurs mit Turbo Pascal" gegliedert.

Im 1. Abschnitt „Entwicklung von Software" vermittelt das Wegweiser-Buch aktuelles Grundlagenwissen zur Programmentwicklung allgemein:

- Was sind Datentypen und Datenstrukturen?
- Welche Programmstrukturen unterscheidet die Informatik?
- Wie lassen sich Daten- und Programmstrukturen als Software-Bausteine anordnen?
- Was versteht man unter der Datei als umfangreicher Struktur?
- In welchen Schritten geht man bei der Programmentwicklung sinnvollerweise vor?

Nach der Lektüre dieses Abschnitts sind Sie in der Lage, die Programmiersprache Turbo Pascal in den Gesamtrahmen der „Softwareentwicklung/Informatik" einzuordnen.

Im 2. Abschnitt „Bedienung des Turbo Pascal-Systems" gibt das Wegweiser-Buch eine erste Bedienungsanleitung:

- Wie erstellt man das erste Programm in der Programmiersprache Turbo Pascal?
- Wie bedient man den Editor und den Compiler?
- Wie speichert man einen Turbo Codefile bzw. Textfile ab?
- Welche Befehle (Anweisungen, Prozeduren und Funktionen) umfaßt Turbo Pascal? Im alphabetisch geordneten Befehlsverzeichnis wird zu jedem Befehl ein Beispiel angegeben.

Nach der Lektüre dieses Abschnitts können Sie Ihr Turbo Pascal-System bedienen, einfache Pascal-Programme selbst editieren, speichern, übersetzen und ausführen lassen.

Im 3. Abschnitt „Programmierkurs mit Turbo Pascal" des Wegweiser-Buchs wird ein Grundkurs zu folgenden Problemkreisen angeboten:

- Wie schreibt man Programme mit Folge-, Auswahl-, Wiederholungs- und Unterprogrammstrukturen?
- Welche Arten von Prozeduren und Funktionen gibt es zur Strukturierung eines Pascal-Programms?
- Wie geht man mit den einfachen Standardtypen INTEGER, BYTE, REAL, CHAR und BOOLEAN um?
- Wie erweitert man die Sprache um eigene Datentypen?
- Welche Sprachmittel bietet Turbo Pascal zur Verarbeitung von STRINGs?
- Wie programmiert man mit dem ARRAY-Typ?
- Was beinhalten typisierte Array-Konstanten?

Nach der Lektüre dieses Abschnitts können Sie die grundlegenden Sprachmöglichkeiten von Turbo Pascal zur Lösung Ihrer Probleme nutzen.

Der Turbo Pascal-Wegweiser ist in zwei Bände aufgeteilt: Der vorliegende Band enthält den *Grundkurs* zum Programmieren mit Turbo Pascal.

Im anderen Band wird ein *Aufbaukurs* angeboten, der an den Grundkurs anknüpft und auf die Datenstrukturen SET, RECORD und FILE sowie auf dynamische Strukturen eingeht.

Der Turbo Pascal-Wegweiser kann das Turbo Pascal-Handbuch keinesfalls ersetzen, sondern ergänzen. Im Handbuch werden die Befehle und Sprachmittel von Turbo Pascal „lexikonähnlich" und losgelöst von Problemkreis dargestellt.

Das Wegweiser-Buch hingegen kommt in seinem didaktischen Aufbau mehr dem assoziativen Denken des menschlichen Gehirnes entgegen, das sich lieber an Zusammenhänge und Problemkreise erinnert als an „lexikonähnlich" dargestellte Befehle. Der Turbo Pascal-Wegweiser orientiert sich aus diesem Grunde an der bewährten ‚Informatik-Gliederung'

- Programmstrukturen auf einfachen Datentypen
- Abläufe auf strukturierten Datentypen
- Dynamische Datenstrukturen

und erklärt und veranschaulicht diese Strukturen an einfachen Anwendungsbeispielen.

Im Wegweiser-Buch werden für alle 88 Programm-Beispiele der Pascal-Programmtext (Listing) und die Ausführung (Running) wiedergegeben und ausführlich kommentiert.

Zahlreiche Programme des Turbo Pascal-Wegweisers sind in den anderen Wegweiser-Büchern in den jeweiligen BASIC-Dialekten formuliert. Für Anwender, die sich von BASIC kommend nun mit Pascal beschäftigen wollen, bietet sich damit eine interessante und sicher lehrreiche Möglichkeit, die beiden Programmiersprachen zu vergleichen.

Die Abschnitte 2 und 3 des Wegweiser-Buches bauen aufeinander auf und sollten in dieser Abfolge gelesen werden. Der Abschnitt 1 hingegen kann parallel dazu bearbeitet werden.

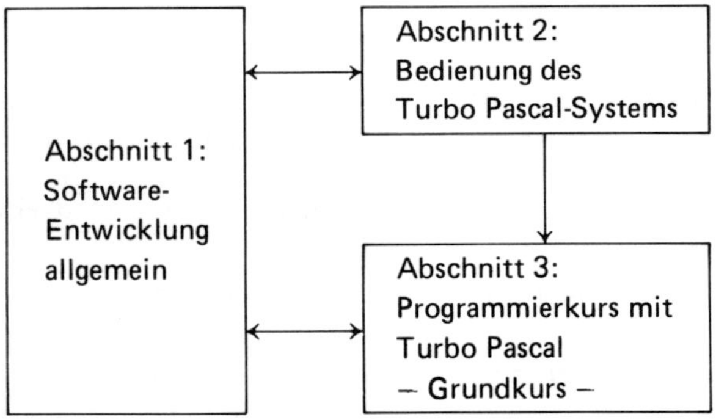

Für schnelle und eilige Turbo Pascal-Anwender: Das Wegweiser-Buch läßt sich auch als Nachschlagewerk benutzen. Aus diesem Grunde wurden das Inhalts-, das Sachwort- und das Befehlsverzeichnis sehr detailliert aufgegliedert.

Heidelberg, April 1985

Ekkehard Kaier
Edwin Rudolfs

Inhaltsverzeichnis

1

Entwicklung von Software allgemein

1.1 Software = Daten + Programme

Jeder Computer besteht aus Hardware (harter Ware), aus Software (weicher Ware) und aus Firmware (fester Ware). Dies gilt für Mikro- und Personalcomputer wie auch für Großcomputer. Die Hardware umfaßt dabei die Geräte und die Datenträger. Die Software als zweite Computer-Komponente bedeutet dasselbe wie Information; sie umfaßt die Daten und auch die Programme als Vorschriften zur Verarbeitung dieser Daten. Ist die Hardware als festverdrahtete Elektronik des Computers fest und vom Benutzer nicht (ohne weiteres) änderbar, dann gilt für die Software genau das Gegenteil: Jeder Benutzer kann Programm wie Daten verändern, austauschen, ergänzen und auch zerstören.

Software

Daten:	Programme:
Objekte der Datenverarbeitung	Geordnete Folgen von Anweisungen
(was wird verarbeitet?)	(wie ist zu verarbeiten?)

Information = Software = Daten + Programm

Die Firmware als dritte Komponente des Computers kann man der Hardware oder der Software zuordnen. Sie ist deshalb wie ein 'Zwitter' halb Hardware und halb Software. So werden für Mikrocomputer Module mit fest im ROM abgespeicherten Programmen angeboten; der Anwender steckt ein Modul in den Eingabeschacht (Slot) des Computers und befindet sich sogleich im Programm. Als Firmware kann er das Programm zwar ausführen und laufen lassen, nicht aber umprogrammieren und verändern.

Die Hardware (fest verdrahtete Elektronik), die Software (frei änderbare Daten und Programme) und die Firmware (hart für den Benutzer und weich für den Hersteller) stellen die drei grundlegenden Komponenten jedes Computers dar. Im folgenden wird auf die Software mit ihren beiden Komponenten Daten und Programme eingegangen.

1.1.1 Begriffsbildungen für Daten

In der Abbildung werden für Daten sieben Begriffspaare unterschieden.

Stammdaten bleiben normalerweise über einen längeren Zeitraum hinweg konstant (z.B. Artikelstammdaten, Kundenstammdaten, Personalstammdaten), Änderungsdaten hingegen dienen der Anpassung dieser Stammdaten.

Im Gegensatz zu Stammdaten erfahren *Bestandsdaten* oftmalige Änderungen, die durch *Bewegungsdaten* vorgenommen werden (Zugang für + und Abgang für -); letztere werden kurz auch als Bewegungen bezeichnet. Die Lagerbestandsfortschreibung nach der Formel 'Anfangsbestand + Zugänge - Abgänge ergibt Endbestand' gehört in diese Kategorie von Daten.

Ordnungsdaten legen eine Speicherungs-, Sortier- bzw. Verarbeitungsfolge fest, *Mengendaten* hingegen betreffen die jeweilige Anzahl (Stück, Größe, Gewicht, Preis).

Mit *numerischen Daten* bzw. Zahldaten rechnet jeder Computer, nicht jedoch mit *Textdaten*. Letztere umfassen beliebige Zeichen, die stets zwischen Gänsefüßchen oder Hochkommata stehen, und werden auch als alphanumerische Daten, als Zeichenkettendaten oder als Strings bezeichnet.

Unformatierte Daten weisen keine einheitliche Form auf. In der kommerziellen Datenverarbeitung überwiegen *formatierte Daten*: auf einem Rechnungsformular z.B. stehen die Dezimalpunkte der DM-Beträge untereinander, jeweils auf 2 Nachkommastellen gerundet.

Begriffspaar:	Beispiele:
1) Stammdaten	1019 als Kundennummer
oder	
Änderungsdaten	1019007 als neue Kundennummer im Postleitzahlgebiet 7
2) Bestandsdaten	256 als Lagermenge
oder	
Bewegungsdaten	70 Stück als Lagerbestandszugang
3) Ordnungsdaten	6 für Artikelfarbe 'gelb'
oder	
Mengendaten	8 kg als Bestellmenge
4) Numerische Daten	Zahl 10950.25 als Rechnungspreis
oder	
Textdaten	"Gulden" als Währungsbezeichnung
5) Unformatierte Daten	Zwei ungeordnete Positionen 265.65 DM 9 DM
oder	
Formatierte Daten	Zwei geordnete Positionen 265.65 DM 9.00 DM
6) Einfache Datentypen	50 als *eine* Menge
oder	
Strukturierte Datentypen bzw. Datenstrukturen	50 24 98 33 102 als *fünf* Mengen
7) Im Programm gespeicherte Daten	6% als Rabattsatz
oder	
Getrennt vom Programm gespeicherte Daten bzw. Dateien	Kunden*datei* mit 2680 Kunden

Sieben Begriffspaare für Daten

Nun zur Unterscheidung von einfachen und strukturierten Typen: Einfache Datentypen bestehen aus jeweils nur einem einzigen Datum, so aus einer Ganzzahl (INTEGER), aus einer Dezimalzahl (REAL) oder aus einem Textwort (STRING). Die Datenstrukturen als strukturierte Datentypen hingegen umfassen jeweils mehrere Daten, die unterschiedlich z.B. als Feld (ARRAY), Verbund (RECORD) oder Datei (FILE) angeordnet sein können. In Abschnitt 1.5 werden die Datenstrukturen im Zusammenhang mit der Datei genauer erklärt.

Einzeldaten und kleinere Datenbestände lassen sich innerhalb eines Programmes speichern, so z.B. der Rabattsatz in einem Rechnungsschreibungsprogramm. Die umfangreichen in der kommerziellen Datenverarbeitung zu verarbeitenden Datenbestände werden getrennt vom Programm als Datei auf Platte oder Band als externem Speicher untergebracht.

1.1.2 Begriffsbildungen für Programme

Programme				
Anwenderprogramme		Systemprogramme		
vom Anwender selbst erstellt	von Software-Haus fremd bezogen	Steuer-programm	Dienst-programm	Übersetzer-programm
z.B. eigene Rechnungs-schreibung	z.B. Tabellen-kalkulation	z.B. Dialog Mensch-Computer	z.B. Sortier-programm	z.B. BASIC, PASCAL, Cobol, FORTH, C

Anwenderprogramme (Problem) und Systemprogramme (Computer)

Anwenderprogramme lösen die konkreten Probleme des jeweiligen Anwenders und werden auch Benutzer- bzw. Arbeitsprogramme genannt oder unter der Bezeichnung Anwender-Software zusammengefaßt. Anwenderprogramme können vom Anwender selbst erstellt und programmiert oder fremd von einer Softwarefirma bezogen sein. Zwischen diesen beiden Extremen gibt es zahlreiche Abstufungen: so z.B. im Falle der individuellen Anpassung standardisierter Anwender-Software.

Gegenstück sowie Ergänzung zu den Anwenderprogrammen sind die Systemprogramme. Man bezeichnet diese Programme als Betriebssystem, da sie den Betrieb des jeweiligen Computer-Systems gewährleisten. Allgemein wird das Betriebssystem oft als OS (Operating System) und als DOS (Disk Operating System, da plattenorientiert) bezeichnet. Jedes Betriebssystem umfaßt die drei Systemprogramm-Typen (1) - (3):

(1) S t e u e r p r o g r a m m e steuern das Zusammenwirken der Peripherie mit der CPU und die Ausführung eines Programms.

(2) D i e n s t p r o g r a m m e bzw. Utilities sind zwar nicht unbedingt notwendig, werden aber als unerläßlicher Komfort zum einfachen und benutzerfreundlichen Betrieb des Computers angesehen (ein Programm zur Herstellung einer Diskettenkopie gehört eben einfach 'dazu'). Steuer- und Dienstprogramme bilden oft eine Einheit: ein E d i t o r z.B. dient zumeist nicht nur dem Eintippen und Bearbeiten von Programmtext über einen Bildschirm, dem sog. Editieren also, sondern ebenso dem Abspeichern dieser Texteingabe auf Diskette oder Band, und damit der Ein-/Ausgabesteuerung.

(3) Ü b e r s e t z e r p r o g r a m m e übersetzen ein in einer Programmiersprache wie z.B. BASIC codiertes Anwenderprogramm in die Muttersprache des Computers, nämlich in 0/1-Form. Das ist vergleichbar mit der Tätigkeit eines Dolmetschers, der Sätze aus einer Fremdsprache (z.B. Englisch) in die eigene Muttersprache (z.B. Deutsch) übersetzt.

Wie für Daten allgemein Datenstrukturen unterschieden werden, werden für Programme die P r o g r a m m s t r u k t u r e n Folge, Auswahl, Wiederholung und Unterablauf definiert (siehe Abbildung); dies gilt für Anwender- wie für Systemprogramme.

(1) Folgestrukturen:	Lineare Prgramme
(2) Auswahlstrukturen:	Verzweigende Programme
(3) Wiederholungsstrukturen:	Programme mit Schleifen
(4) Unterprogrammstrukturen:	Programme mit Unterabläufen

Vier grundlegende Programmstrukturen

Diese Programmstrukturen werden als 'Bausteine der Software' bezeichnet, da die Analyse noch so komplexer Programmabläufe stets zu diesen Strukturen als Grundmuster führt. In Abschnitt 1.3 werden diese Programmstrukturen an kleinen Beispielen und in Abschnitt 1.4 gemeinsam mit den Datenstrukturen erklärt.

1.2 Datentypen und Datenstrukturen

Im vorangehenden Abschnitt wurden sieben Daten-Begriffe angeführt, darunter der Begriff des D a t e n t y p s . Dieser Begriff ist grundlegend für die Programmierung. Wir werden ihn erklären: es gibt einfache und strukturierte, statische und dynamische sowie standardmäßig vorhandene und benutzerseitig definierbare Datentypen.

1.2.1 Einfache Datentypen als ,Moleküle'

Einfache Datentypen lassen sich nicht weiter zerlegen und werden deshalb auch als elementare, skalare bzw. unstrukturierte Datentypen bezeichnet. Diese Typen enthalten deswegen stes nur ein einziges Datum und stellen sozusagen die 'Moleküle' der

Bezeichnung:		Beispiel:	Wertebereich:
CHAR	Einzelzeichen	D	Zeichen (numerisch, alpha, Sonderzeichen)
INTEGER	Ganzzahl	22755	Ganze Zahlen zwischen -32768 und 32767
BYTE	Ganzzahl	129	Ganze Zahlen zwischen 0 und 255
REAL	Dezimalzahl	126.75	Zahlen mit Dezimalpunkt
STRING	Text, Zeichenkette	'DM-Wert'	Gesamter Zeichenvorrat des Computers
BOOLEAN	Logisch	TRUE	Wahrheitswerte TRUE (1, wahr), FALSE (0,unwahr)

Fünf einfache bzw. elementare Datentypen

Daten dar, da sie vom Programmierer nicht - so ohne weiteres - unterteilt werden können.
Der Datentyp CHAR umfaßt nur e i n Zeichen. Als STRING (Text) gilt alles, was zwischen Gänsefüßen steht, also z.B. der Text '99.50 DM Endsumme'. Numerische Typen sind INTEGER (2 Bytes im Speicher belegt), BYTE (1 Byte Speicherplatz) oder aber REAL (6 Bytes Speicherplatz).
Der Datentyp BOOLEAN kennt nur die zwei Werte TRUE für "wahr" (z.B. Stammkunde) und FALSE für "unwahr" (kein Stammkunde).

Im Hinblick auf die Möglichkeit, Stringelemente e i n z e l n zu verarbeiten, wird der STRING häufig nicht zu den einfachen, sondern zu den zusammengesetzten Datentypen gezählt, also zu den Datenstrukturen.

1.2.2 Datenstrukturen als strukturierte Datentypen

Strukturierte Datentypen sind neben anderen der ARRAY (Liste) und der RECORD sowie der FILE. Dabei werden mehrere Daten unter einem Namen zusammengefaßt abgelegt. Der ARRAY wird auch als Feld, Tabelle und Bereich bezeichnet und enthält Komponen-

Bezeichnung:	Beispiel:	Kennzeichen:
ARRAY (eindimensional) Vektor	12 3 44 56 21	Komponenten alle mit denselben Datentypen (hier 5 Mengen)
ARRAY (zweidimensional) Matrix	33.5 36.7 11.2 24.0 9.1 74.5 10.5 10.0 3.0 99.5 3.6 9.0	Komponenten alle mit denselben Datentypen (hier 4*3=12 Preise in 4 Zeilen u. 3 Spalten)
RECORD Verbund, auch Satz	101 (=Nr.) 'FREI' (=NAME) 650.8 (=UMSATZ)	Komponenten mit unterschiedl. Datentypen (hier: INTEGER, STRING u. REAL (Kundensatz))
SET Menge	[] [1] [2] [1,2] für SET OF 1..2	Komponenten sind Teilmengen der Grundmenge
FILE Datei	über 1000 Sätze der KUNDENDATEI	Datei als Sammlung von Datensätzen auf einem Externspeicher

Vier wichtige Datenstrukturen

ten bzw. Elemente gleichen Typs. Beim eindimensionalen ARRAY sind diese in einer Reihe angeordnet wie im Beispiel die 5 Wochentagabsatzmengen 12, 3, 44, 56 und 21 , während sich der zweidimensionale ARRAY in zwei Richtungen ausdehnt: waagerecht in Zeilen (hier 4 Zeilen) und senkrecht in Spalten (hier 3 Spalten). Es gibt nicht nur Integer-Arrays (alle Elemente sind ganzzahlig) und Real-Arrays (alle Elemente sind Kommazahlen), sondern z.B. auch String-Arrays wie 'MO', 'DI', 'MI', 'DO', 'FR', 'SA' oder 'HAMMER', 'MEISEL', 'SAEGE' (alle Elemente sind Textworte).

Im Gegensatz zum ARRAY können im RECORD auch Daten verschiedener Datentypen abgelegt sein. Der oben wiedergegebene RECORD verbindet drei Komponenten vom Typ INTEGER (Kundennummer ganzzahlig), STRING (Kundenname stets Text) und REAL (Kundenumsatz als Dezimalzahl) - deshalb auch die Bezeichnung 'Verbund'. In der kommerziellen DV entspricht diese Datenstruktur häufig dem Datensatz als Dateikomponente.

INTEGER-ARRAY: Elemente desselben Datentyps			RECORD (Verbund): Elemente mit verschiedenen Datentypen		
101	104	104	101	'FREI'	650.8
INTEGER	INTEGER	INTEGER	INTEGER	STRING	REAL

Unterscheidung von ARRAY (links) und RECORD (rechts)

Unter einer Datei versteht man allgemein eine Sammlung von Datensätzen, die getrennt vom Programm auf einem Externspeicher (Diskette, Platte, Kassette, Band) als selbständige Einheit gespeichert sind. Die Datensätze stellen die Datei-Komponenten dar und weisen alle denselben Datentyp auf, d.h. sie sind alle z.B. vom Typ RECORD oder alle vom Typ ARRAY. Eine Datei bzw. ein FILE kann viel größer sein als der im Hauptspeicher verfügbare Speicherplatz.

1.2.3 Statische und dynamische Datentypen

Datenstrukturen kann man statisch oder dynamisch vereinbaren. S t a t i s c h e Datentypen behalten während der Programmausführung ihren Umfang unverändert bei. Beispiel: Beim Beginn eines Programms wird vereinbart, daß ein eindimensionales Feld bzw. Array mit 5 Elementen zur späteren Aufnahme und Verarbeitung der Absatzmengen für die 5 Wochentage Mo - Fr eingerichtet wird. Statisch heißt, daß die Anzahl der Feldelemente während der Programmausführung gleich bleibt, während sich ihre jeweiligen Inhalte ändern können.

Bei d y n a m i s c h e n Datentypen muß die Anzahl der Komponenten nicht bereits beim Schreiben des Programms festgelegt werden, sondern erst im Zuge der Programmausführung. Die Datei bzw. der FILE ist stets als dynamischer Datentyp vereinbart. Warum? Beim Anlegen einer Kundendatei werden z.B. 455 Kunden in 455 Datensätzen auf Diskette erfaßt. Diese Zahl von 455 Dateikomponenten muß veränderbar sein, um neue Kunden aufnehmen und Ex-Kunden löschen zu können. Da diese Änderung aber "trivialer Natur" ist (so Niklaus Wirth, der Erfinder von PASCAL), zählt man die Datei oft zu den statischen Datenstrukturen. Die dynamischen Datenstrukturen können vom Programmierer selbst konstruiert werden durch Verknüpfung der standardmäßig angebotenen Datentypen. Das heißt, daß alle dynamischen Strukturen auf einer tieferen Komponenten-Ebene irgendwo wieder statisch sind. Verkettete Listen wie auch Baumstrukturen gehören dazu. Z e i g e r (häufig auch Pointer, Verweis, Referenz genannt) werden dabei als Hilfsmittel zur Strukturierung verwendet.

Datenstrukturen

STATISCHE Strukturen:	DYNAMISCHE Strukturen:
Werte ändern sich, niemals aber die Anzahl.	Werte sowie Struktur (Anzahl, Aufbau) ändern sich.
Anzahl der Komponenten ist konstant. Belegter Speicherplatz ist konstant.	Anzahl und Aufbau der Komponenten ist variabel. Belegter Speicherplatz ist variabel.
unstrukturiert: Char, Integer, Real, String, Boolean strukturiert: Feld (Array), Menge (Set), Verbund (Record).	unstrukturiert: Zeiger als Hilfsmittel. strukturiert: Datei (File), Stapel (Stack), Schlange, Gekettete Liste (Linked List), Binäre und andere Bäume.

Einige dynamische Datentypen

1.2.4 Vordefinierte und benutzerdefinierte Datentypen

Die bislang dargestellten einfachen und strukturierten Datentypen sind *vordefiniert* in dem Sinne, daß sie als Standardtypen vom DV-System bereitgestellt werden. Daneben ermöglichen Programmiersprachen wie PASCAL und MODULA dem Programmierer, selbst eigene Datentypen zu definieren, die dann als *benutzerdefiniert* bezeichnet werden.

Eine einfache Möglichkeit dafür besteht darin, alle Werte aufzuzählen, die der Datentyp umfassen soll - deshalb der Begriff *Aufzählungstyp*.
  (Mo,Di,Mi,Don,Fr,Sa,So) als Aufzählungstyp für Wochentage.

Eine weitere Möglichkeit bietet sich dem Benutzer dadurch, daß er einen Datentyp als Unterbereich z.B. eines vordefinierten Datentyps als sog. *Unterbereichstyp* definiert. Drei Beispiele:

- 0..7 umfaßt als Unterbereichstyp des Datentyps INTEGER die 8 Ganzzahlen 0,1,2,...,7
- 'A'..'Z' umfaßt als Unterbereich des Datentyps CHAR alle Großbuchstaben
- Di..Fr umfaßt als Unterbereichstyp des obigen Aufzählungstyps vier Werktage.

Dabei wird also stets das kleinste und das größte Element des gewünschten Unterbereiches angegeben.

Neben den Aufzählungs- und Unterbereichstypen zählen auch die Zeigertypen zur Kategorie der benutzerdefinierten Datentypen.

1.2.5 Datentypen bei den verschiedenen Programmiersprachen

Es hängt vom jeweiligen Programmier-System ab, mit welchen Datentypen man arbeiten kann.

Unstrukturierte Programmiersprachen wie BASIC lassen den Programmierer weitgehend allein bei der Bildung von Datenstrukturen, oder anders: sie unterstützen ihn kaum. Bei BASIC fehlen der Verbund bzw. Record (was gerade bei der Dateiverarbeitung von Nachteil ist) wie auch die benutzerdefinierten Typen.

Strukturierte Programmiersprachen stellen die oben angeführten Datentypen bereit. Aber auch hier gibt es Unterschiede. So ist PASCAL (was die standardmäßige Vorgabe von Datentypen angeht) eher sparsam, aber die wenigen Datentypen können sehr flexibel zum Entwurf komplexer Datenstrukturen genutzt werden. Sprachen wie ADA und auch MODULA 2 sind weniger sparsam ausgestattet.

1.3 Programmstrukturen

Die vier Programmstrukturen Folge, Auswahl, Wiederholung und Unterprogramm sind die grundlegenden Ablaufarten der Informatik überhaupt. Grundlegend in zweifacher Hinsicht:
Zum einen gelangt man beim Auseinandernehmen noch so umfangreicher Programmabläufe immer auf die vier Programmstrukturen als Grundmuster (A n a l y s e von Programmen).
Zum anderen kann umgekehrt jeder zur Problemlösung erforderliche Programmablauf durch geeignetes Anordnen dieser vier Programmstrukturen konstruiert werden (S y n t h e s e von Programmen).

Programmstrukturen:	Umgang mit Strukturen:
(1) Folgestrukturen (2) Auswahlstrukturen (3) Wiederholungsstrukturen (4) Unterablaufstrkturen	A n a l y s e : Programm in Strukturen zerlegen. S y n t h e s e : Aus Strukturen ein Programm bauen.

Analyse und Synthese von Programmstrukturen

1.3.1 Folgestrukturen

Jedes Programm besteht aus einer Aneinanderreihung von Anweisungen an einen Computer (vgl. Abschnitt 1.1). Besteht ein bestimmtes Programm nur aus einer *Folgestruktur*, dann wird Anweisung für Anweisung wie eine Linie abgearbeitet. Man spricht deshalb auch vom linearen Ablauf bzw. unverzweigten Ablauf, vom Geradeaus-Ablauf oder von einer Sequenz. Die Abbildung zeigt ein Programm, in der fünf Anweisungen in Folge ausgeführt werden: Über Tastatur wird ein Rechnungsbetrag eingegeben, um nach der Berechnung den Skonto- und Überweisungstrag als Ergebnis am Bildschirm auszugeben. Das Ablaufbeispiel wird als Entwurf, als Dialogprotokoll sowie als Struktogramm dargestellt.

Kennzeichen der Folgestruktur:

Erst Anweisung 1 ausführen, dann Anweisung 2, dann ...

Beispiel in Entwurfsprache:	Allg. Ablauf in Entwurfsprache:
Ausgabe Fragestellung	Anweisung 1
Eingabe RECHNUNGSBETRAG	Anweisung 2
berechne SKONTOBETRAG	Anweisung 3
berechne UEBERWEISUNGSBETRAG	Anweisung 4
Ausgabe der Ergebnisse	Anweisung 5

Beispiel als Dialogprotokoll:

```
Running
Rechnungsbetrag =?
200
Skontoabzug:     6 DM
Ueberweisung: 194 DM
```

Allg. Ablauf als Struktogramm:

Anweisung 1
Anweisung 2
...

Ablauf mit einer Folgestruktur

Um unabhängig von den Formalitäten der vielen Programmiersprachen Programmabläufe beschreiben zu können, verwendet man eine einfache *Entwurfsprache* (auch algorithmischer Entwurf oder Pseudocode genannt), die umgangssprachlich formuliert wird. Im Beispiel werden die umgangssprachlichen Anweisungsworte 'Ausgabe', 'Eingabe' und 'berechne' verwendet. Die Beschreibung von Abläufen mittels einer Entwurfsprache ist in der Informatik weit verbreitet.
Das *Dialogprotokoll* zum Ablaufbeispiel gibt den 'Dialog' zwischen Benutzer (der Werte eintippt) und Computer (der Information ausgibt) wieder, wie er bei der Programmausführung am Bildschirm erscheint bzw. protokolliert wird. Im Beispiel gibt der Benutzer den Befehl R ein, worauf der Computer mit der Ausgabe "Rechnungsbetrag =?" antwortet; nach der Benutzereingabe von 200 rechnet der Computer (im Dialogproto-

koll nicht sichtbar) mit 3%, um dann Skonto- und Überweisungsbetrag in zwei Ausgabezeilen am Bildschirm anzuzeigen.
Neben dem Entwurf und dem Dialogprotokoll ist das Programmbeispiel zeichnerisch als *Struktogramm* dargestellt Struktogramme werden in Abschnitt 1.6.2.3 erklärt).

1.3.2 Auswahlstrukturen

Die *Auswahlstrukturen* dienen dazu, aus einer Vielzahl von Möglichkeiten bestimmte Fälle auszuwählen: hier sind es die beiden Fälle 'Skontoabzug bei Bezahlung in weniger als 8 Tagen nach Rechnungserhalt (Bedingung TAGE<8 erfüllt)' sowie 'Zahlung rein netto bei späterer Überweisung (Bedingung TAGE>8 nicht erfüllt)'. Man spricht deshalb in diesem Beispiel

Kennzeichen der Auswahlstrukturen:

Wenn Bedingung 1 erfüllt ist, dann führe Anweisung 2 aus, sonst führe Anweisung 3 aus, um dann gemeinsam fortzufahren.

Beispiel in Entwurfsprache:

```
Ausgabe der Fragestellung
wenn TAGE<8
  dann überweise mit Skonto
  sonst überweise rein netto
Ende-wenn
```

Allg. Ablauf in Entwurfsprache:

```
Anweisung 1
wenn Bedingung 1 erfüllt
  dann Anweisung 2
  sonst Anweisung 3
Ende-wenn
```

2 Bsp. als Dialogprotokoll:

```
Running
Anzahl der Tage =?
6
Skontoabzug möglich

Running
Anzahl der Tage =?
14
Zahlung rein netto
```

Allg. Ablauf als Struktogramm:

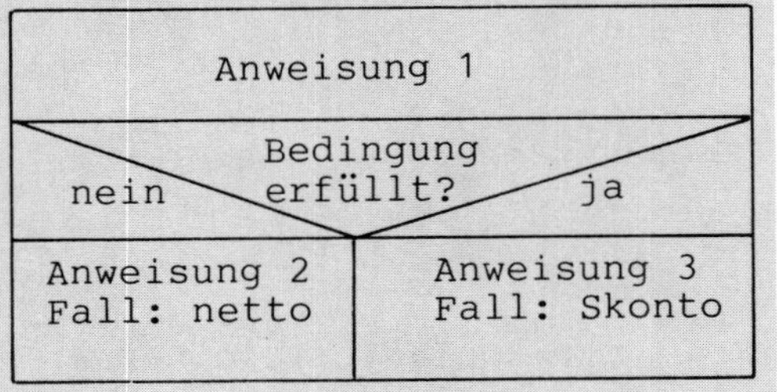

Ablauf mit einer Auswahlstruktur

auch von einer *Zweiseitigen Auswahl*. Daneben gibt es noch die *Einseitige Auswahl* mit nur einem Fall und die *Mehrseitige Auswahl* bzw. Fallabfrage mit mehr als zwei Fällen.
Auswahlstrukturen werden auch als Alternativstrukturen, Abläufe mit (Vorwärts-)Verzweigungen bzw. als Selektion bezeichnet.

1.3.3 Wiederholungsstrukturen

W i e d e r h o l u n g s s t r u k t u r e n führen zu Programmschleifen, die mehrmals durchlaufen werden. Im Beispiel wird die Anweisungsfolge 'Eingabe', 'berechne', 'berechne' und 'Ausgabe' mehrmals durchlaufen, bis die Bedingung "Rechnungsbetrag = 0" erfüllt ist, die per Tastatur als Signal zum Been-

Kennzeichen der Wiederholungsstrukturen:

Wiederhole die Anweisungen 1,2,3,... immer wieder, bis eine bestimmte Bedingung zum Beenden der Schleife erfüllt ist.

Beispiel in Entwurfsprache:

```
Ausgabe Überschrifttext
wiederhole
  Eingabe RECHNUNGSBETRAG
  wenn BETRAG=0 dann Ende
  berechne Skontobetrag
  berechne ÜBERWEISUNGSBETRAG
  Ausgabe Ergebnis
Ende-wiederhole
Ausgabe Hinweis Programmende
```

Allg. Ablauf in Entwurfsprache:

```
Anweisung 0
wiederhole
  Anweisung 1
  Anweisung 2
  ...
  Anweisung n
  wenn Bedingung dann Ende
  Anweisung n+1
  Anweisung n+2
  ...
Ende-wiederhole
```

Beispiel als Dialogprotokoll:

```
Running
Programm mit Schleife
Rechnungsbetrag =?
100
Ueberweisungsbetrag: 97 DM
Rechnungsbetrag =?
200
Ueberweisungsbetrag: 194 DM
Rechnungsbetrag =?
0
Programmende
```

Allg. Ablauf als Struktogramm:

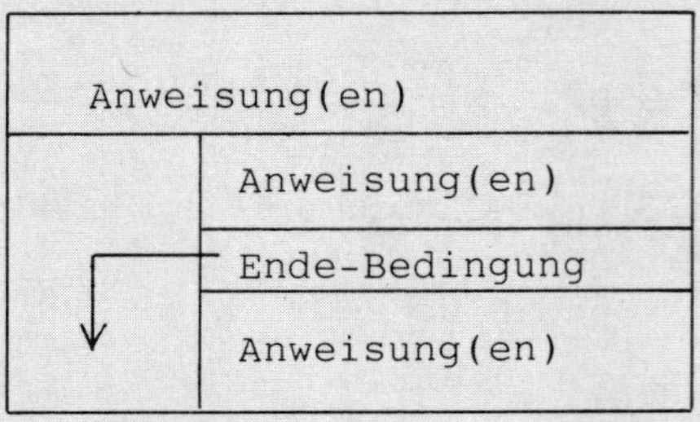

Ablauf mit einer Wiederholungsstruktur

den der Schleife eingetippt wird. Wiederholungsstrukturen werden auch als Repetitionen und Iterationen bezeichnet. Auf die verschiedenen Schleifentypen wie

- abweisende und nicht-abweisende Schleife
- Zählerschleife
- offene und geschlossene Schleife

wird in Abschnitt 3.3 an Beispielen ausführlich eingegangen.

1.3.4 Unterprogrammstrukturen

Unterprogrammstrukturen bieten sich immer dann an, wenn eine Aufgabe während eines Programmablaufes mehrmals benötigt wird, so z.B. die im Beispiel wiedergegebene Aufgabe 'Runde kaufmännisch auf zwei Dezimalstellen'. Auch zur

Kennzeichen der Unterprogrammstrukturen:

Führe Anweisungen A1 aus, unterbreche Tätigkeit A, um Anweisungen B auszuführen, kehre zurück und fahre mit der Ausführung der Anweisungen A2 fort (A im Haupt-, B im Unterprogramm)

Beispiel in Entwurfsprache:

```
 Eingabe   RECHNUNGSBETRAG
 berechne  SKONTOBETRAG
 Aufruf    Unterprogramm RUNDEN ---> runde    BETRAG auf 2stellig
>berechne  UEBERWEISUNGSBETRAG       ersetze BETRAG durch den
|Ausgabe   Ergebnis                          gerundeten BETRAG -+
+---------------------------------------------------------------+
 rufendes (Haupt-)Programm           aufgerufenes Unterprogramm
```

Ablauf mit Unterprogrammstruktur

übersichtlichen Gliederung eines komplexen Programmes und zur Programmentwicklung im Team (jeder Mitarbeiter entwickelt ein Programm als Unterprogramm) werden Unterprogramme verwendet. Auf die möglichen Unterprogrammarten wie Prozeduren und Funktionen gehen wir in Abschnitt 3.4 konkret an Beispielen ein.

1.3.5 Mehrere Strukturen in einem Programm

Die meisten Programme umfassen natürlich mehrere dieser Strukturen. Dabei sind zwei Anordnungsprinzipien zu unterscheiden. Programmstrukturen können entweder hintereinander oder aber geschachtelt angeordnet sein.

- Anordnung *hintereinander*:
  Mit der jeweils folgenden Struktur wird erst dann begonnen, nachdem die gerade in Ausfühung befindliche Struktur beendet wurde.

- Anordnung *geschachtelt*:
  Mit der äußeren Struktur kann erst fortgefahren werden,nachdem die innere Struktur vollständig ausgeführt wurde. Teilweises Einschachteln bzw. Überlappen von Programmstrukturen ist folglich nicht erlaubt.

Programmstrukturen:	Anordnung von Strukturen:
(1) Folgestrukturen	hintereinander (1., 2., ...)
(2) Auswahlstrukturen	oder
(3) Wiederholungsstrukturen	geschachtelt (innen, außen)
(4) Unterablaufstrkturen	

Programmstrukturen und deren Anordnung in einem Programm

1.4 Daten- und Programmstrukturen als Software-Bausteine

In den beiden vorangegangenen Abschnitten wurden die wesentlichen Datenstrukturen (*was* wird verarbeitet?) sowie Programmstrukturen (*wie* ist zu verarbeiten?) allgemein dargestellt. Diese Strukturen mit ihren unterschiedlichen Ausprägungen können als *Software-Bausteine* aufgefaßt werden, da aus ihnen bausteinartig die zur Lösung eines Problems erforderlichen Abläufe gebildet werden.

Datenstrukturen

einfach:	strukturiert:
CHAR, Zeichen	ARRAY (Feld, Bereich)
INTEGER, BYTE, Ganzzahl	RECORD, Verbund
REAL, Dezimalzahl	SET, Menge
STRING, Text	FILE, Datei
BOOLEAN, Logisch	benutzerdefinierte Daten

SOFTWARE - BAUSTEINE

Folge: linearer Ablauf	Wiederholung: nicht-abweisend, abweisend, Zählerschleife
Auswahl: einseitig, zweiseitig, mehrseitig (Fallabfrage)	Unterprogramm: Prozedur, Funktion

Programmstrukturen

Daten- und Programmstrukturen als Software-Bausteine

Wie werden Daten(-strukturen) im Hauptspeicher abgelegt und verarbeitet? Wie werden Programm(-strukturen) abgespeichert? Wie sind Programme aufgebaut? Dies ist nun zu erklären.

1.4.1 Modell des Hauptspeichers RAM als Regalschrank

In dem als Speicher RAM ausgebildeten Hauptspeicher befinden sich die zur Verarbeitung benötigten Daten und Programme. Den RAM kann man sich als Regalschrank mit sehr vielen Speicherstellen vorstellen, die jeweils ein Zeichen aufnehmen können. Ein Hauptspeicher mit zum Beispiel 64 KByte umfaßt genau 65536 solcher Speicherstellen (64 * 1024). Diese sind von 0 an fortlaufend durchnumeriert, wobei die Nummern 0,1,2,...,65535 die tatsächlichen A d r e s s e n der Speicherstellen darstellen.

Soll ein Rechnungsbetrag über 200.50 DM von Adresse 2210 oder von Adresse 58934 an gespeichert werden? Um diese tatsächlichen Adressen muß sich der Benutzer nicht kümmern. Wie allen Daten gibt man dem Rechnungsbetrag einen Namen, z.B. BETRAG, der dann als s y m b o l i s c h e A d r e s s e zur Speicherung dient. Der Computer sucht sich selbständig einen für BETRAG freien Speicherplatz und legt die 200.50 dorthin ab. Wo soll das zugehörige Programm abgespeichert werden? Auch darum braucht sich der Benutzer nicht kümmern: Das Programm erhält einen Namen wie z.B. RECH1 , und der Computer reserviert selbständig die notwendige Anzahl von Speicherstellen und bestimmt dann einen geeigneten Speicherort. Daten wie Programme werden also über ihre Namen angesprochen.

Wieder zum Modell des RAM als Regalschrank:
Einige Regale sind leer. In ihnen ist nichts gespeichert. Auf anderen Regalen aber befinden sich Schachteln, und zwar Daten-Schachteln mit Daten als Inhalt sowie Programm-Schachteln mit Anweisungen als Inhalt. Jede Schachtel ist beschriftet mit dem vom Benutzer ausgewählten Namen. Durch Angabe dieser Namen ist es möglich, Inhalte von Schachteln zu lesen und abzuändern.
Für die ausreichende Größe einer Schachtel (=Anzahl von Speicherstellen) sowie das passende Regal (=tatsächliche Adresse) sorgt der Computer selbst.

1.4.2 Daten als Variablen und Konstanten

Daten spricht man über N a m e n an. Dies gilt für veränderliche bzw. variable Daten, für V a r i a b l e n , wie auch für feste bzw. konstante Daten, also für K o n s t a n t e n.

Das Einrichten von Daten-Schachteln bezeichnet man als Deklaration oder als V e r e i n b a r u n g . Für eine Variable muß man vereinbaren, welchen Namen sie haben soll (so z.B. den Variablennamen BETRAG) und welchen Datentyp (z.B. Dezimalzahl, Real). Mit dem Datentyp wird der W e r t e b e r e i c h angegeben. Den Inhalt als den W e r t der Variablen kann man dann später im Rahmen des jeweiligen Wertebereichs (z.B. der Dezimalzahlen) beliebig verändern. Jede Variable weist somit die drei Komponenten Name, Datentyp (=Wertebereich) und Inhalt bzw. Wert (=augenblicklicher Schachtelinhalt) auf. Schachteln können klein sein (wie die für den BETRAG) oder auch sehr umfangreich (wie z.B. ein String-Array mit 100 Zeilen und mit 5 Spalten für 100*5=500 Artikelmengen).

BETRAG als Name

Dezimalzahl als Datentyp

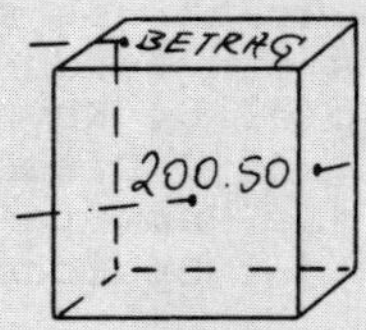

200.50 als derzeitiger Wert bzw. Inhalt

Vereinbarung in Entwurfsprache:

BETRAG: Dezimalzahl bzw. REAL

Variable namens BETRAG vom Datentyp 'Dezimalzahl' zur späteren Aufnahme von Dezimal-Werten vereinbart

Name, Datentyp und Wert kennzeichnen eine Variable

Für eine K o n s t a n t e muß man einen Namen vereinbaren (z.B. den Namen S1 für den Skontosatz) und einen konstant bleibenden Wert (in der Abbildung z.B. 3 %).

S1 als Name

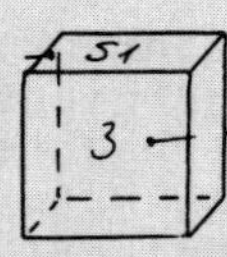

3 als konstanter Wert

Vereinbarung in Entwurfsprache:

S1 = 3

In Konstante namens S1 wird die Zahl 3 fest gespeichert als %-Satz

Name und fester Wert kennzeichnen eine Konstante

Die Vereinbarungen von Variablen und von Konstanten werden vom Programmierer im Rahmen der Programmerstellung getroffen; sie stehen am Anfang: der Computer muß eine Daten-Schachtel ja zuerst einrichten, um dann mit ihr gemäß den im Programm weiter angegebenen Anweisungen arbeiten zu können.

1.4.3 Programm mit Vereinbarungsteil und Anweisungsteil

Jedes Programm weist neben dem Programmnamen zwei weitere Bestandteile auf: den Vereinbarungsteil und den Anweisungsteil. Der Programmname dient dem Aufrufen des Programmes im RAM und auf Diskette.
Im V e r e i n b a r u n g s t e i l legt der Programmierer fest, welche Variablen und Konstanten einzurichten sind. In Abschnitt 3 wird gezeigt, daß auch selbstdefinierte Datentypen

und Unterprogramme (Prozeduren und Funktionen) vereinbart werden können.
In den Programmiersprachen wird unterschiedlich vereinbart. So muß in PASCAL der Vereinbarungsteil in jedem Fall programmiert werden. In BASIC können Vereinbarungen auch durch die Wahl der Variablen getroffen werden.

```
Programm ......                            1. Programmname
                                              ------------

Vereinbarungen                             2. Vereinbarungsteil:
   - von Labeln (Sprungmarken)                -----------------
   - von Konstanten
   - von selbstdefinierten Typen              Bedeutung aller Namen
   - von Variablen                            festlegen
   - von Funktionen                           ( w a s  wird später
   - von Prozeduren                           verarbeitet?)


Anweisungen                                3. Anweisungsteil:
   - zur Eingabe                              --------------
   - zur Ausgabe (z.B. Drucker)               Anweisungen festlegen
   - zur Wertzuweisung                        ( w i e  ist zu
   - zur Ablaufsteuerung                      verarbeiten?)

End.
```

Name, Vereinbarungsteil und Anweisungsteil als Bestandteile jedes Programmes

Der Anweisungsteil enthält das eigentliche Programm als Folge von Anweisungen an den Computer.

Der Name wird oft auch als Programmkopf bezeichnet, während der Vereinbarungs- und der Anweisungsteil dann zu einem Programmblock zusammengefaßt werden.

Die einzelnen Anweisungsarten zur Eingabe, Ausgabe, Wertzuweisung und Ablaufsteuerung werden in Abschnitt 3.1 erklärt.

1.5 Datei als umfangreiche Datenstruktur

Eine Datei stellt die typische Datenstruktur zur langfristigen Speicherung von Massendaten in der kommerziellen DV dar. Am Beispiel der in Abschnitt 1.2.2 bereits angesprochenen Kundendatei soll das Prinzip der Dateiverarbeitung (man spricht dabei auch von Dateiverwaltung bzw. File-Handling (File für Datei)) in den Grundzügen erklärt werden.

1.5.1 Aufbau einer Datei

Die Kundendatei ist bewußt sehr einfach aufgebaut:
Zu jedem der derzeit 1580 Kunden einer Handelsfirma werden die drei Angaben NUMMER, NAME und UMSATZ als Kundendatei auf einem Externspeicher abgelegt. Man sagt auch: Die Kundendatei umfaßt derzeit 1580 Datensätze (Kundensätze bzw. Sätze), wobei jeder Satz aus drei Datenfeldern als Komponenten besteht. Für diese Felder wiederum sind Variablen mit unterschiedlichen Datentypen vereinbart: eine Variable namens NUMMER für die Kundennummer vom Typ INTEGER, eine Variable NAME vom Typ STRING und eine Variable UMSATZ für den jeweiligen DM-Umsatz vom Typ REAL. Die Datensätze stellen jeweils Verbunde (Records) dar. Der Datensatz hat den Namen KUNDSATZ, die Datei den Namen KUNDDAT. Wie die Abbildung zeigt, sollen die Kunden jeweils nach Kundennummern aufsteigend sortiert gespeichert sein. Mit (1),(2), (3), ... werden die Datensatznummern in der Datei angegeben.

Eine Datei umfaßt mehrere Datensätze. Jeder Satz hat mehrere Datenfelder. Jedes Feld besteht aus mehreren Zeichen und ein Zeichen wird als Byte bzw. Kombination von 8 Bits abgelegt.

Datei (File)	... namens KUNDDAT mit derzeit 1580 Datensätzen.
Datensatz (Record)	... mit drei Datenfeldern NUMMER, NAME und UMSATZ.
Datenfeld (Field)	... NAME mit 11 Zeichen maximal.
Zeichen, Byte (Character)	... "R" als zweites Zeichen von "FREI".
Bit (0 oder 1)	... 0 als 1. Bit z.B. im Byte 01010010 für "R".

Aufbau einer Datei: Datei-Satz-Feld-Zeichen-Bit

```
4 Datensätze ausgedruckt:      Datensatz als Verbund vereinbart:

(1) 101 FREI           6500.00   KUNDSATZ: Verbund bzw. Record
(2) 104 MAUCHER         295.60            NUMMER: Ganzzahl
(3) 109 HILDEBRANDT 4590.05               NAME:   Text
(4) 110 AMANN          1018.75            UMSATZ: Dezimalzahl
... ... ...             ...             Ende-Verbund

Vereinbarung der Datei:

 KUNDDAT: Datei (File) mit Datensätzen vom Typ KUNDSATZ
```

Vereinbarung und Inhalt der Datei KUNDDAT

1.5.2 Datenverkehr zwischen internem und externem Speicher

1.5.2.1 Zwei Zugriffsarten zum Lesen in den RAM

Auf eine Datei wird stets datensatzweise zugegriffen, sei es in den RAM hin e i n (Lesen als E i n gabe) oder aus dem RAM her a u s (Schreiben als A u s gabe). Entsprechend spricht man vom lesenden Zugriff (vom Externspeicher in den RAM) und vom schreibenden Zugriff (vom RAM auf den Externspeicher). Ist ohne weiteren Zusatz vom Z u g r i f f die Rede, so meint man damit das Lesen von Sätzen. Zwei Z u g r i f f s a r t e n sind zu unterscheiden: der direkte und der indirekte Zugriff.

Der d i r e k t e Z u g r i f f läßt sich mit der Schallplatte vergleichen: Will man das 7. Musikstück hören, so kann der Tonarm direkt bei diesem gewünschten Stück aufgesetzt werden. Entsprechend kann bei der Platte (Magnetplatte, Diskette) in der DV ein bestimmter Datensatz direkt durch Angabe seiner Datensatznummer als Adresse bzw. 'Hausnummer' in den RAM gelesen werden.

Der i n d i r e k t e Z u g r i f f ist -wie beim Tonband- umständlicher: das Tonband muß bis zum 7. Musikstück gespult werden. Man kann nur in der Reihenfolge zugreifen, in der früher einmal aufgenommen wurde. Dementsprechend muß in der DV Datensatz für Datensatz gelesen werden, bis z.B. der 7. Kunde gefunden ist.

Zusammenfassend: Beim Band (Magnetband, Kassette) kann nur indirekt auf den Datensatz einer Datei zugegriffen werden, während bei der Platte (Magnetplatte, Winchesterplatte, Diskette) auch direkt zugegriffen werden kann. Die Platte wird deshalb auch Direktzugriff - Speicher genannt, im Gegensatz zum Band als sequentiellem Speicher (Sequenz bedeutet Reihenfolge, also Reihenfolgezugriff).

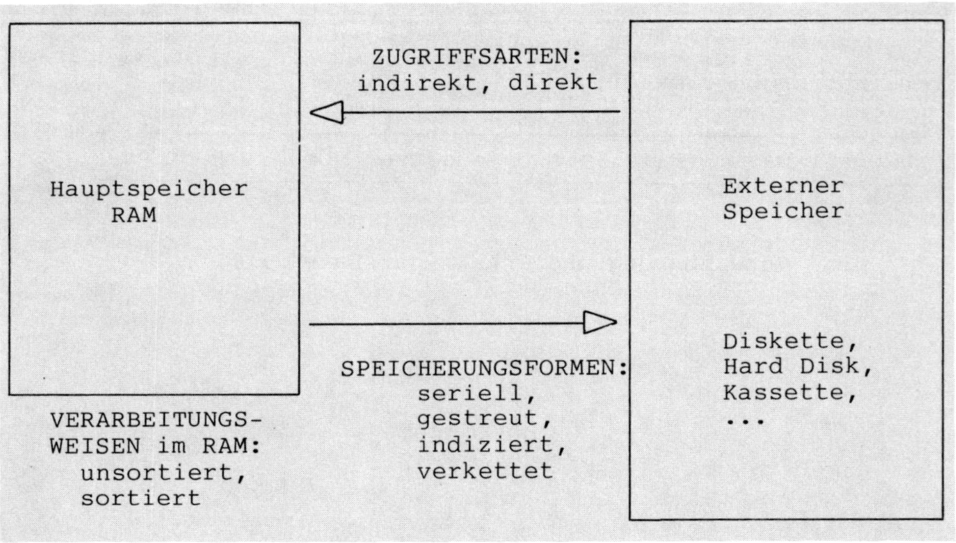

Zugriff, Speicherung und Verarbeitung der Datei

1.5.2.2 Vier Speicherungsformen zum Schreiben auf Datei

Der Begriff der Speicherungsform bezieht sich auf das Abspeichern bzw. Schreiben von Sätzen aus dem RAM auf die Datei. Man kann seriell, gestreut, indiziert und verkettet speichern.

Seriell speichern heißt starr fortlaufend speichern: der nächste Neu-Kunde wird als nächster Kunde hinter den zuvor gerade geschriebenen Datensatz gespeichert.

Gestreut speichern heißt, daß die Sätze zufällig über die Plattenoberfläche hinweg streuend abgelegt werden. Zur Erklärung folgendes Beispiel: In einem Betrieb seien die Kundennummern 101,104,109,110,...,50000 vergeben. Würde man nach dem Verfahren "Kundennummer ergibt Datensatznummer" vorgehen, so würde man auf der Platte 50000 Speicherorte für die nur 1580 Kundensätze zu reservieren haben - wahrlich verschwenderisch. Was tun? Man versucht, die Anzahl der Speicherorte zu verdichten durch die Wahl eines geeigneten Adreßrechnungsverfahrens wie z.B. das Divisions-Rest-Verfahren. Das bedeutet z.B., daß Kunde 48236 als 237. Satz und Kunde 3973 als 1831. Satz abgelegt ist, daß also gestreut gespeichert ist. Der Nachteil solcher Verfahren: Für mehrere Kundennummern kann sich ein und dieselbe Datensatznummer ergeben (Problem der Überläufer).

Nach der seriellen Speicherung und der gestreuten Speicherung nun zur i n d i z i e r t e n Speicherung als dritter Form. Zur Erklärung das folgende Beispiel: Zusätzlich zu der Datei KUNDDAT wird in einer I n d e x d a t e i zu jedem Namen die Datensatznummer abgespeichert, unter der dieser Name in der Kundendatei zu finden ist: Kunde MAUCHER so z.B. als 2. Satz. Wie die Kundendatei (zur Unterscheidung Haupt- oder Datendatei genannt) vier Kundensätze hat,hat auch die Indexdatei vier Indexsätze. Dann wird diese Indexdatei nach Namen sortiert abgespeichert. Möchte man sich nun später alle Kunden nach Namen sortiert ausdrucken lassen, kann man wie folgt vorgehen:

1. Indirekter Zugriff auf den jeweils nächsten Indexsatz der sortierten Indexdatei.
2. Direkter Zugriff auf den Kundensatz, dessen Datensatznummer gerade zuvor aus der Indexdatei gelesen wurde.
3. Mit 1. fortfahren, bis Ende der Indexdatei erreicht ist.

Eine Indexdatei kann als Inhaltsverzeichnis aufgefaßt werden, das - ähnlich den Seitenangaben in einem Buchinhaltsverzeichnis - Datensatznummern der zugehörigen Datendatei anzeigt (indizieren bedeutet anzeigen). Zur Kundendatei KUNDDAT sind zumindest drei Indexdateien möglich: je eine für die NUMMER, für den NAMEn und für den UMSATZ.

Kundendatei mit den ersten 4 Datensätzen:

101	FREI	6500.00
104	MAUCHER	295.60
109	HILDEBRANDT	4590.05
110	AMANN	1018.75

Indexdatei für NAME unsortiert:

FREI	1
MAUCHER	2
HILDEBRANDT	3
AMANN	4

Indexdatei für NAME sortiert:

AMANN	4
FREI	1
HILDEBRANDT	3
MAUCHER	2

Hauptdatei mit hier 3 Datenfeldern NUMMER, NAME und UMSATZ.

Indexdateien mit stets 2 Datenfeldern: NAME als Schlüsselfeld und SATZNUMMER (der Hauptdatei) als Adreßfeld.

Kundendatei als Datendatei mit zwei Indexdateien

Das Anlegen einer Indexdatei gestattet einen schnellen Zugriff und vielseitige Verarbeitungsarten.
Zunächst zur Geschwindigkeit: In der kaufmännischen Praxis ist ein Kundensatz mit z.B. 300 Zeichen viel länger als unser Beispielsatz, der Indexsatz hingegen unverändert kurz, da er ja nur die beiden Komponenten NAME als Schlüsselfeld und SATZNR als Adreßfeld umfaßt. Das Durchsuchen oder Sortieren einer Indexdatei geht somit schneller vonstatten als das der zugehöri-

gen Datendatei. Zumal die Indexdatei aufgrund ihres geringen Umfanges dabei komplett im Hauptspeicher gehalten werden kann, während die Datendatei aufgrund ihrer Größe ggf. extern sortiert werden muß.
Ein zweiter Vorteil besteht in der Vielseitigkeit: Hat man zu den Schlüsseln NAME, UMSATZ, PLZ, WOHNORT, VERTRETER, RABATT, KUNDESEIT, OFFENERPOSTEN je eine Indexdatei sortiert angelegt, können die Kunden jederzeit nach diesen acht Ordnungsbegriffen sortiert als Übersichtstabelle ausgedruckt werden. Ebenso kann ein bestimmter Kunde über schnelle Suchverfahren wie etwa über das 'binäre Suchen' am Bildschirm gezeigt werden.

Als vierte Speicherungsform wurde oben die verkettete Speicherung genannt. Dazu folgendes Beispiel: Der Kundensatz wird um 2 Datenfelder erweitert, in denen Zeiger bzw. Pointer gespeichert sind, die auf den jeweils nächsten Kundensatz zei-

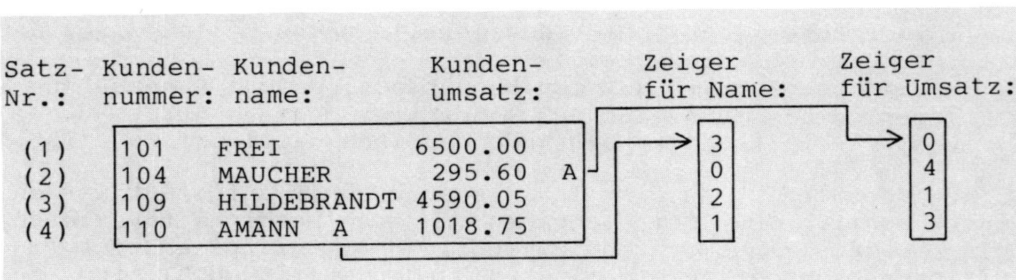

Kundendatei mit Verkettung über zwei Zeigerfelder

gen. Das erste Zeigerfeld verkettet die Sätze nach Namen aufsteigend sortiert: Nach dem Lesen von AMANN (A für Ankeradresse) verweist Zeigerfeldinhalt 1 auf FREI, der dann eingelesen wird; dann zeigt Zeiger 3 auf HILDEBRANDT als 3. Satz, worauf mit Zeiger 2 auf MAUCHER zugegriffen wird, dessen Zeiger 0 das Ende der Kette signalisiert. Über diese Kette 3-0-2-1 können die Kunden rasch alphabetisch geordnet aufgelistet werden. Die zweite Kette 0-4-1-3 verkettet Kunden nach deren Umsatz geordnet.
Das Beispiel zeigt, daß über die verkettete Speicherung beliebig viele logische Ordnungen gebildet werden können, ohne die Datensätze dazu physisch auf dem Externspeicher umspeichern zu müssen.

1.5.2.3 Zwei Verarbeitungsweisen im RAM

Nach den zwei Zugriffsarten und den vier Speicherungsformen nun zu den zwei Verarbeitungsweisen, zur sortierten und der unsortierten Verarbeitung:

Eine Datei sortiert verarbeiten heißt, daß eine physisch oder logisch zusammenhängende Folge von Datensätzen verarbeitet wird wie z.B. beim Auflisten des gesamten Dateiinhaltes oder bei der Gehaltsabrechnung für alle Angestellten eines Betriebes. Wenn die Bewegungsdatei (Lagerzugänge und -abgänge) genauso sortiert vorliegt wie die Bestandsdatei (Artikel insgesamt), dann wird von sortierter Verarbeitung gesprochen.

Bei der u n s o r t i e r t e n Verarbeitung werden einzelne Sätze einer Datei ggf. mehrmals direkt angesprochen wie z.B. beim Verarbeiten einzelner Kundenaufträge oder beim Auskunftserteilen über den derzeitigen Kontostand.

1.5.3 Vier Organisationsformen von Dateien

Je nach Kombination von Zugriffsart (Eingabe eines Datensatzes vom Externspeicher in den Hauptspeicher RAM), Speicherungsform (Ausgabe vom RAM auf den Externspeicher) und Verarbeitungsweise (Verarbeitung intern im Hauptspeicher) kann eine Vielzahl von Datei-Organisationsformen unterschieden werden. Folgende vier O r g a n i s a t i o n s f o r m e n werden heute am häufigsten genannt - wenn auch kaum einheitlich ausgelegt: die sequentielle, Direktzugriff-, index-sequentielle und verkettete Datei.

S e q u e n t i e l l e D a t e i :
Indirekter Zugriff, serielle Speicherung und sortierte Verarbeitung bei (zumeist) sortierter Speicherungsfolge.
Typische Band-Datei (Magnetband, Kassette).

D i r e k t z u g r i f f - D a t e i :
Direkter Zugriff, oft gestreute Speicherung und unsortierte wie ggf. sortierte Verarbeitung.
Typische Platten-Datei (Magnetplatte, Diskette).
Bezeichnungen: Random-Datei, Relative Datei.

I n d e x - s e q u e n t i e l l e D a t e i :
Kombination von sequentieller und Direktzugriff-Datei.
Alle Zugriffsarten, Speicherungsformen und Verarbeitungsweisen; kennzeichnend ist die indizierte Speicherung.

V e r k e t t e t e D a t e i :
Indirekter Zugriff, verkettete Speicherung und sortierte Verarbeitung.

Vier Organisationsformen von Dateien

1.5.4 Grundlegende Abläufe auf Dateien

Die Dateiverarbeitung umfaßt viele Abläufe: So müssen Daten zunächst einmal erfaßt bzw. computerlesbar gemacht werden, um sie dann auf einem Externspeicher abzulegen, später wieder zu suchen, abzuändern, auszudrucken und zu löschen. Zusammenfassend werden dazu in der Abbildung elf grundlegende Abläufe zum Einrichten, Verwalten und Auswerten von Dateien unterschieden.

1. A n l e g e n :
   Datei auf einem Externspeicher leer einrichten.

2. N e u s c h r e i b e n :
   Datensätze erfassen und neu in die Datei hinzufügen.

3. L e s e n :
   Einen oder mehrere Datensätze in den Hauptspeicher lesen und am Bildschirm anzeigen oder am Drucker auflisten.

4. B e w e g e n :
   Zu- und Abgänge mengenmäßig (Lagerbestandsfortschreibung) oder wertmäßig (Kontoführung) aktualisieren.

5. Ä n d e r n :
   Sätze löschen (entfernen) oder inhaltlich abändern.

6. S o r t i e r e n :
   Sätze in auf- oder absteigende Sortierfolge bringen.

7. M i s c h e n :
   Dateien zu einer Datei sortiert zusammenfügen.

8. K o p i e r e n :
   Datei abbildgetreu (Back-Up) oder verändert kopieren.

9. A u s w ä h l e n :
   Sätze, die bestimmten Bedingungen genügen, heraussuchen bzw. selektieren.

10. K l a s s i f i z i e r e n :
    Datei nach bestimmten Größenklassen auswerten.

11. V e r d i c h t e n :
    Sätze nach Merkmalen gruppieren und Gruppensummen bilden (Gruppenwechsel).

Grundlegende Abläufe (Algorithmen) auf Dateien

In Abschnitt 1.1.1 wurden Bestands- und Bewegungsdaten sowie Stamm- und Änderungsdaten unterschieden. Entsprechend gibt es dem Inhalt nach vier D a t e i a r t e n :

- die Bestandsdatei (z.B. Artikelbestandsdatei)
- die Bewegungsdatei (z.B. Zu-/Abgänge von Lagerbeständen)
- die Stammdatei (z.B. Kundenstammdatei)
- die Änderungsdatei (z.B. Anschriftsänderung von Kunden).

Die elf grundlegenden Abläufe beziehen sich auf diese vier Dateiarten gleichermaßen. Man spricht auch von den grundlegenden D a t e i - A l g o r i t h m e n (ein Algorithmus ist eine Folge von Anweisungen, die in einer endlichen Anzahl von Einzelschritten zur Lösung eines Problemes führt).

Zum Ablauf 'Bewegen': Bewegungen werden in der Regel gesammelt (gestapelt), als Bewegungsdatei gespeichert und dann z.B. zum Wochenende in einem Arbeitsgang verarbeitet.

Zum Ablauf 'Ändern': Sätze können tatsächlich (=physisch) oder nur durch eine bestimmte Markierung wie BESTAND=-99 (=logisch) gelöscht werden; die Inhaltsänderung kann einen oder mehrere Datenfelder betreffen.

Zum Ablauf 'Sortieren': Es kann intern im RAM und/oder extern auf Band bzw. Platte sortiert werden. Dabei werden die Datensätze selbst oder aber nur deren Adressen (Speicherplätze) in eine neue Reihenfolge gebracht.

Zum Ablauf 'Kopieren': Beim Back-Up duplizieren wir eine Datei unverändert. Ebenso läßt sich eine Datei als Kopie von einer anderen Datei bei gleichzeitigem Ändern (Verkürzen, Erweitern Modifizieren) erstellen.

Zum Ablauf 'Auswählen': Hat die Datei n Sätze, so kann man genau einen Kunden (110), mehrere vorgegebene Sätze (Kunden 101, 104 und 110) oder eine unbestimmte Satzanzahl (alle Kunden unter 10.000 DM Umsatz) auswählen.

Zum Ablauf 'Klassifizieren': Hier wird z.B. eine Artikeldatei nach Lagerorten und Umschlagshäufigkeit tabellarisch ausgewertet.

Zum Ablauf 'Verdichten': Gruppenwechsel kann einstufig (Absatz je Vertreter) oder zweistufig (Absatz je Vertreter u. Artikel) vorgenommen werden.

1.5.5 Datei öffnen, verarbeiten und schließen

Beim Lesen, Schreiben und Ändern einer Datei geht man immer in drei Schritten vor:

1. Datei ö f f n e n :
   Verbindung zwischen Datei und Programm herstellen
   (Dateiname, Zugriffsart, Verbindungskanal usw.).
   Programmvorlauf.

2. Datei v e r a r b e i t e n :
   Lesen (eingeben), schreiben (ausgeben) und/oder
   ändern (ein-/ausgeben bzw. überschreiben).
   Programmtreiber.

3. Datei s c h l i e ß e n :
   Verbindung ordnungsgemäß beenden
   (Dateiende EOF (End of File) kennzeichnen, Directory
   (Inhaltsverzeichnis) auf Datei rückübertragen).
   Programmabschluß.

Bei komplexen Datei-Algorithmen sind für diese drei Schritte jeweils gesonderte Unterprogramme vorgesehen, die Programmvorlauf, Programmtreiber und Programmabschluß genannt werden.

Zum Schritt 2 eine Anmerkung: Ist eine Datei auf Kassette gespeichert, so liest man nach dem Eröffnen häufig die Datei in einem Arbeitsgang k o m p l e t t in den Hauptspeicher, um sie dort z.B. als Array (Feld, Bereich, Tabelle) verarbeiten zu können. Erst unmittelbar vor dem Schließen wird die aktualisierte Datei dann - wiederum komplett - auf die Kassette zurückgeschrieben. Man nennt dies den dateiweisen Datenverkehr. Ist die Datei größer als der im RAM intern verfügbare Speicherplatz, dann ist dieses Vorgehen nicht möglich. Als Gegenstück kann man mit Schritt 2 je einen Datensatz e i n z e l n in den RAM übertragen und umgekehrt (datensatzweiser Datenverkehr). Zwischen diesen beiden Extremen (Datenverkehr dateiweise oder datensatzweise) gibt es zahlreiche Abstufungen.

1.5.6 Eine oder mehrere Dateien verarbeiten

In der kaufmännischen Praxis wird man nur selten e i n e Datei einzeln verarbeiten. Vielmehr sind zumeist m e h r e r e Dateien in ein System eingebunden; man spricht dann häufig von einer D a t e i v e r k e t t u n g . Dazu ein Beispiel: In einer Lagerverwaltung sind die 'Artikelstammdatei', 'Bestandsdatei', 'Bestelldatei (Einkauf)' und 'Auftragsdatei (Verkauf)' verkettet, um von einem Programm(-paket) verwaltet zu werden. D a t e n v e r w a l t u n g s - S y s t e m ist die oft verwendete Bezeichnung hierfür.
Wird nicht nur die Aufgabe der Lagerverwaltung gelöst, sondern werden sämtliche betrieblichen Aufgaben in einem Datei-System eingebunden, dann spricht man oft von i n t e g r i e r t e r Datenverarbeitung.

1.6 Programmentwicklung in Schritten

Die Programmentwicklung wird als Teil der DV-Systementwicklung vorgenommen und vollzieht sich wie diese in Teilschritten. Mag die Terminologie hierzu auch unterschiedlich sein, die Programmentwicklung wird stets in der Schrittfolge

Schritt 1: PROBLEMSTELLUNG
Schritt 2: PROGRAMMENTWURF
Schritt 3: PROGRAMMIERUNG im engeren Sinn
Schritt 4: DOKUMENTATION
Schritt 5: ANWENDUNG

durchgeführt. Am Beispiel einer Rechnungsstellung bzw. Fakturierung werden diese Teilschritte im Abriß kurz erläutert.

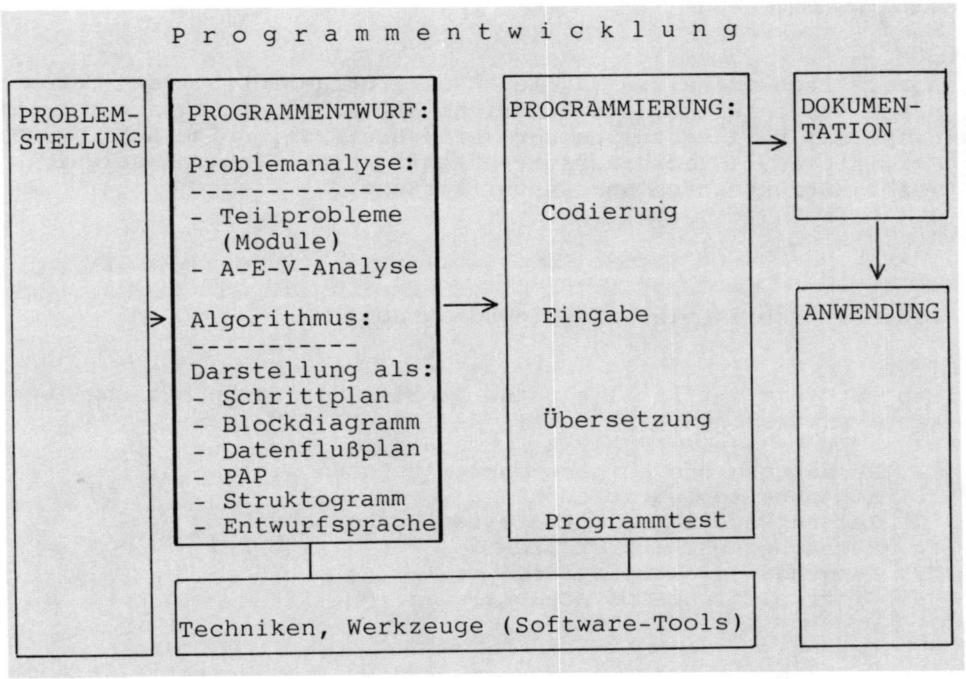

Programmentwicklung in Teilschritten

1.6.1 Problemanalyse

Ein Problem analysieren heißt, dieses in seine Bestandteile zu zerlegen. Bei der Problemanalyse geht man nach der Idee 'Vom Einfachen zum Schwierigen' von den Ausgabedaten aus, da diese ja mit der Problemstellung als erwartetem Resultat vorgegeben sind. Erst danach wendet man sich der Analyse der Eingabe und der Verarbeitung zu.

Ausgabe-Analyse: Daten (z.B. Rechnungszeile mit Artikelnummer, Bezeichnung, Menge, Einheit, Einzel- und Gesamtpreis), Form (z.B. Drucker für Rechnung, Diskette für Offene-Posten-Datei), Listbilder zum Ausgabeformat, Zeitpunkt der Ausgabe.

Eingabe-Analyse: Daten (Kundennummer, Artikelnummer und Anzahl sowie Datum), Form (z.B. Tastatur, Diskette für Kundendatei u. Artikeldatei).

Verarbeitungs-Analyse: Die Verarbeitungsschritte ergeben sich aus den Ausgabe- und Eingabeanforderungen (z.B. Menge*Einzelpreis ergibt Gesamtpreis).
In einer V a r i a b l e n l i s t e werden sämtliche Namen mit ihren Datentypen zusammengefaßt. In einem Datei-Verzeichnis werden die Dateien mit den Datensatz-Beschreibungen festfestgehalten.

1.6.2 Programmentwurf

An die Problemanalyse schließt der Programmentwurf an. Für den dabei zu entwickelnden Algorithmus bzw. Lösungsablauf stehen diese Darstellungsformen zur Verfügung (vgl. obige Abbildung): Schrittplan, Blockdiagramm, Datenflußplan, Programmablaufplan (PAP), Struktogramm und Entwurfsprache.

1.6.2.1 Schrittplan und Blockdiagramm

Ein S c h r i t t p l a n zum Problem der Rechnungsschreibung kann verkürzt so aussehen:

1. Rechnungs- und Kundennummer mit Datum eintippen.
2. Rechnungskopf drucken
3. Rechnungszeile(n) aufbereiten und drucken
4. Rechnungsabschluß drucken
5. Kundendatei aktualisieren
6. Eintrag Offene-Posten-Datei

Als B l o c k d i a g r a m m kann dieser Schrittplan schon feiner gegliedert bzw. strukturiert sein. Der Schritt 1 des Schrittplanes wird z.B. so als Blockdiagramm dargestellt:

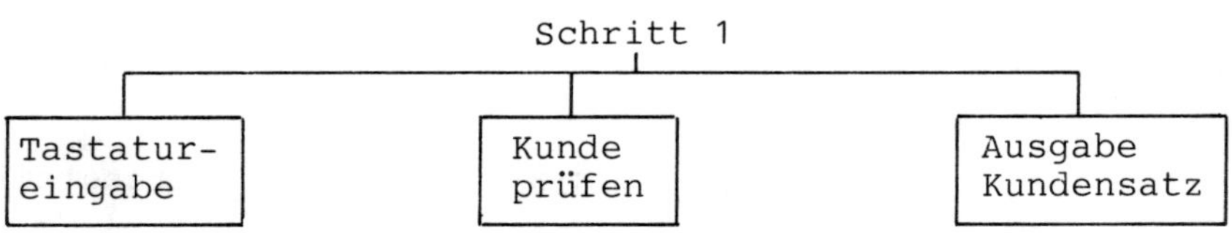

Zu 'Kunde prüfen': Ist ein Kunde mit der eingetippten Nummer nicht in der Kundendatei enthalten, wird eine Meldung ausgegeben. Zu 'Ausgabe Kundensatz': Zur Kontrolle wird der gesamte Inhalt des Kundensatzes am Bildschirm gezeigt.

1.6.2.2 Datenflußplan

Im D a t e n f l u ß p l a n wird der Datenfluß für eine bestimmte Aufgabe wie z.B. für die Rechnungsschreibung zeichnerisch dargestellt. Nach DIN 66001 besteht jeder Datenflußplan aus den Sinnbildern für die Verarbeitung, die Daten(-träger) und aus den Verbindungen und Darstellungshilfen. In der Abbildung werden diese Sinnbilder zusammengafaßt.

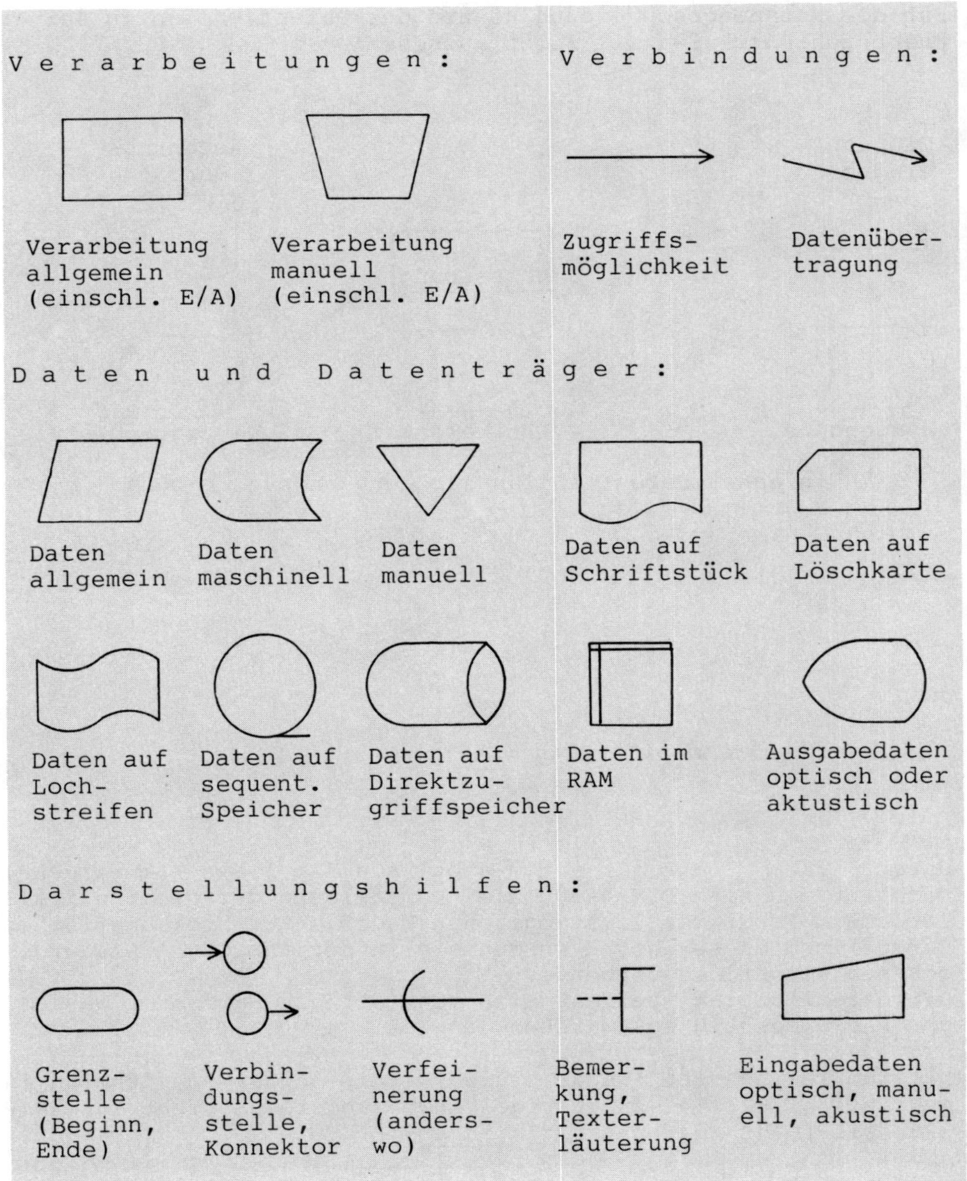

Sinnbilder für Datenflußpläne nach DIN 66001

Wiederholung gleicher Einheiten: Sinnbilder hintereinander zeichnen.

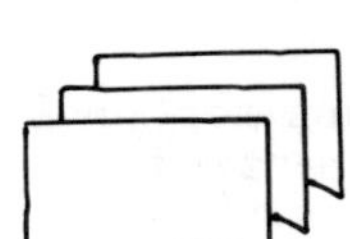

Für die Rechnungsschreibung könnte der Datenflußplan in seiner knappsten Form etwa wie folgt aussehen:

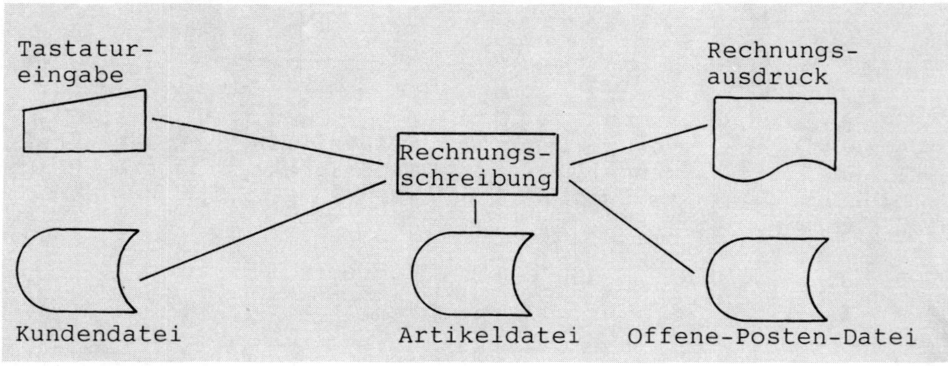

Einfacher Datenflußplan zur Rechnungsschreibung

1.6.2.3 Programmablaufplan (PAP)

Unter einem P r o g r a m m a b l a u f p l a n (kurz: PAP) versteht man nach DIN 44300 die "Darstellung der Gsamtheit aller beim Programmablauf möglichen Wege". Zur zeichnerischen Darstellung dieser Wege werden die in der Abbildung wiedergegebenen Sinnbilder verwendet.
Der Datenflußplan bezieht sich mehr auf die Hardware, während der PAP eindeutig softwarebezogen ist.

Die zum Teilschritt 'Kunde prüfen' (vgl. obiger Schrittplan in Abschnitt 1.6.2.1) zugehörige Anweisungsfolge sieht als PAP z.B. wie folgt aus:

Kundennummer eintippen

Kunde auf Datei vorhanden?

Wenn Kundennummer ungültig,
dann Zurückverzweigen

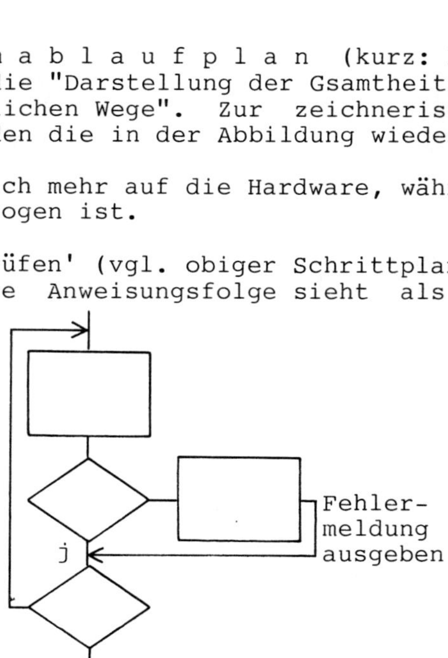

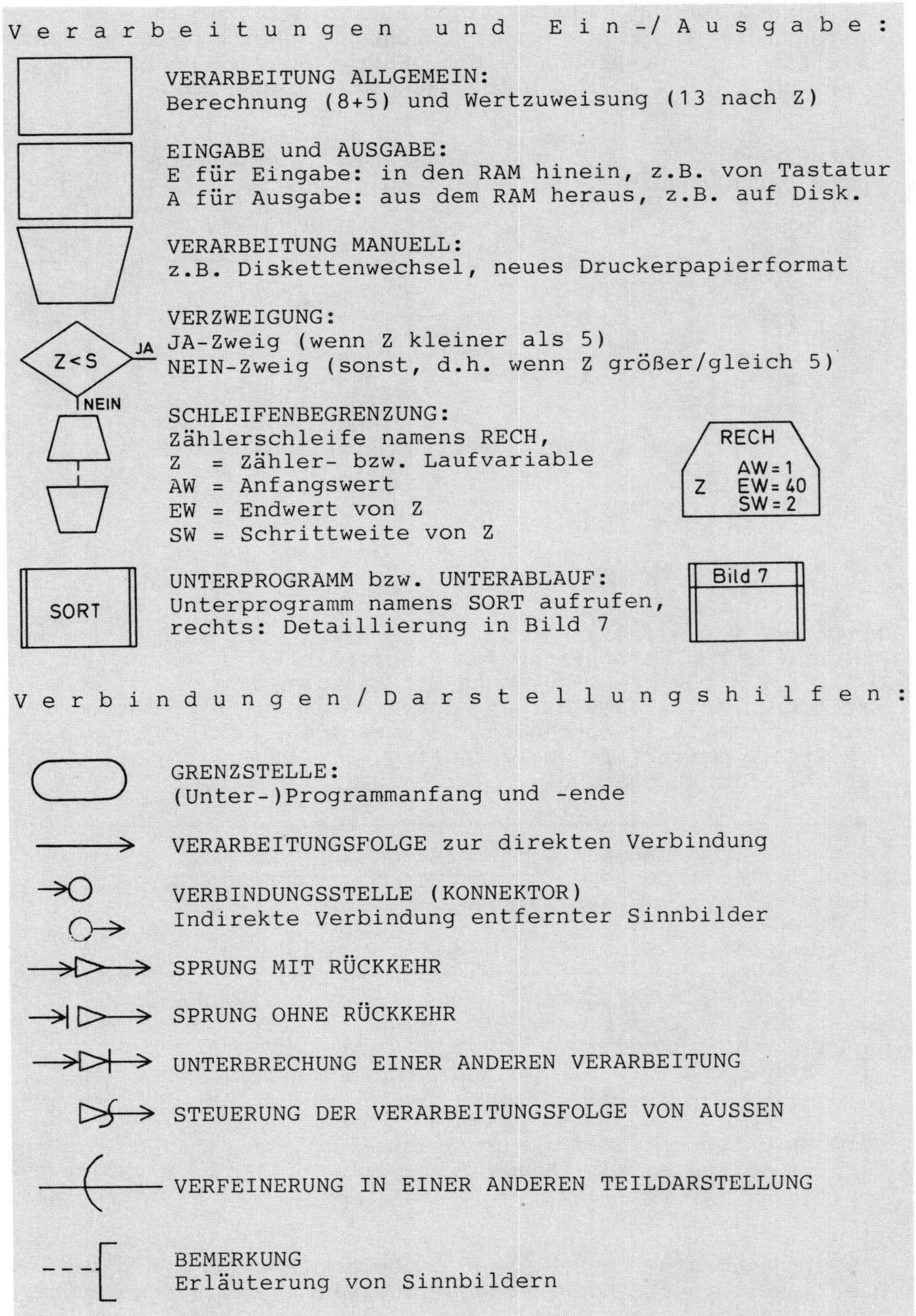

Sinnbilder für PAPs nach DIN 66001

Zur Darstellung der mehrseitigen Auswahlstruktur im PAP: Durch Auffächerung können von einem Sinnbild mehrere Ausgänge vorgesehen werden. Führen mehrere Verbindungslinien zu einem Sinnbild, muß man sie zusammenführen.

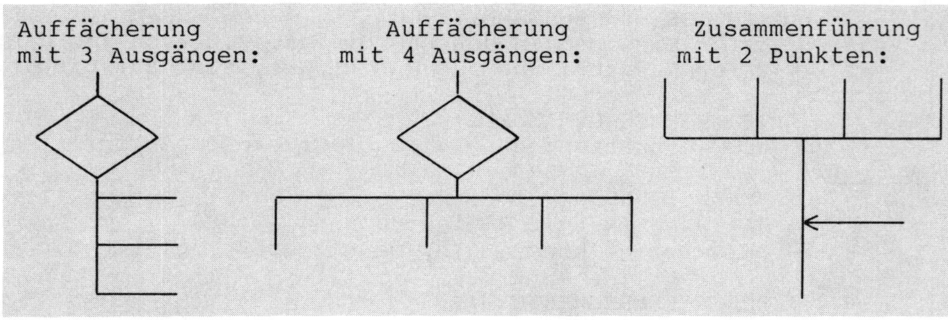

Auffächerung und Zusammenführung im PAP

1.6.2.4 Struktogramm

Neben dem PAP wird immer häufiger ein weiteres Hilfsmittel zur zeichnerischen Darstellung von Programmabläufen verwendet: das Struktogramm, auch Strukturdiagramm oder (nach den Erfindern) Nassi-Shneiderman-Diagramm genannt. Struktogramme wurden bereits in Abschnitt 1.3 verwendet, um die grundlegenden Programmstrukturen darzustellen. Der Ablauf 'Kunde prüfen' kann als Struktogramm wie folgt dargestellt werden:

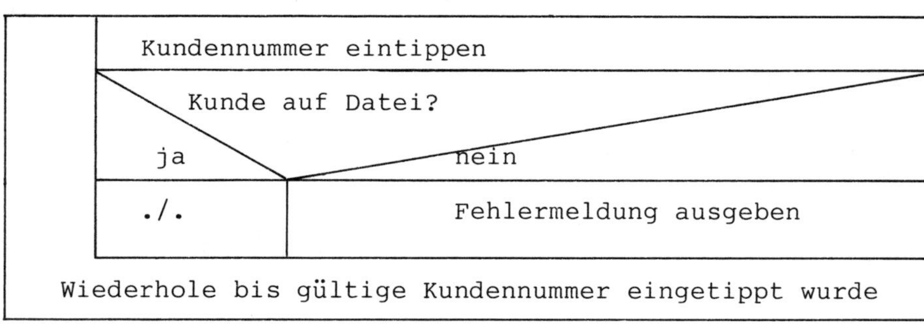

Beim Struktogramm sind die Programmstrukturen deutlich erkennbar: im obigen Ablauf 'Kunde prüfen' liegt eine nicht-abweisende Schleife vor, die eine einseitige Auswahl einschachtelt.

Ein Struktogramm besteht aus Strukturblöcken, die jeweils nur einen Eingang (Oberkante) und einen Ausgang (Unterkante) besitzen und entweder hintereinander oder vollständig eingeschachtelt sind (vgl. Abbildung).

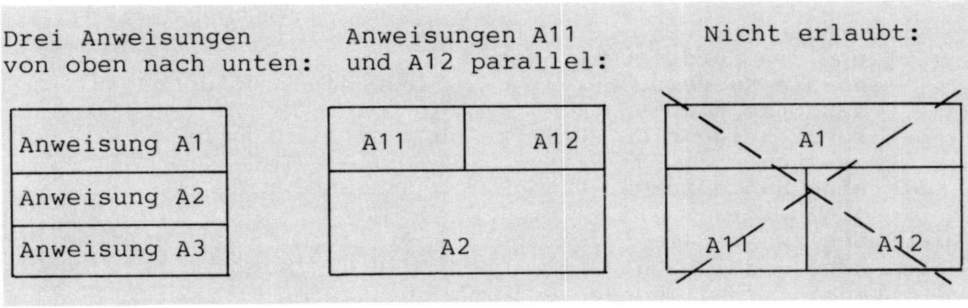

Drei Struktogramme mit jeweils drei Blöcken

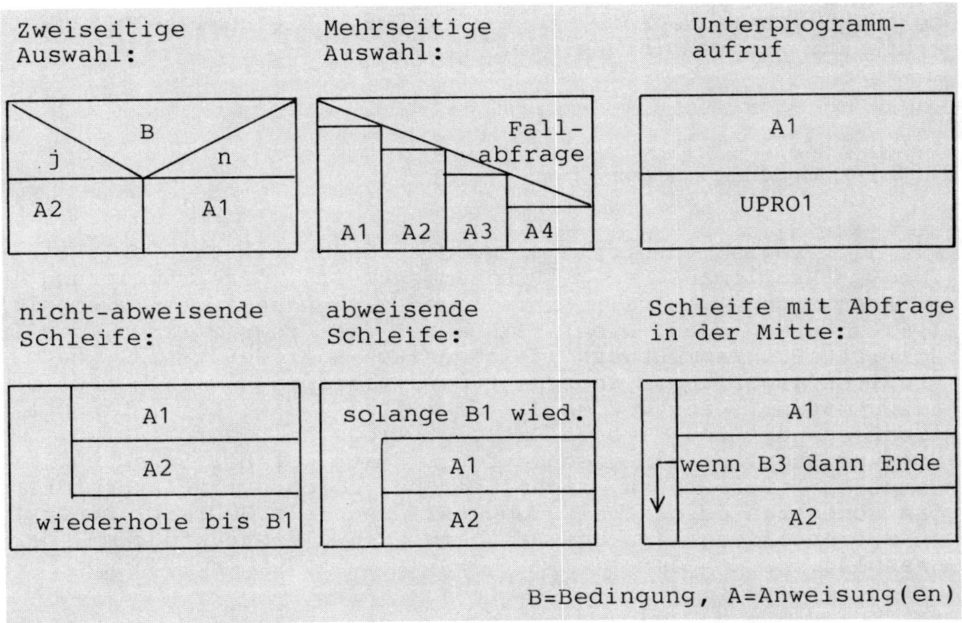

Grundlegende Programmstrukturen als Struktogramm

1.6.2.5 Entwurfsprache (Pseudocode)

Neben diesen grafischen Darstellungsmöglichkeiten des Lösungsablaufes verwendet man oft eine Entwurfsprache als Pseudocode, um den Programmentwurf umgangssprachlich darzustellen (vgl. Abschnitt 1.3.1). Der oben als PAP und Struktogramm dargestellte Ablauf 'Kunde prüfen' läßt sich mit der algorithmischen Entwurfsprache z.B. wie umseitig dargestellt beschreiben.

```
wiederhole
  Tippe die Kundennummer ein
  wenn die Kundennummer in der Kundendatei gefunden wurde
    dann tue nichts
    sonst zeige eine Fehlermeldung am Bildschirm
  Ende-wenn
bis eine Kundennummer als gültig erkannt wurde
```

Die Befehlsworte wie 'wiederhole - bis' und 'Tippe ein' werden dabei häufig durch Unterstreichen oder Fettschrift hervorgehoben. Um die grundlegenden Programmstrukturen zu verdeutlichen und übersichtlich darzustellen, rückt man jeweils nach rechts ein. Ein in Entwurfsprache dargestellter Programmablauf wird als a l g o r i t h m i s c h e r E n t w u r f bezeichnet. Der algorithmische Entwurf stellt häufig die unmittelbare Vorstufe zur Programmierung dar.

1.6.3 Programmierung im engeren Sinne

Für die Programmentwicklung wurden die Schritte 'Problemstellung', 'Problemanalyse', 'Programmentwurf', 'Programmierung im engeren Sinne', 'Dokumentation' und 'Anwendung' (in Abschnitt 1.6) unterschieden. Dabei beinhaltet das Programmieren, den im Schritt 'Programmentwurf' zeichnerisch und/oder verbal dargestellten Algorithmus in eine Programmiersprache umzusetzen und auszutesten. Dazu werden die Schritte 'Codierung', 'Eingabe', 'Übersetzung' und 'Testen' zumeist wiederholt durchlaufen. Der Übersetzungslauf als gesonderter Schritt ist bei Sprachen mit Compiler erforderlich, nicht aber bei solchen mit Interpreter. Das Austesten erfolgt als Computer- und als Schreibtischtest. In der Abbildung wird das Programmieren als Struktogramm dargestellt.

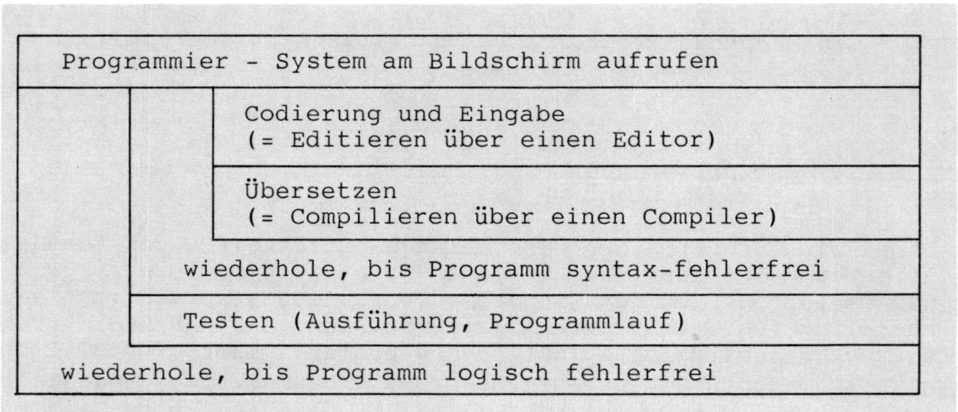

Programmieren im engeren Sinne als Struktogramm

Nach dem Durchlaufen von 'Programmentwurf' und 'Programmierung i.e.S.' faßt man abschließend in der D o k u m e n t a t i o n die Programmunterlagen als Gebrauchsanleitung zusammen: sei es als Anleitung für den Operator, damit dieser den Computer bei der Anwendung auch richtig bedienen kann (Operator-Handbuch), oder als Anleitung für den Benutzer für die spätere Programmpflege und Programmkorrektur (Benutzer-Handbuch). Zusätzlich zum Benutzer-Handbuch sollte eine Kurzanleitung vorliegen, die nur die wichtigsten für den Umgang mit dem Programm notwendigen Schritte und Anweisungen für den Interessenten bereithält.

Zentraler Teil der Programmentwicklung ist der Programmentwurf und nicht - wie es manchem 'DV-Einsteiger' scheinen mag - die Programmierung bzw. Codierung in einer Programmiersprache. Es ist denkbar, daß die Codierung eines Tages automatisiert werden kann.
Angesichts eines ständig steigenden Software-Kosten-Anteiles geht man immer mehr dazu über, die Programmentwicklung und dabei besonders den Programmentwurf industriell und ingenieurmäßig vorzunehmen: S o f t w a r e - E n g i n e e r i n g lautet die darauf verweisende Begriffsbildung. Auf einige der im Rahmen des Software-Engineering eingesetzten Programmiertechniken und Entwurfsprinzipien wird nachfolgend eingegangen.

1.6.4 Programmiertechniken und Entwurfsprinzipien

Die M o d u l a r i s i e r u n g von Software berücksichtigt, daß ein in kleine Teile bzw. Moduln gegliedertes Problem bzw. Programm einfacher zu bearbeiten ist. 'Klein' heißt, daß ein Modul maximal 200 Anweisungen umfassen darf. Ein Modul ist ein Programmteil mit einem Eingang und einem Ausgang und kann selbständig übersetzt und ausgeführt werden. Module verkehren nur über Schnittstellen miteinander, über die Werte (Parameter genannt) vom rufenden an das aufgerufene Modul übergeben werden. Ein Modul darf als Black Box nichts vom Innenleben eines anderen Moduls wissen.

Die N o r m i e r u n g von Programmabläufen als Vereinheitlichung durch eine standardisierte Ablaufsteuerung wird bei der Entwicklung komplexer kommerzieller Software-Pakete vorgenommen, an der zumeist mehrere Mitarbeiter beteiligt sind. Jedes Softwarehaus hat seine eigenen Normen.

Die J a c k s o n - M e t h o d e geht bei der Pogrammentwicklung von der exakten Analyse der Datenstrukturen aus, um dann die entsprechenden Pogramm- bzw. Ablaufstrukturen zu entwerfen. Warum? In der kommerziellen DV sind die Daten meistens bis in die Details vorgegeben, während die Abläufe den Daten gemäß formuliert werden müssen. Anders ausgedrückt: die Datenstruktur prägt die Programmstruktur.

Dem T o p - D o w n - E n t w u r f als Von-oben-nach-unten-Entwurf entspricht die Technik der schrittweisen Verfeinerung: vom Gesamtproblem ausgehend bildet man Teilprobleme, um diese dann schrittweise weiter zu unterteilen und zu verfeinern bis hin zum lauffähigen Programm. Der Top-Down-Entwurf führt immer zu einem hierarchisch gegliederten Programmaufbau.

Der B o t t o m - U p - E n t w u r f als Gegenstück zum Top-Down-Entwurf geht als Von-unten-nach-oben-Entwurf von den oft verwendeten Teilproblemen der untersten Ebene aus, um sukzessive solche Teilprobleme zu integrieren. Beide Entwurfsprinzipien werden in der Praxis zumeist kombiniert angewendet.

Die U n t e r p r o g r a m m t e c h n i k wird in diesen drei Fällen genutzt:
- Ein Ablauf wird mehrfach benötigt
- Mehrere Personen kooperieren und liefern ihre Teilproblemlösungen als Unterprogramme ab
- Menügesteuerter Dialog (Menütechnik)

Der Begriff des Unterprogrammes bzw. der Prozedur entspricht dem des Moduls. Die bekannteste Schnittstelle ist der Unterprogrammaufruf mit Parameterübergabe.

Die M e n ü t e c h n i k erleichtert den benutzergesteuerten Dialog. Über das Menü als Auswahlübersicht steuert der Benutzer den Ablauf des Programms, ohne zuerst alle Befehle lernen zu müssen.
Das Menü als Gedächtnisstütze bei der Eingabe kann in Tabellenform alternativ zum Bildschirm, auf dem sonst der Dialog protokolliert wird, angeboten werden. Dies setzt den schnellen Wechsel zwischen den Bildschirmseiten voraus. Oder das Menü wird als (Prompt-)Zeile ausgegeben, die zusätzlich zum Dialog ständig am oberen Bildschirmrand stehen bleibt.
Bei der Split-Screen-Technik werden Rechteckbereiche des Bildschirms wie eigenständige Bildschirme bzw. Fenster behandelt. Über ein solches Fenstersystem kann der Benutzer Menüs an jeder Stelle des Bildschirms erscheinen lassen.
Die Menütechnik kann sich auf das Arbeiten i n n e r h a l b eines Programms wie auch auf das Verbinden mehrerer Programme beziehen. Im letzteren Fall wird beim Einschalten des Computers bzw. beim Beenden eines Programms automatisch ein Menüprogramm geladen, das am Monitor alle verfügbaren Programme zeigt; der Benutzer kann durch Tippen z.B. eines Buchstabens dann das gewünschte Programm laden, ohne sich um den Speicherort auf Diskette kümmern zu müssen. H i e r a r c h i s c h e Menüs teilen eine Aufgabe in übergeordnete Menü-Ebenen auf. Im Hauptmenü stehen häufig verwendete Funktionen und nach der Wahl erscheint das nächste Menü mit weiter detaillierten Funktionen.
Pop-up-Menüs erscheinen auf Tastendruck, bieten mehrere Möglichkeiten zur Auswahl an und verschwinden, sobald eine Wahl getroffen wurde. Pop-up-Menüs halten also nicht auf und lenken auch nicht ab: sie erscheinen nur, wenn sie auch benötigt werden.
Die Menüwahl erfolgt durch Klartexteingabe (Fehlerrisiko groß) bzw. durch Tasten eines Zeichens oder dadurch, daß der Cursor auf die gewünschte Position gesetzt wird und dann die RETURN-Taste gedrückt wird. Die Menüwahl vereinfacht sich weiter bei Einsatz von Lichtgriffel oder Maus.

Bei der O v e r l a y t e c h n i k werden Moduln überlagert (=overlay) - z.B. wenn der Hauptspeicherplatz nicht ausreicht, um alle Moduln gleichzeitig aufzunehmen. Das im Hauptspeicher stehende Modul ruft ein anderes Modul auf, das dann von einem Externspeicher geladen und dem rufenden Modul überlagert wird.

Der s t r u k t u r i e r t e E n t w u r f bedeutet, daß ein Programm unabhängig von seiner Größe nur aus den vier (in Abschnitt 1.3 dargestellten) grundlegenden Programmstrukturen aufgebaut sein darf: aus Folge-, Auswahl-, Wiederholungs- und aus Unterprogrammstrukturen. Dabei soll auf unbedingtes Verzweigen mittels GOTO verzichtet werden. Jede Programmstruktur bildet einen Strukturblock. Blöcke sind entweder hintereinander angeordnet oder vollständig geschachtelt - die teilweise Einschachtelung (Überlappung) ist nicht zulässig.
Sogenannte 'blockorientierte Sprachen' wie PASCAL, MODULA-2, ELAN und ADA unterstützen das Prinzip des strukturierten Entwurfs weit mehr als die 'unstrukturierten Sprachen' wie BASIC und APL.

Diese nur stichwortartig dargestellten Prinzipien dürfen nicht getrennt betrachtet werden; unter dem Informatik-Sammelbegriff

s t r u k t u r i e r t e P r o g r a m m i e r u n g

faßt man sie zu einem allgemein anerkannten Vorgehen zusammen. Die tragenden Prinzipien sind dabei der Top-Down-Entwurf mit der schrittweisen Verfeinerung einerseits und der strukturierte Entwurf mit der Blockbildung andererseits.

2

Bedienung des Turbo Pascal-Systems

2.1 Erstellung des ersten Programmes in elf Schritten

Es wird davon ausgegangen, daß das Betriebssystem (z.B. MS-DOS oder CP/M) gestartet ist und am Bildschirm das Bereitschafts- bzw. Promptzeichen

A>

des Betriebssystems steht. Desweiteren wird vorausgesetzt, daß die Systemdiskette mit Turbo-Pascal im Laufwerk "A:" eingelegt ist.

2.1.1 Schritt 1: Installation des Systems mit File TINST 1)

Falls Turbo-Pascal bereits vollständig angepaßt vorliegt, kann der Schritt 1 übergangen werden. Dies trifft zum Beispiel für den IBM PC zu. Sonst wird durch Eintippen von

TINST /RET/ (/RET/ = "RETURN"- bzw. "Enter"-Taste)

das Installationsprogramm von der Systemdiskette geladen und gestartet:

- S eintippen für S)creen Installation. Dann eine der im Menü gezeigten Nummern eingeben, z.B. 26 für Zenith.
- Eine C)ommand Installation ist bei den meisten Systemen nur dann erforderlich, wenn die Steuerkommandos für den Editor geändert werden sollen.
- Mit Q für Quit das Programm TINST verlassen. Am Bildschirm erscheint wieder das Promptzeichen des Betriebssystems.

2.1.2 Schritt 2: System aktivieren mit File TURBO

Nun wird

Turbo /RET/

eingetippt, um das Minimal-System mit dem E d i t o r , dem C o m p i l e r und der Run-Time-Bibliothek zu laden. Danach erscheint am Bildschirm z.B. die umseitige Meldung.

1) Dieses 11-Schritte-Vorgehen ist im Peeker 1/84 vom September 1984 in dem Beitrag "Turbo Pascal Schritt für Schritt" zum ersten Mal von Kaier veröffentlicht worden.

```
Turbo Pascal system          Version 2.00A
                             CP/M-80, Z80

Copyright (C)   1983,1984 by BORLAND Inc.

Terminal: Soroc 120 / Apple CP/M
Include error messages (Y/N)?
```

Wird auf "Include error messages (Y/N)?" für "Einschließlich Fehlermeldungen (ja/nein)?" mit "N" geantwortet, so werden für Fehler nur deren Nummern, nicht aber die kompletten Fehlermeldungen genannt. Nach der Antwort "Y" würde das File Turbo.MSG in den Hauptspeicher geladen, was 1.5 KBytes an Platz kostet. Danach erscheint am Bildschirm das in der Abbildung wiedergegebene H a u p t m e n ü .

```
Logged drive: A
Active directory: ...
Work file:
Main file:
Edit    Compile  Run   Save
eXecute Dir      Quit  compiler Options

Text:         0 bytes (71F1-71F1)
Free:     22036 bytes (71F2-C806)
```

Hauptmenü von Turbo-Pascal

Hinter "Text" wird "0 bytes" ausgegeben, daß derzeit überhaupt noch kein Text-File, also noch keine Text-Datei angelegt ist. Hinter "Free" steht die Anzahl von Bytes, die dem Benutzer bei dem jeweiligen Computer zur Verfügung stehen, d.h. die für ihn "frei" (Free) sind. Im wiedergegebenen Beispiel sind es 22036 Bytes mit den Hauptspeicheradressen 71F2 - C806. Die Adressen sind in hexadezimaler Form angegeben: HEXadezimal 71F2 gleich DEZimal 29170 als Anfangsadresse und HEX C806 gleich DEZ 51206 als Endeadresse: 51206 minus 29170 ergibt 22036 Bytes als verfügbarer Benutzerspeicher. Neben den Speicheradressen werden über das Hauptmenü die B e f e h l e

L, A, W, M, E, C, R, S, X, D, Q und O

angeboten. Durch Eingabe des Anfangsbuchstabens kann ein bestimmter Befehl zur Ausführung gebracht werden.
Ein Hinweis zum Befehl "A": Dieser Befehl wird nicht bei allen Betriebsystemen angeboten (z.B. nicht bei CP/M 2.2).

2.1.3 Schritt 3: Workfile benennen mit Befehl W

Im Hauptspeicher wird eine Arbeitsdatei (Workfile) verwaltet, auf die sich das Eingeben (Edit bzw. E), Übersetzen (Compile bzw. C), Ausführen (Run bzw. R) sowie Speichern (Save bzw. S) bezieht. Der Workfile ist derzeit leer; oben im Hauptmenü wurde dies durch die Meldung "Free: 0 bytes" angegeben. Im folgenden wird sich zeigen, daß es nur e i n e n Workfile im RAM gibt, aber m e h r e r e Files auf Diskette.

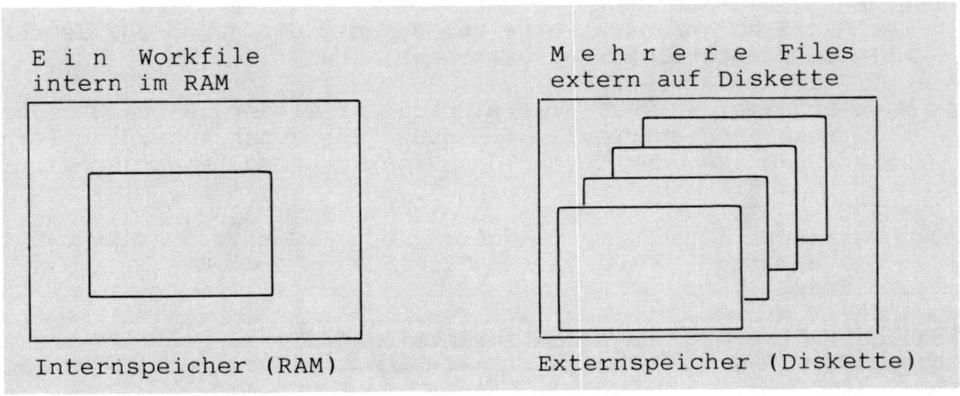

Im Workfile wird ein Programm editiert

Am Beispiel eines kleinen Programmes soll jetzt der Ablauf der Programmerstellung erklärt werden. Das Programm ERSTPROG kann nicht sofort auf Diskette gespeichert werden. Es wird zuerst in den Workfile eingetippt und getestet. Der Workfile bekommt dabei den Namen des Programmes, also ERSTPROG. Das Einrichten des neuen Workfile geschieht über den Befehl W. Nach der Eingabe von W entwickelt sich folgender Dialog zwischen dem Benutzer (=Eingabe) und dem Computer (=Ausgabe):

```
W  /RET/                          (Eingabe des Benutzers)
Work file name:                   (Ausgabe des Computers)
ERSTPROG  /RET/                   (Eingabe: Programmname)
Loading A:ERSTPROG.PAS            (Ausgabe: Name exakt)
New file                          (Ausgabe: Mitteilung)
/RET/                             (Eingabe: "RETURN"-Taste

Logged drive: A                   (Ausgabe: Hauptmenü)
Active Directory: ...
Work file:
Main file:
Edit     Compile  Run   Save
eXecute Dir       Quit  compiler Options

Text:        0 bytes (71F1-71F1)
Free:    22035 bytes (71F2-C806)
```

Jede Eingabe des Benutzers wird durch Drücken der Taste /RET/, /RETURN/ bzw. /Enter/ beendet und an das System abgesandt. In diesem Buch bedeutet die Schreibweise /RET/ dasselbe wie "Die Taste "RETURN" bzw. "Enter" einmal kurz drücken". Der oben angegebene Dialog läuft wie folgt ab:

- W für Workfile eintippen und auf die Frage "Work file name:" den Programmnamen ERSTPROG eingeben. Das erste Programm soll ja ERSTPROG heißen.
- Die Ausgaben von "Loading A:ERSTPROG.PAS" und "New File" besagen, daß im Laufwerk A: derzeit k e i n File mit dem Namen ERSTPROG gefunden wurde und deshalb ein neuer und leerer File im Hauptspeicher eingerichtet wird.
- Nach Drücken der /RET/-Taste erscheint wieder das Hauptmenü. Als freier Speicherplatz wird nun 22035 Bytes angezeigt (ein Byte wurde für den Eintrag des Programmnamens verbraucht).

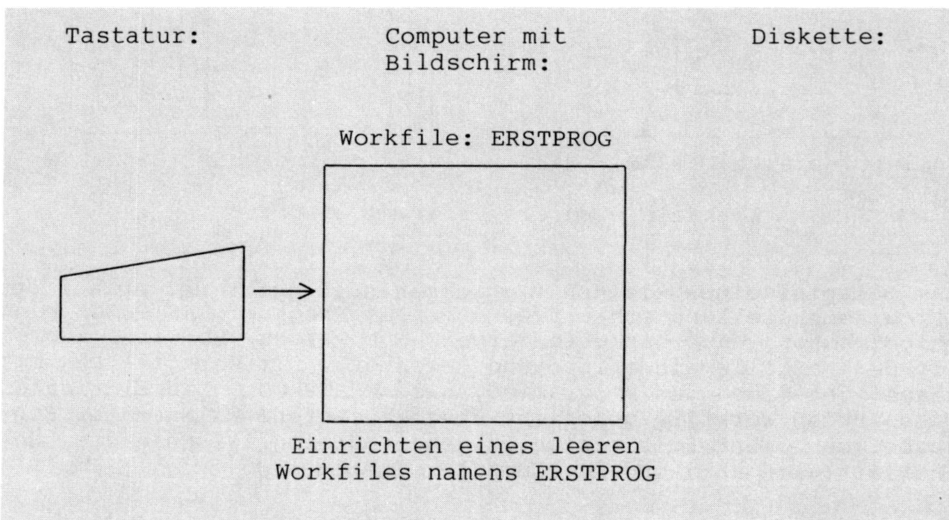

Aufgabe des Befehles W)orkfile

2.1.4 Schritt 4: Programmtext eingeben mit Befehl E

Durch Eingabe des Befehles

```
E  /RET/
```

wird der E d i t o r aufgerufen. Der Editor hat die Aufgabe, die Eingabe des Programmes zu überwachen. Oben am Bildschirmrand erscheint diese Statuszeile:

```
Line 1  Col 1   Insert   Indent  A:ERSTPROG.PAS
```

Nach "Line" bzw. "Col" wird die Zeilen- bzw. Spaltennummer des Cursors genannt. Der Editor zeigt immer bis zu 24 waagerechte Zeilen und - je nach Computer - 40 oder 80 senkrechte Spalten an. "Insert" heißt, daß unsere Texteingabe eingefügt wird (dazwischen oder hintan). Durch Eintippen von /CTRL-V/ erscheint anstelle von "Insert" der Hinweis "Overwrite": Die Texteingabe des Benutzers wird dann dem bisherigen Text überschrieben. Durch erneutes Eintippen von /CTRL+V/ wechselt man wieder zu "Insert" zurück.

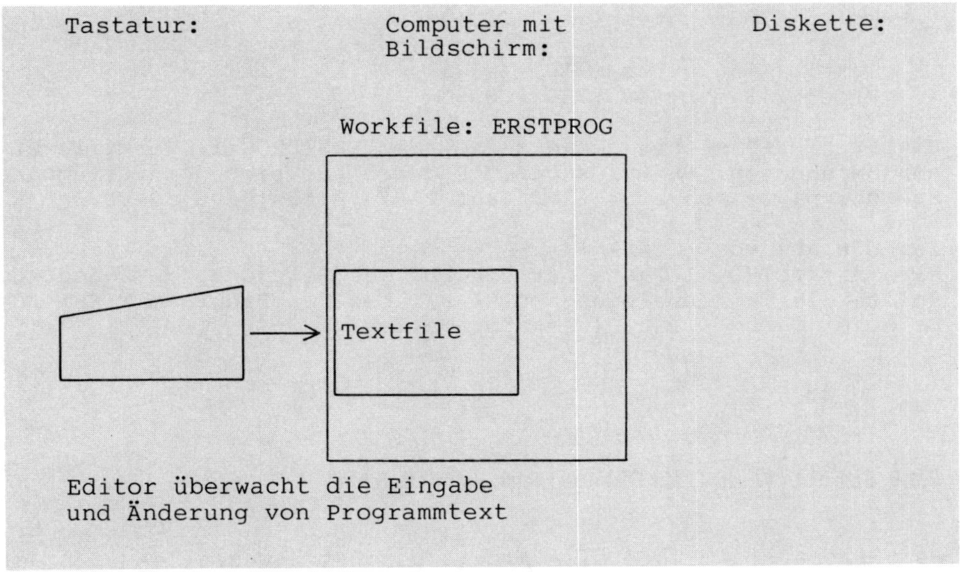

Aufgabe des E)ditors (Befehl E)

Tippen Sie nun den folgenden Programmtext mit zehn Zeilen ein:

```
PROGRAM ERSTPROG;
VAR
  ZAHL: INTEGER;
BEGIN
  WRITELN ('Welche Zahl?');
  READLN (ZAHL);
  ZAHL:=ZAHL+5;
  WRITE ('Erhöhte Zahl: ');
  WRITELN (ZAHL)
END.
```

Dabei ist zu beachten:
- ";" am Zeilenende nicht vergessen.
- Ausgabetext in Hochkomma ' ' einschließen (nicht in " ").
- Die END-Anweisung mit den Punkt "." abschließen.
- Am Ende jeder der 10 Zeilen die /RET/-Taste drücken.

Dann wird der Editor z.B. durch Eingabe von /CTRL-K/+/CTRL-D/ (zuerst die Tasten /CTRL-K/ und anschließend /CTRL-D/ drücken) bzw. der dafür vorgesehenen Funktionstaste verlassen. Am Bildschirm erscheint wieder das Hauptmenü (ggf. muß nochmals /RET/ eingegeben werden):

```
Logged drive: A                  (Ausgabe: Hauptmenü)
Work file:
Main file:
Edit    Compile  Run   Save
eXecute Dir      Quit  compiler Options

Text:        0 bytes (71F1-71F1)
Free:    22036 bytes (71F2-C806)

  Text:    166 bytes (71F1-7297)
  Free: 21870 bytes (7298-C806)
```

Hinter "Text" steht, daß das Programm ERSTPROG im Workfile einen Umfang von 166 Bytes hat. Dadurch hat sich der verfügbare Speicherplatz von z.B. 22036 auf 21870 Bytes vermindert.

Zur Eingabe von /CTRL-K/:
Wird die /CTRL-K/-Taste zur Eingabe des Zeichens "[" benutzt, sollte die Tastenbelegung /CTRL-K/ über das Programm TINST zum Beispiel durch /CTRL-O/ ersetzt werden.

2.1.5 Schritt 5: Workfile auf Diskette speichern mit Befehl S

Bei Stromausfall wäre alle Arbeit umsonst gewesen, da sich das Programm ERSTPROG im Workfile bzw. RAM befindet und dieser dabei gelöscht wird. Durch Eintippen des Befehles

```
S  /RET/                        (Eingabe)
```

wird der gesamte Inhalt des Workfiles unter seinem derzeitigen Namen ERSTPROG auf Diskette abgespeichert. Nach einigen Bewegungen des Diskettenlaufwerkes erhält der Benutzer vom TURBO-System diese Tätigkeitsmeldung:

```
Saving A:ERSTPROG.PAS          (Ausgabe)
```

Die Ausgabe "Saving A:ERSTPROG.PAS" besagt, daß das Programm ERSTPROG als Pascal-Quellenprogramm (deshalb die Dateityp-Bezeichnung PAS) in Laufwerk A: abgespeichert worden ist (Saving für retten bzw. abspeichern). Das Quellenprogramm wird häufig auch als Quellcode, T e x t f i l e , Sourcefile bzw. Source bezeichnet.

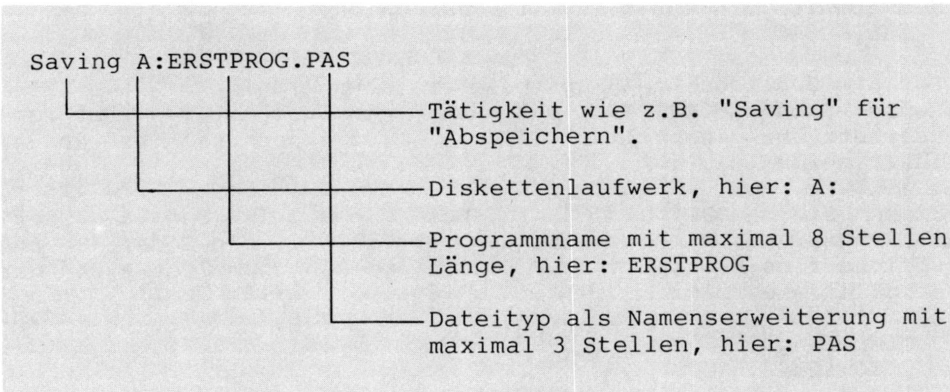

Komplette Tätigkeitsmeldung von TURBO-Pascal

Nach dieser Tätigkeitsmeldung erscheint am Bildschirm wieder das Hauptmenü von Turbo-Pascal (ggf. /RET/ eintippen).

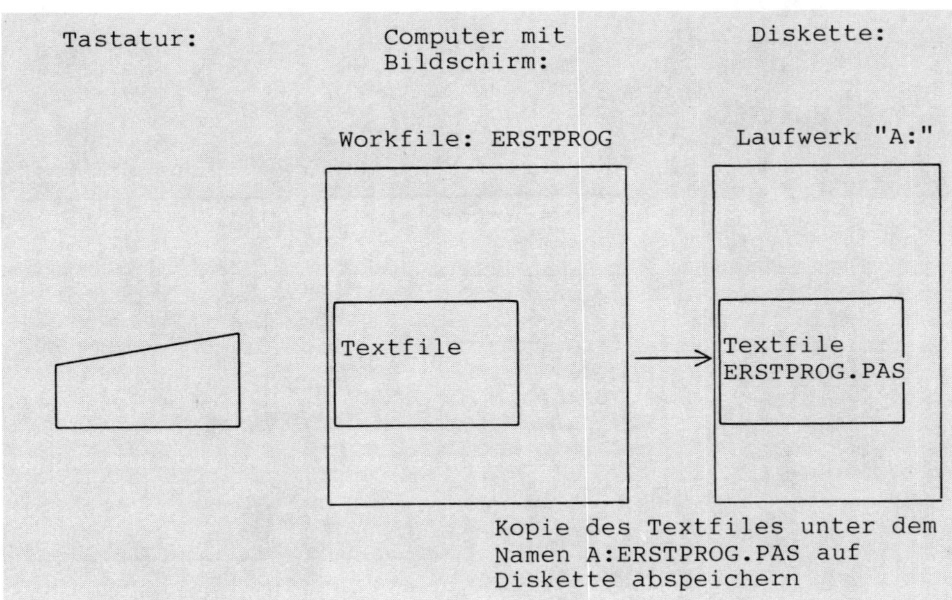

Aufgabe des Befehles S)ave

Ein wichtiger Hinweis für Benutzer von CP/M 2.2:
Wird während der Programmerstellung eine Diskette gewechselt, bricht das Turbo Pascal-System beim Eintippen von S)ave ggf. mit einer Fehlermeldung ab: man 'landet' in der CP/M-Ebene und das (noch nicht sichergestellte) Pascal-Programm ist verloren. ... alle Arbeit umsonst. Aus diesem Grunde sollte man nach jedem Diskettenwechsel neu booten (z.B. /CTRL-C/ eingeben) oder über den Turbo-Befehl L)ogged drive das Laufwerk ansprechen.

2.1.6 Schritt 6: "Memory to Memory"-Übersetzung mit Befehl C

Das als Quellcode im Hauptspeicher (genauer: im Workfile) stehende Programm ERSTPROG muß nun in ein ausführbares Programm übersetzt bzw. compiliert werden. Erst danach kann es ausgeführt werden.

Tippen Sie den Befehl "C" ein. Der C o m p i l e r als Übersetzungsprogramm übersetzt das Textfile in ein Codefile und speichert es ebenfalls im Workfile ab. Danach meldet sich der Compiler wie folgt:

```
Compiling
  10 lines
  Code:   125 bytes (7299-7316)
  Free: 22762 bytes (7316-CC00)
  Data:     6 bytes (CC00-CC06)
```

Es wurden also alle 10 Programmzeilen (lines) fehlerlos übersetzt. Die Angaben in Klammern geben die entsprechenden Adressen im RAM in hexadezimaler Schreibweise wieder.

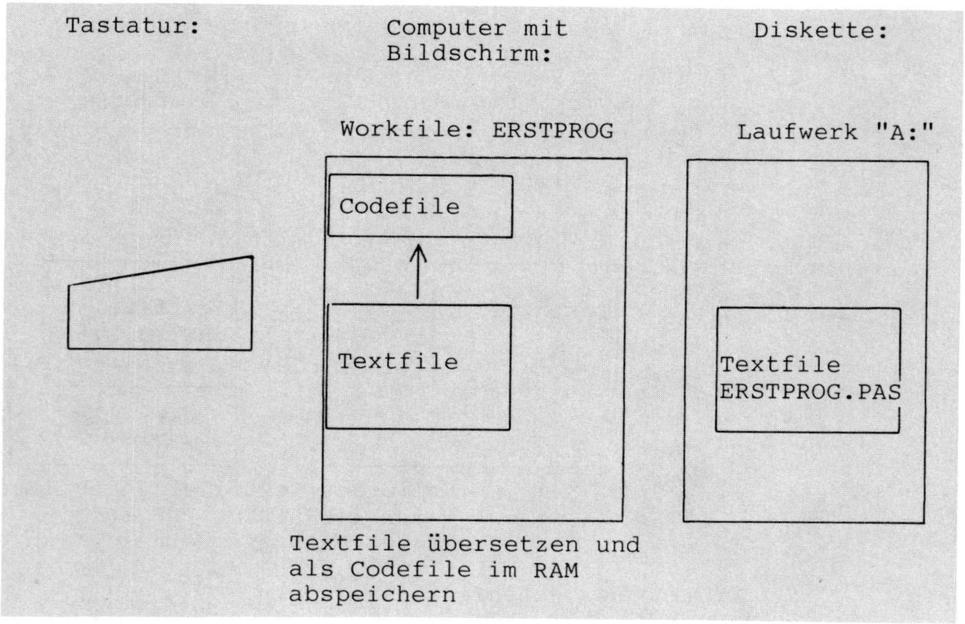

Aufgabe des Compilers (Befehl C) bei "Memory-Option"

- Im Hauptspeicher befindet sich nun neben dem Quellen- auch das übersetzte Objektprogramm (auch Zielprogramm, Maschinenprogramm, Maschinencode, C o d e f i l e oder einfach Code genannt. Im Codefile sind alle Anweisungen des Programmes ERSTPROG in computerverständlicher Form abgespeichert, damit sie sofort ausgeführt werden können.

- Der Codefile nimmt im RAM genau 125 Bytes ein und belegt die Speicherplätze von 29337 (bzw. HEX 7299) als Anfangsadresse bis 29462 (bzw. HEX 7216) als Endeadresse.

- Mit 125 Bytes ist der Codefile von Programm ERSTPROG wesentlich kürzer als der zugehörige Textfile mit 166 Bytes.

- Ganz oben im RAM ab Adresse 52224 (bzw. HEX CC00) wurden von Turbo-Pascal 6 Bytes für Daten bzw. "Data" reserviert.

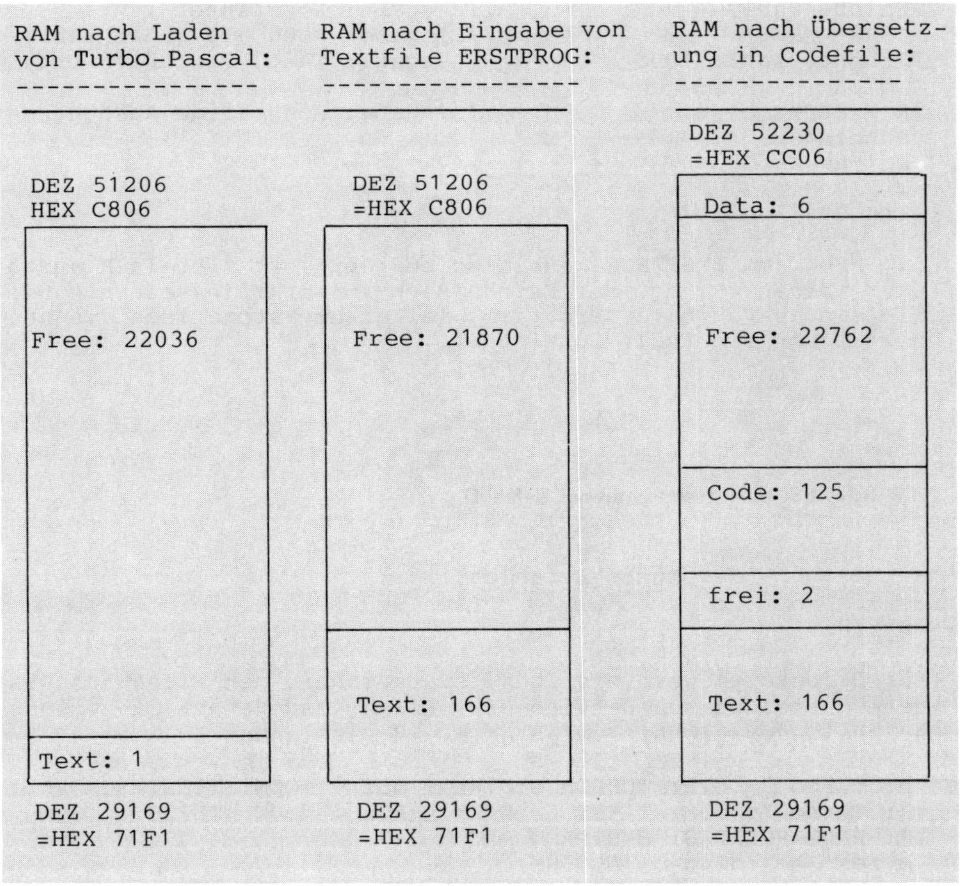

Speicherbelegung des RAM zu drei verschiedenen Zeitpunkten

Die Bezeichung "Memory to Memory"-Übersetzung besagt, daß der Textfile u n d der Codefile als dessen Übersetzung im Hauptspeicher (Memory) abgelegt werden.

2.1.7 Schritt 7: Programmausführung mit Befehl R

Nach Eingabe des Befehles

```
R  /RET/
```

(für Run) wird das übersetzte Codefile im RAM gesucht und zur Ausführung gebracht. Am Bildschirm entwickelt sich danach z.B. folgender Dialog:

```
Running                       (Ausgabe: Tätigkeitsmeldung)
Welche Zahl?                  (Ausgabe: konstanter Text)
1000  /RET/                   (Eingabe: 1000 als ganze Zahl)
Erhöhte Zahl: 1005            (Ausgabe: Text, Variablenwert)

R  /RET/                      (Eingabe: nochmalige Ausführung)
Running
Welche Zahl?
2
Erhöhte Zahl: 7
```

Das Programm ERSTPROG kann also beliebig oft mittels R ausgeführt werden. Findet der Befehl R)un im Workfile keinen Codefile als ausführbares Programm, leitet er automatisch die neue Übersetzung ein (vgl. Schritt 6).

2.1.8 Schritt 8: Inhaltsverzeichnis mit Befehl D

Nach Eingabe des Turbo-Befehles

```
D  /RET/
```

(für Directory) wird ein Inhaltsverzeichnis mit allen auf Diskette gespeicherten Dateien bzw. Files ausgegeben. Das folgende Inhaltsverzeichnis umfaßt z.B. 10 Dateinamen:

```
A: Turbo    OVR: TURBOMSG OVR: TINST    COM: TINSTMSG OVR
A: Turbo    COM: TINST    DTA: ERROR    DOC: TLIST    COM
A: ERSTPROG PAS: ERSTPROG BAK
Bytes Remaining on A: 39K
```

Jede File-Bezeichnung setzt sich wieder aus der Laufwerksangabe (hier A:), dem eigentlichen Namen (hier ERSTPROG) und dem Dateityp (hier PAS) zusammen:

- COM steht für "COMmand File", OVR für "OVeRlay", DTA für "DaTA" und DOC für "DOCument".

- Das Programm ERSTPROG ist zweimal gespeichert: mit der Typbezeichnung PAS für "PAScal-Textfile" und BAK für "BAcK-up-Version des Textfiles". Nach j e d e r Eingabe des Befehls

S (für Save) wird der aktuelle Workfile als "...PAS" und der bisher auf Diskette abgelegte Workfile zur Sicherheit als "...BAK" gespeichert.

- Soll das bestehende Programm ERSTPROG.PAS z.B. unter dem Namen ERST0.PAS erhalten bleiben, so gibt man in der Betriebssystem-Ebene mit REN ERST0.PAS=ERSTPROG.PAS dem Programm den Namen ERST0.PAS und mit REN ERSTPROG.PAS=ERSTPROG.BAK dann dem ursprünglichen Programm den alten Namen zurück.

- Das Inhaltsverzeichnis zeigt, daß der übersetzte Workfile (es trägt den Namen ERSTPROG.COM) noch n i c h t auf Diskette sichergestellt worden ist. Der Befehl S)ave stellt somit stets nur den Textfile sicher, nicht aber den Codefile.

2.1.9 Schritt 9: Compiler-Options ändern mit Befehl O

Die bisherigen 6 Befehle W)orkfile, E)dit, S)ave, C)ompile, R)un und D)ir wurden von Hauptmenü aus aufgerufen. Nach Ausführung kehrte TURBO-Pascal jeweils sofort wieder zur Hauptmenüebene zurück.
Der Befehl O (für "compiler Options") unterscheidet sich insofern von den Befehlen W, E, S, C, R und D, als die Eingabe von

```
  O  /RET/                          (Eingabe: Befehl O)ptions)
```

ein weiteres untergeordnetes U n t e r m e n ü am Bildschirm erscheinen läßt, das die fünf Options-Befehle M, C, H, F und Q anbietet:

```
  compile->  Memory                 (Ausgabe: Untermenü des
             Com-file                Befehls O)ptions)
             cHn-file
  Find run-time error     Quit
```

Betriebsart " A l l e s i m M e m o r y ":
Der Pfeil hinter "compile" weist auf "Memory": Das übersetzte Programm wird stets im Hauptspeicher abgelegt, um dann mit dem Befehl R)un ausgeführt zu werden. Man nennt diese Betriebsart "Alles im RAM", "In Memory" oder "Memory to Memory" und nutzt sie während der Programmerstellung (siehe Schritt 6): Wenn bei der Übersetzung oder bei der Ausführung des Codefiles ein Fehler auftritt, kann dieser im Textfile r a s c h gesucht und korrigiert werden, da sich a l l e s im Workfile abspielt.

Betriebsart " M e m o r y a u f D i s k e t t e ":
Wir geben den Befehl C ein: Damit wird das übersetzte Programm bzw. der Codefile vom System automatisch auf Diskette abgespeichert, und zwar unter dem Namen des Workfiles mit der Typbezeichnung COM. Das Codefile zum Programm ERSTPROG wird somit unter dem Namen ERSTPROG.COM auf Diskette zu finden sein.

Man bezeichnet diese Betriebsart als "Memory to Diskette". Sie wird ausgewählt, wenn alle Testläufe fehlerfrei abgeschlossen sind bzw. wenn das Codefile dauerhaft auf Diskette sichergestellt werden soll.

```
C /RET/                          (Eingabe: Befehl Com-file)
Start address: 1076 (min 1D76)  (Ausgabe: Start- und Ende-
End   address: C953 (max CC06)    adresse des Codefiles)

Q /RET/                          (Eingabe: Befehl Quit)
```

Über den Befehl Q(uit wird die Untermenüebene verlassen und in das Hauptmenü zurückgekehrt. Ein und derselbe Befehlsbuchstabe kann je nach Menüebene eine verschiedene Bedeutung haben: der Befehl C z.B. steht in der Hauptmenüebene für "Compile" und in der eben beschriebenen Untermenüebene für "Com-file".

2.1.10 Schritt 10: "Memory to Diskette"-Übersetzung mit Befehl C

Der Codefile des Pogramms ERSTPROG soll jetzt als ERSTPROG.COM auf Diskette sichergestellt werden. Dazu wird durch den Befehl

```
C /RET/                         (Eingabe: Befehl C)
```

(für Compile) das Workfile erneut übersetzt. Der Compiler gibt die folgende Tätigkeits-Meldung aus:

```
Compiling A:ERSTPROG.COM        (Ausgabe: Compiler-Meldung)
  10 lines
Code: 125 bytes (1D76-1DF3)
Free: 43738 bytes (1DF3-C8CD)
Data: 134 bytes (C8CD-C953)
```

Damit wurde der erzeugte Code auf Laufwerk A: unter dem Namen ERSTPROG.COM gespeichert. Danach übergibt der Befehl die weitere Ablaufsteuerung an das Hauptmenü zurück.
Läßt man sich zur Kontrolle mit dem Befehl "D" das Inhaltsverzeichnis der Diskette zeigen, erscheinen drei 'Versionen' des Programmes ERSTPROG:

```
...                             (Ausgabe: Directory)
...
A: ERSTPROG PAS: ERSTPROG BAK: ERSTPROG COM
Bytes Remaining on A: 31 K
```

Der Textfile ERSTPROG.PAS wurde mit dem letzten S)ave abgespeichert und der Textfile ERSTPROG.BAK durch den vorangegangenen S)ave-Befehl.
Der Codefile ERSTPROG.COM jedoch wurde später durch den Befehl C)ompile auf Diskette gespeichert. Zuvor wurde dazu über die Befehlsfolge "O-C-Q" die Compiler-Option "Com-file" gesetzt.

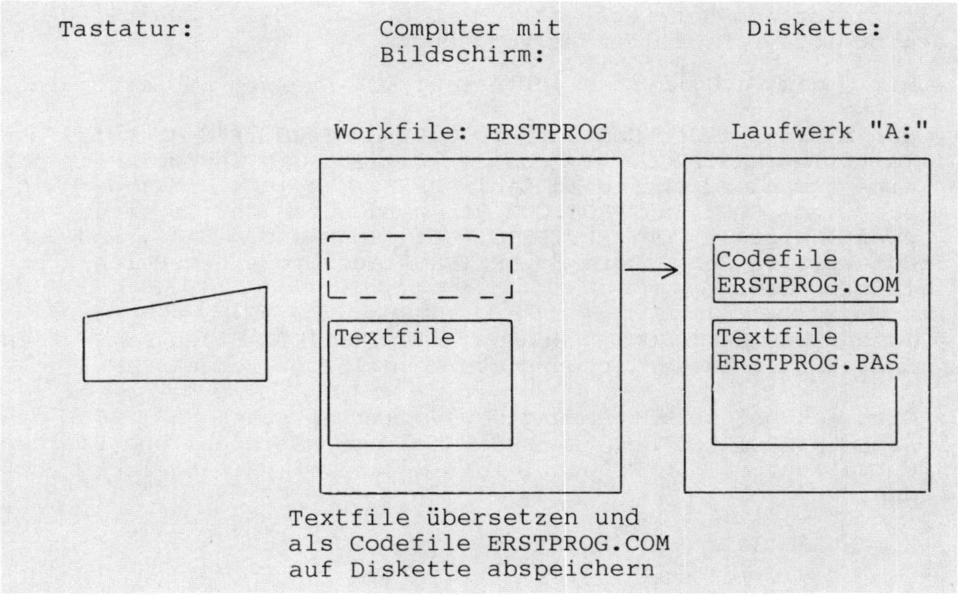

Aufgabe des Compilers (Befehl C) bei "Com-file-Option"

2.1.11 Schritt 11: Programm kopieren in Betriebssystem-Ebene

Das Programm ERSTPROG steht nun auf der TURBO-Systemdiskette. Wir wollen das Programm auf eine spezielle Benutzer-Diskette kopieren. Wird das Betriebssystem CP/M gefahren, so kann wie folgt vorgegangen werden:

- Mit Q verlassen wir das Turbo-System, um über den Befehl PIP das soeben erstellte Programm zu kopieren.

- Mittels PIP B:=A:ERSTPROG.PAS wird der Textfile von der Systemdiskette in Laufwerk A: auf eine (zuvor durch FORMAT leer formatierte) Diskette in Laufwerk B: kopiert.
  Mittels PIP B:=A:ERSTPROG.COM wird entsprechend auch der Codefile kopiert.

- Mittels ERA A:ERSTPROG.* können sodann alle drei Versionen des ersten Pascal-Programms auf der Turbo-Systemdiskette gelöscht werden, um für neue Entwicklungen Platz zu schaffen.

- Gibt man bei der Benennung des Workfiles (vgl. Befehl W, Abschnitt 2.1.3) den Namen B:ERSTPROG an, so erübrigt sich das eben beschriebene Kopieren mittels PIP: das Programm des Workfiles wird sofort auf die Diskette im Laufwerk B: bzw. die darin eingelegte Benutzer-Diskette geschrieben.

Wird unter dem Betriebssystem MS-DOS bzw. PC-DOS gearbeitet, ergibt sich z.B. folgendes Vorgehen:

- Mit Q das Turbo-System verlassen: DOS-Prompt A> erscheint.

- Durch Eingabe des DOS-Befehls COPY ERSTPROG.PAS B: wird der Textfile ERSTPROG.PAS von der Diskette in Laufwerk A: auf eine Anwenderdiskette in Laufwerk B: kopiert. Mit der Eingabe von COPY ERSTPROG.COM B: wird auch der Codefile kopiert. Mittels COPY ERSTPROG.* B: können die BAK-, PAS- und COM-Version des Programms ERSTPROG auch in einem Befehl erfaßt werden.

- Durch DEL ERSTPROG.* können alle ERSTPROG-Files auf der in Laufwerk A: befindlichen Diskette gelöscht werden.

- Gibt man bei der Benennung des Workfiles statt ERSTPROG den Namen B:ERSTPROG an, kann das spätere Kopieren und Löschen entfallen, da die Files gleich im Laufwerk B: abgelegt werden.

Nach dem Durchlaufen der Schritte 1 bis 11 liegt das erste Anwenderprogramm namens ERSTPROG getestet auf Diskette vor. Es ist als Textfile ERSTPROG.PAS (lesbar, aber nicht ausführbar) und als Codefile (übersetzt und ausführbar) gespeichert. Soll ein weiteres Programm erstellt werden, ist zum Schritt 3 (vgl. Abschnitt 2.1.3) zurückzugehen, um einen neuen Namen für den Workfile anzugeben.

2.1.12 Dialogprotokoll als Beispiel

Das im folgenden wiedergegebene Dialogprotokoll zeigt ein Beispiel für einen Dialog zwischen dem Benutzer (Benutzereingaben sind grau unterlegt angegeben):

```
A>Turbo                                     (Von der Betriebssystem-
                                            ebene durch Eingabe von
Turbo Pascal system       Version 2.00A     Turbo das Pascal-System
                           CP/M-80, Z80     laden)

Copyright (C) 1983,1984 by BORLAND Inc.

Terminal: Soroc 120/Apple CP/M

Include error messages (Y/N)? N
Logged drive: A

Work file:
Main file:

Edit     Compile  Run   Save

eXecute  Dir      Quit  compiler Options

Text:     0 bytes (7A74-7A74)
Free: 19857 bytes (7A75-C806)
                                            (Befehl D zur Ausgabe
>D                                          des Disketten-Inhalts)

Dir mask: B:
HELLO1   MEM : ERSTPROG PAS : VERBRAU1 PAS : VERBRAU2 PAS : VERBRAU3 PAS
VERBRAU4 PAS : PREIS1   PAS : KALKULAT PAS : SKONTOZ1 PAS : SKONTOE1 PAS
SKONTOZ2 PAS : DREIFALL PAS : MWST     PAS : KAPITAL1 PAS : KAPITAL2 PAS
ZUFALL1  PAS : ZUFALL2  PAS : BENCHMAR PAS : FAHRTENB PAS : RATENSPA PAS
ZAEHL1   PAS : MITTREP  PAS : PREIS2   PAS : MITTWHIL PAS : BUCHSTAB PAS
DEMOUPR3 PAS : DEMOUPR1 PAS : DEMOUPR2 PAS : INTEGER1 PAS : PREIS3   PAS
MAXZWEI1 PAS : DEMOUPR4 PAS : INTEGER2 PAS : INTEGER3 PAS : INTEGER4 PAS
BOOLEAN1 PAS : BOOLEAN2 PAS : TABPROZ1 PAS : REAL1    PAS : REAL2    PAS
CHAR1    PAS : BOOLEAN3 PAS : BOOLEAN4 PAS : BOOLEAN5 PAS : ODER     PAS
FLAECHE1 PAS : AUFZL1   PAS : AUFZLO   PAS

Bytes Remaining On B: 69k
>W                                          (Befehl W zur Angabe
                                            des Workfile-Namens)
Work file name: B: ERSTPROG

Loading B:ERSTPROG.PAS
>/RET/
```

```
Logged drive: A

Work file: B:ERSTPROG.PAS
Main file:

Edit      Compile  Run   Save

eXecute   Dir      Quit  compiler Options

Text:   166 bytes (7A74-7B1A)
Free: 19691 bytes (7B1B-C806)

> R

Compiling
  00 lines

Code:   124 bytes (7B1C-7B98)
Free: 20583 bytes (7B99-CC00)          (Befehl R zum Übersetzen
Data:     5 bytes (CC01-CC06)          des Textfiles und zum
                                       anschließenden Running)
Running
Welche Zahl?                           (Nochmaliger Befehl R
1000                                   führt Codefile aus)
Erhöhte Zahl: 1005

> R

Running
Welche Zahl?
2
Erhöhte Zahl: 7

> X                                    (Befehl X zur Ausführung
                                       des Codefiles ERSTPROG.COM
Program: B:ERSTPROG.                   nicht anwendbar)
ERSTPROG.COM not found
Program: /RET/

Loading B:ERSTPROG.PAS                 (Befehl O für 'Compiler
> O                                    Options': Voreinstellung
compile -> Memory                      M durch C-Option ersetzen)
           Com-file
           cHn-file

Find run-time error  Quit

> C
           Memory
compile -> Com-file
           cHn-file

Start address: 1FC9 (min 1FC9)
End   address: C940 (max CC06)

Find run-time error  Quit
                                       (Q beendet O-Befehls-Ebene
> Q
```

```
Logged drive: A

Work file: B:ERSTPROG.PAS
Main file:

Edit      Compile  Run   Save

eXecute  Dir      Quit  compiler Options

Text:   166 bytes (7A74-7B1A)
Free: 19691 bytes (7B1B-C806)

> C
*** Disk or directory full. Press <ESC>
```

(Befehl C zum Compilieren nicht ausführbar)

```
> L
New drive: B:

> L
New drive: A :
```

(Befehl L, um nach Diskettenwechsel das Laufwerk B: neu zu aktivieren (nur unter CP/M erforderlich)

```
> C

Compiling  --> B:ERSTPROG.COM
  00 lines

Code:   124 bytes (1FC9-2045)
Free: 43124 bytes (2046-C8BA)
Data:   133 bytes (C8BB-C940)
```

(Befehl C übersetzt den Inhalt des Workfiles und legt den Code unter B:ERSTPROG.COM ab)

```
> X

Program: B:ERSTPROG

Welche Zahl?
3
Erhöhte Zahl: 8
```

(Befehl X lädt den Codefile und führt ihn aus)

```
Loading B:ERSTPROG.PAS
> R

Welche Zahl?
4
Erhöhte Zahl: 9
```

(Befehl R bezieht sich ebenfalls auf den Code)

```
Loading B:ERSTPROG.PAS
> D
```

(Inhalt der Systemdiskette)

```
Dir mask: A :
TINST    COM : TINST    DTA : TINST    MSG : TINSTMSG OVR : TURBO    COM
EPSON    COM : TLIST    COM : TURBO    OVR : TURBOMSG OVR : TURBO    MSG
EPSON    INF : PIP      COM : DRUCK    BAK : DRUCK    PAS : SATZ     PAS

Bytes Remaining On A: 25k
> Q
```

Beispiel zur Anwendung des Files TLIST von der Betriebsystemebene aus:
- Erklärung durch Eingabe von "?".
- Reservierte Worte unterstreichen durch Eingabe von "M".
- Zeilen numerieren durch Eingabe von "L" (rechts unten).

```
A>TLIST
Enter name of file to list (?) for help <RETURN> to skip: ?


                        TURBO SOURCE LISTER

          Use this program to make a listing of your programs.
        To format your print you may use the following directives
                        in your source code:

Directive      Explanation                                      Example

{.PL <int>}    sets the pagelength to <int> lines.              {.PL66}
{.CP <int>}    new page if not space for next <int> lines       {.CP10}
{.PA}          immediate page break                             {.PA}
{.PO <int>}    <int> spaces in left margin                      {.CP8}
{.HE <text>}   place <text> as heading on each page             {.HEProgram test}
{.FO <text>}   place <text> as footing on each page             {.FOContinued..}
{.L-}          turn listing off
{.L+}          turn listing on again

Include files will only be listed if the {$I directive is in column one
If you use the HE or FO directive then you can use the character "#"
to indicate where in the HEading or FOoting you want the page number.
```

```
A>TLIST
Enter name of file to list (?) for help <RETURN> to skip: B:ERSTPROG.
File: B:ERSTPROG not found.
Enter name of file to list (?) for help <RETURN> to skip:  B:ERSTPROG.PAS
Options: L(inenumbers M(ark reserved words (L,M,LM)? M (links), L (rechts)

Printing file: B:ERSTPROG.PAS (Press any key to stop)
```

```
PROGRAM ERSTPROG;
VAR
  ZAHL: INTEGER;
BEGIN
  WRITELN ('Welche Zahl?');
  READLN (ZAHL);
  ZAHL:=ZAHL+5;
  WRITE ('Erhöhte Zahl: ');
  WRITELN (ZAHL)
END.
```

```
 1   PROGRAM ERSTPROG;
 2   VAR
 3     ZAHL: INTEGER;
 4   BEGIN
 5     WRITELN ('Welche Zahl?');
 6     READLN (ZAHL);
 7     ZAHL:=ZAHL+5;
 8     WRITE ('Erhöhte Zahl: ');
 9     WRITELN (ZAHL)
10   END.
```

2.2 Befehlsverzeichnis von Turbo Pascal an Beispielen

Das folgende Befehlsverzeichnis enthält alle Anweisungen, Prozeduren und Funktionen von TURBO Pascal, die im vorliegenden TURBO Pascal-Wegweiser, G r u n d k u r s , verwendet werden. Die Befehle sind alphabetisch geordnet.
Anmerkung: Prozeduren und Funktionen zur Behandlung von Files und Pointern werden im A u f b a u k u r s des Turbo Pascal-Wegweisers dargestellt.

ABS(NUM) Seite 163 Arith. Funktion
Absolutwert von NUM ausgeben mit Ergebnistyp wie NUM:
- ABS(-3) ergibt 3; Ergebnis vom INTEGER-Typ.
- ABS(-3.4444) ergibt 3.4444; Ergebnis vom REAL-Typ.

ARCTAN(NUM) Arith. Funktion
Arcustangens in Grad angeben mit REAL-Ergebnistyp.

BEGIN-END Anweisung
Klammerung zusammengehöriger Anweisungen mit BEGIN und END:
- IF NUM=3 THEN BEGIN A:=1;C:=5;D:=9 END;

CASE-OF-ELSE-END Seite 100 Anweisung
Kontrolle der mehrseitigen Auswahlstruktur bzw. Fallabfrage:

```
- CASE Eingabe OF
    'a': UNTERPROG1;        Je nach dem Zeichen in Eingabe
    'b': UNTERPROG2;        eine der Prozeduren aufrufen.
  ELSE FEHLERMELDUNG;
  END;
```

CHR(66) Seite 157,166 Transfer-Funktion
Für ASCII-Ordnungszahl 66 das zugehörige Zeichen angeben, d.h. INTEGER-Typ in CHAR-Typ umwandeln bzw. transferieren:
- WRITELN(CHR(66)) gibt das Zeichen 'B' am Bildschirm aus.
- C:=CHR$(53) weist Zeichen '5' in CHAR-Variable C zu.

CLREOL Standardprozedur
Alle Zeichen von Cursorposition bis zum Zeilenende löschen:
- CLREOL Cursor bleibt stehen. CLREOL für CLeaREndOfLine.

CLRSCR Standardprozedur
Bildschirm löschen und Cursor in Home-Position links oben:
- CLRSCR Home-Position (1,1). CLRSCR für CLearSCReen.

COPY('Wegweiser',5,3) Seite 203 Stringfunktion
Aus String 'Wegweiser' ab 5. Stelle 3 Zeichen entnehmen:
- WRITE(COPY('Wegweiser',5,3)) ergibt 'eis' als Teilstring.
- WRITE(COPY('Wegweiser',5,100)) ergibt 'eiser'.
- WRITE(COPY('Turbo',100,2)) ergibt einen Leerstring.

CONCAT('Tu','r','bo') Seite 204 Stringfunktion
Durch Komma getrennte Teilstrings zu einem String verketten:
- WRITE(CONCAT('Tu','r','bo')) ergibt 'Turbo'.
- WRITE(CONCAT('Tu',ST) mit ST:='rbo' ergibt 'Turbo'.
- WRITE('Tu'+'r'+'bo') ergibt ebenfalls 'Turbo'.

```
COS(NUM)                            Seite 164    Arith. Funktion
   Cosinus von NUM angeben mit REAL-Ergebnistyp:
   - WRITE(COS(PI/2))  gibt 0.00 aus.

CRTINIT und CRTEXIT                               Standardprozedur
   Terminal Initialozation String bzw. Terminal Reset String am
   Bildschirm ausgeben.

DELAY(100)                                        Standardprozedur
   Warteschleife erzeugen, die ca. 100 Millisekunden lang läuft
   - DELAY(100)   Argument in Klammern muß INTEGER sein.

DELETE(ST,4,3)                      Seite 208     Stringprozedur
   In Stringvariable ST ab der 4. Position 3 Stellen löschen:
   - DELETE(ST,4,3) mit ST:='Wegweiser' ergibt 'Wegser' in ST.
   - DELETE(ST,3,20) mit ST:='Wegweiser' ergibt 'We' in ST.

DELLINE                                           Standardprozedur
   Zeile löschen, in der sich der Cursor gerade befindet.
   - DELLINE   Dadurch wandern alle Folgezeilen um 1 nach oben.

EXP(1)                              Seite 164    Arith. Funktion
   Exponent e hoch 1 mit REAL-Ergebnistyp ermitteln:
   - WRITE(EXP(1))  gibt 2.7182818285 aus.

FILLCHAR(V1,6,WERT)                               Standardprozedur
   Die ersten 6 der von V1 belegten Bytes werden mit dem Inhalt
   von WERT aufgefüllt (vgl. MOVE).

FOR Z:=1 TO 5 DO WRITELN            Seite 119          Anweisung
   Laufanweisung über Zählerschleife mit Zählervariable Z:
   - FOR Z:=1 TO 5 DO WRITELN          Fünf Leerzeilen ausgeben.
   - FOR I:='a' TO 'c' DO WRITELN      Drei Leerzeilen ausgeben.
   - FOR B:=TRUE TO FALSE DO WRITELN   Zwei Leerzeilen ausgeben.

FRAC(2.445)                                      Arith. Funktion
   Nachkommastellen von 2.445 angeben mit REAL-Ergebnistyp:
   - N:=FRAC(2.445)  weist 0.445 bzw. 2.445-INT(2.445) in N zu.
   - WRITE(FRAC(-2.445))  gibt -0.445 aus.

GOTO 4                                                 Anweisung
   Zum Label (Sprungmarke) 4 im Programmtext verzweigen:
   - GOTO 4  fährt an der mittels  4:  markierten Stelle fort.

GOTOXY(4,20)                      Seite 78,220  Standardprozedur
   Cursor zur 4. Zeile von oben, 20. Spalte von links bewegen:
   - GOTOXY(4,20)  Cursor zur Position (4,20) bewegen.
   - GOTOXY(1,1)   Cursor zur Home-Position links oben bewegen.

HI(255)                             Seite 158   Standardfunktion
   Das höherwertiges Byte von 255 angeben (vgl. LO):
   - WRITE(HI(255))  gibt 0 aus, da 2-Byte-Adresse (255,0).
   - WRITE(HI(258))  gibt 1 aus, da 2-Byte-Adresse (2,1).

IF NUM=3 THEN ...                   Seite 89,113       Anweisung
   Wenn der Boolesche Ausdruck NUM=3 wahr ist, dann ...:
   - IF NUM=3 THEN A:=1              Einseitige Auswahlstruktur.
   - IF NUM=3 THEN A:=1 ELSE A:=2    Zweiseitige Auswahlstruktur.
```

INT(2.778) Seite 164 Arith. Funktion
Ganzzahligen Teil von 2.778 mit REAL-Ergebnistyp angeben:
- WRITELN(INT(2.778)) gibt 2.000 aus.
- G:=INT(-2.778) weist -2.000 in G zu.

INTEGER('B') Seite 156 Transfer-Funktion
Gleichbedeutend mit ORD('B').

INSERT('ist',ST,6) Seite 206 Stringprozedur
Den String 'ist' in Stringvar. ST ab 6. Position einfügen:
- INSERT('ist',ST,6) mit ST:='Turbogut' gibt 'Turboistgut'.
- INSERT('ist',ST,100) ergibt 'Turbogutist'.

INSLINE Standardprozedur
Leerzeile an der Cursorposition einfügen (vgl. DELLINE):
- INSLINE Dadurch wandern alle Folgezeilen um 1 nach oben.

KEYPRESSED Seite 177 Standardfunktion
Boolesche Funktion mit Ergebnis TRUE für 'Taste gedrückt':
- REPEAT UNTIL KEYPRESSED ergibt TRUE, sobald Tastendruck.

LENGTH('Wegweiser') Seite 208 Stringfunktion
Die Länge eines Strings als INTEGER-Wert angeben:
- WRITE(LENGTH('Wegweiser')) ergibt 9.
- L:=LENGTH('Turbo') weist 5 in INTEGER-Variable L zu.

LO(255) Seite 158 Standardfunktion
Das niederwertige Byte von 255 angeben (vgl. HI):
- WRITE(LO(255)) gibt 255 aus, da 2-Byte-Adresse (255,0).
- WRITE(HI(258)) gibt 2 aus, da 2-Byte-Adresse (2,1).

LOWVIDEO und NORMVIDEO Standardprozedur
Bildschirm auf Dunkel- bzw. Normalschrift einstellen.

LN(2.7182818285) Seite 164 Arith. Funktion
Natürlicher Logarithmus mit REAL-Ergebnistyp angeben:
- WRITE(LN(2.7182818285)) gibt 1 aus.

MOVE(V1,V2,6) Standardprozedur
Die ersten 6 von Variable V1 belegten Bytes nach V2 kopieren und in V2 ab dem 1. Byte ablegen (vgl. FILLCHAR).

ODD(7) Seite 158 Skalar-Funktion
TRUE oder FALSE für ungeraden/geraden INTEGER-Wert angeben:
- B:=ODD(7) weist TRUE in Boolesche Variable B zu.

ORD('B') Seite 121,176 Transfer-Funktion
Ordnungsnummer von 'B' in dem zugehörigen Datentyp angeben, d.h. von Skalar-Typ in INTEGER-Typ umwandeln (vgl. CHR):
- I:=ORD('B') weist Nummer 66 in INTEGER-Variable I zu.
- WRITE(ORD('5')) gibt Ordnungsnummer 53 aus (CHAR-Typ).
- WRITE(ORD(5)) gibt Ordnungsnummer 5 aus (INTEGER-Typ).

POS('eis','Wegweiser') Seite 202 Stringfunktion
Position von 'eis' im String 'Wegweiser' angeben:
- P:=POS('eis','Wegweiser') weist INTEGER-Wert 5 in P zu.
- P:=POS('eiss','Wegweiser') weist 0 als Fehler in P zu.
- WRITE(POS('T','Turbo')) gibt INTEGER-Zahl 1 aus.

PRED(-7) Seite 155,261 Skalar-Funktion
Vorgänger von -7(einfacher, abzählbarer Skalar-Typ) angeben:
- V:=PRED(-7) weist -8 in INTEGER-Variable V zu.
- C:=PRED('e') weist 'd' in CHAR-Variable C zu.

Prozedur-Aufruf RUNDEN(3.3345) Anweisung
Prozedur namens RUNDEN mit dem Parameter 3.3345 aufrufen:
- RUNDEN(3.3345) ruft die Benutzerprozedur RUNDEN auf.
- READ(EIN) ruft die Standard-Eingabeprozedur READ auf.

RANDOMIZE Standardprozedur
Zufallsgenerator mit einer Zufallszahl starten.

RANDOM Seite 117 Standardfunktion
Zufallzahl vom REAL-Typ zwischen 0 und 1 erzeugen:
- R:=RANDOM weist in REAL-Variable R z.B. 0.3451 zu.

RANDOM(100) Standardfunktion
Zufallszahl vom INTEGER-Typ zwischen 0 und 99 erzeugen:
- WRITE(RANDOM(100)) gibt z.B. 49 als Zufallszahl aus.

READ(EIN) Seite 80 Eingabeprozedur
Tastatureingabe in die Variable EIN einlesen:
- READ(EIN) Getippte Zeichen bis /RETURN/ in EIN speichern.
- READ(KBD,EIN) Eingabe über logische Geräteeinheit KBD (für Keyboard) anfordern: kein Echo bzw. Eingabekontrolle.

READLN(EIN) Eingabeprozedur
Tastatureingabe wie READ, aber mit /RETURN/ am Ende.
- READLN(EIN) Cursor nach Eingabe am Anfang der Folgezeile.
- READLN(E1,E2,E3) Drei Eingaben durch Blanks trennen.

REPEAT ... UNTIL B Seite 111 Anweisung
Steuerung einer nicht-abweisenden Schleife:
- REPEAT ... UNTIL B Wiederhole die zwischen REPEAT und UNTIL stehenden Anweisungen, b i s B wahr wird.

ROUND(-3.9) Seite 157 Transfer-Funktion
REAL-Wert -3.9 zum INTEGER-Wert -4 aufrunden (vgl. TRUNC).

SIN(PI/2) Arith. Funktion
Sinus von PI/2 mit REAL-Ergebnistyp angeben:
- WRITELN(SIN(PI/2)) gibt 1.00 als SIN des rechten Winkels.

SIZEOF(ST) Standardfunktion
Zahl der durch Variable ST im Speicher belegten Bytes:
- WRITE(SIZEOF(ST)) gibt 8 aus (für ST:STRING[7]).
- WRITE(SIZEOF(R)) gibt 6 aus (für Vereinbarung R:REAL).

SQR(-1.5) Seite 164 Arith. Funktion
Quadrat von -1.5 angeben mit REAL-Ergebnistyp:
- WRITE(SQR(-1.5)) gibt 2.25 aus, also (-1.5)*(-1.5).

SQRT(16) Seite 164 Arith. Funktion
Quadratwurzel von 16 angeben mit REAL-Ergebnistyp:
- W:=SQRT(16) weist 4.00 in REAL-Variable W zu.

```
STR(2000,ST)                         Seite 205      Stringprozedur
  INTEGER- oder REAL-Zahl 2000 in Stringvariable ST umwandeln:
  - STR(2000,ST) ergibt '2000' in ST.
  - STR(2000.553:8:2,ST) ergibt '2000.55' in ST.

SUCC(-7)                             Seite 155     Skalar-Funktion
  Nachfolger zu -7 angeben (Umkehrung zu Funktion PRED):
  - WRITE(SUCC(-7))  gibt -6 aus.

SWAP(256)                            Seite 158    Standardfunktion
  Nieder- und höherwertiges Byte von 256 austauschen:
  - WRITE(SWAP(256))  gibt 1 aus, da (0,1) zu (1,0) wird.

TRUNC(-3.9)                          Seite 158   Transfer-Funktion
  REAL-Wert -3.9 zum INTEGER-Wert -3 abschneiden (vgl. ROUND).

UPCASE('t')                          Seite 166    Standardfunktion
  Umwandlung von Klein- in Großschreibung ergibt hier 'T'.

VAL('99',NUM,FEHL)                                  Stringprozedur
  String '99' als INTEGER- oder REAL-Zahl in NUM ablegen:
  - STR('99',NUM,FEHL) ergibt 99 in NUM und 0 in FEHL.
  - STR('9R',NUM,FEHL) ergibt 2 in FEHL als Fehlerposition.

Wertzuweisung NUM:=3+6              Seite 71,81          Anweisung
  Ergebnis von 3+6 ermitteln und der Variablen NUM zuweisen:
  - NUM:=3+6  weist 9 in die Variable NUM als neuen Wert zu.
  - NUM:=NUM+3+6  erhöht den derzeitigen Wert von NUM um 9.
  - ST:='Wegweiser'  weist den String 'Wegweiser' nach ST zu.

WHILE NOT B BEGIN ... END                                Anweisung
  Steuerung einer abweisenden bzw. "Solange"-Schleife:
  - WHILE NOT B BEGIN ... END   S o l a n g e  B unwahr ist,
    werden die Anweisungen zwischen BEGIN und END ausgeführt.

WRITE(AUS)                                         Ausgabeprozedur
  Ausgabe des Inhalts der Variablen AUS am Bildschirm:
  - WRITE('Summe ',AUS)   Ausgabe von Konstante und Variable.
  - WRITE('Summe ',AUS:10:2)  Variableninhalt formatieren.

WRITELN(AUS)                          Seite 82     Ausgabeprozedur
  Wie WRITE(AUS), aber mit /RETURN/ am Ende der Ausgabe:
  - WRITELN(AUS)  Cursor steht dann am Anfang der Folgezeile.
  - WRITELN       Leerzeile ausgeben.
  - WRITELN(LST,AUS)  Ausgabe von EIN auf den Drucker leiten
                      mit LST (Lister) als log. Geräteeinheit.
```

Die Seitenangaben bei den einzelnen Befehlen verweisen auf genauere Erklärungen.
Weitere Seitenverweise finden Sie im Sachwortverzeichnis sowie Inhaltsverzeichnis.

3

Programmierkurs mit Turbo Pascal

Grundkurs

3

Programmierkurs mit Turbo Pascal

Grundkurs

3.1.1 Überblick

Wie in Abschnitt 1.3 dargestellt wurde, lassen sich aus den vier g r u n d l e g e n d e n Programmstrukturen

```
Folgestrukturen             (= linear, geradeaus)
Auswahlstrukturen           (= vorwärts verzweigend)
Wiederholungsstrukturen     (= rückwärts verzweigend, Schleife)
Unterprogrammstrukturen     (= in Teile aufgliedernd)
```

alle nur denkbaren Programmabläufe konstruieren. Im vorliegenden Abschnitt 3.1 wird auf das Erstellen solcher Turbo-Pascal-Programme eingegangen, die F o l g e s t r u k t u r e n beinhalten.

Ein Programm besteht aus mehreren Anweisungen an den Computer. Beim l i n e a r e n P r o g r a m m werden diese Anweisungen in genau der Reihenfolge ausgeführt, in der sie im Programm hintereinander stehen. In Pascal wird eine Folge durch Trennung der Anweisungen mittels ";" und durch Klammerung mittels BEGIN und END gebildet:

```
BEGIN                          Anweisungsteil eines Pro-
  Anweisung 1;                 gramms mit einer Folge von
  Anweisung 2;                 Anweisungen im BEGIN - END.
  ...
  Anweisung n;
END
```

Die grundlegenden A n w e i s u n g e n dienen der Eingabe von Daten (z.B. von Tastatur) in den Computer, der Verarbeitung im Hauptspeicher und der Ausgabe. Pascal stellt dafür die drei Anweisungen

```
- READ(), READLN()     zur Eingabe in die in Klammern gesetz-
                       ten Variablen
- ":="                 zur Wertzuweisung von rechts nach links
- WRITE(), WRITELN()   zur Ausgabe des Klammerausdrucks
```

zur Verfügung.

Im V e r e i n b a r u n g s t e i l eines Programmes werden die Daten benannt, die später von den Anweisungen des Anweisungsteiles zu verarbeiten sind. Daten können als Konstanten mit festen oder als V a r i a b l e n mit veränderbaren Werten vereinbart werden. Wie die Abbildung anhand der Variablen ZAHL zeigt, werden mit der Vereinbarung von Name und Datentyp der Wertevorrat (Ganzzahlen z.B. von -32768 bis 32767) und die für diesen Typ gültigen Operatoren (z.B. +,-,* und /) festgelegt.

3.1.2 Programm mit Vereinbarungs- und Anweisungsteil

Jedes in Turbo Pascal geschriebene Programm besteht aus einem P r o g r a m m k o p f zur Angabe seines Namens und aus einem P r o g r a m m b l o c k mit dem Vereinbarungs- und dem Anweisungsteil. Das in Abschnitt 2.1 erstellte Programm namens ERSTPROG hatte einen Anweisungsteil mit genau fünf Anweisungen (vgl. Abbildung).

```
Textfile ERSTPROG:

 PROGRAM ERSTPROG;                  Programmkopf mit Namen ERSTPROG

 VAR                                Vereinbarungsteil: Variable ZAHL
   ZAHL: INTEGER;                   vom Datentyp INTEGER vereinbart

 BEGIN                              Anweisungsteil:
   WRITELN ('Welche Zahl?');        Text 'Welche Zahl?' ausgeben.
   READLN (ZAHL);                   Zahl in Variable ZAHL eingeben.
   ZAHL:=ZAHL+5;                    Inhalt von ZAHL um 5 erhöhen.
   WRITE ('Erhöhte Zahl: ');        Text 'Erhöhte Zahl: ' ausgeben.
   WRITELN (ZAHL)                   Wert von Variable ZAHL ausgeben.
 END.
```

Ein Pascal-Programm besteht aus Programmkopf und Programmblock

Der P r o g r a m m k o p f enthält das Befehlswort PROGRAM (mit nur einem "M", da englisch), gefolgt von einem Programmnamen mit maximal 8 Zeichen Länge (dabei muß das erste Zeichen ein Buchstabe sein) und einem Strichpunkt. PROGRAM hört zu den r e s e r v i e r t e n W o r t e n von Turbo Pascal und darf deshalb vom Benutzer nicht z.B. als Variablenname verwendet werden. Auch VAR, BEGIN und END sind reservierte Worte.

Im V e r e i n b a r u n g s t e i l müssen alle Größen, die im Programm verarbeitet werden sollen, erklärt (man sagt auch: deklariert) werden. Das Befehlswort VAR zeigt an, daß eine Variable vereinbart wird: eine Variable ZAHL soll ganze Zahlen aufnehmen; für ZAHL wird deshalb der Datentyp INTEGER (=ganze Zahl) vereinbart. "VAR ZAHL: INTEGER;" kann man als "Variable namens ZAHL vom Datentyp INTEGER vereinbart" lesen.

Der A n w e i s u n g s t e i l enthält die Anweisungen, die vom Computer auszuführen sind. Anfang und Ende der Anweisungen werden durch die Worte BEGIN und END gekennzeichnet. Jede Anweisung wird von der nächsten mit einem Strichpunkt getrennt; unmittelbar vor END kann dieser auch entfallen:

- WRITELN ('Welche Zahl?'); liest man als "Write line" und bedeutet: Schreibe den Text 'Welche Zahl?' in die Bildschirmzeile, in der der Cursor gerade steht, und gehe dann mit dem Cursor an den Anfang der nächsten Zeile. Text steht zwischen ' '. WRITELN ist eine *Ausgabeanweisung*.

- READLN (ZAHL); bedeutet:
  Warte auf eine Tastatureingabe und weise die getippte Zahl der Variablen ZAHL zu. Gehe dann mit dem CURSOR zum Anfang der nächsten Zeile. READLN bewirkt eine *Eingabe*.

- ZAHL:=ZAHL+5; bedeutet:
  Addiere 5 zum derzeitigen Inhalt der Variablen ZAHL und weise das Rechenergebnis dann der Variablen ZAHL als neuen Wert zu. ":=" bewirkt eine *Wertzuweisung*.

- WRITE ('Erhöhte Zahl: '); bedeutet:
  Gib den Text 'Erhöhte Zahl: ' am Bildschirm aus und bleibe mit dem Cursor am Ende dieses ausgabetextes stehen. Die Anweisung WRITELN('..'); bewirkt somit dasselbe wie die zwei Anweisungen WRITE('..');WRITELN; .

- WRITELN (ZAHL); bedeutet:
  Gib den *Inhalt* der Variablen ZAHL am Bildschirm aus (hinter WRITELN steht ZAHL und nicht 'ZAHL') und bewege den Cursor an den Anfang der Folgezeile.

Bei Programm ERSTPROG werden die fünf Anweisungen genau in der Reihenfolge durchlaufen, in der sie im Anweisungsteil angeordnet sind: ERSTPROG ist deshalb ein *lineares* Programm.

Zwei Ausführungen zu Programm ERSTPROG:

```
Running                      Running
Welche Zahl?                 Welche Zahl?
99                           10000
Erhöhte Zahl: 104            Erhöhte Zahl: 10005
```

Im Vereinbarungsteil: Name und Datentyp festlegen

```
VAR                    VAR zeigt Variablen-Vereinbarung an.
  ZAHL: INTEGER        ZAHL vom Typ INTEGER vereinbart.
  |   |  |
  |___|__|___________  Name der Variablen.
      |__|___________  ":" zur Trennung.
         |___________  INTEGER als Datentyp: ZAHL kann später
                       nur ganze Zahlen (=INTEGER) aufnehmen.
```

Im Anweisungsteil: 'Wert' neu belegen

```
ZAHL:=ZAHL+5;          Wert von ZAHL wird neu belegt
                       (Wertzuweisung: ZAHL um 5 erhöht)
```

Daten vereinbaren und anschließend verarbeiten

3.1.3 Variablen- und Konstanten-Vereinbarung

Einer Variablen werden im Anweisungsteil Werte zugewiesen, ihr Inhalt ist variabel. Eine Konstante hingegen weist während der Programmausführung immer unverändert den Wert auf, der im Vereinbarungsteil für sie deklariert worden ist. Pascal sieht dafür die Befehlsworte VAR und CONST vor. In der Abbildung werden die Vereinbarungen einer INTEGER-Konstanten T und einer REAL-Variablen K gegenübergestellt.

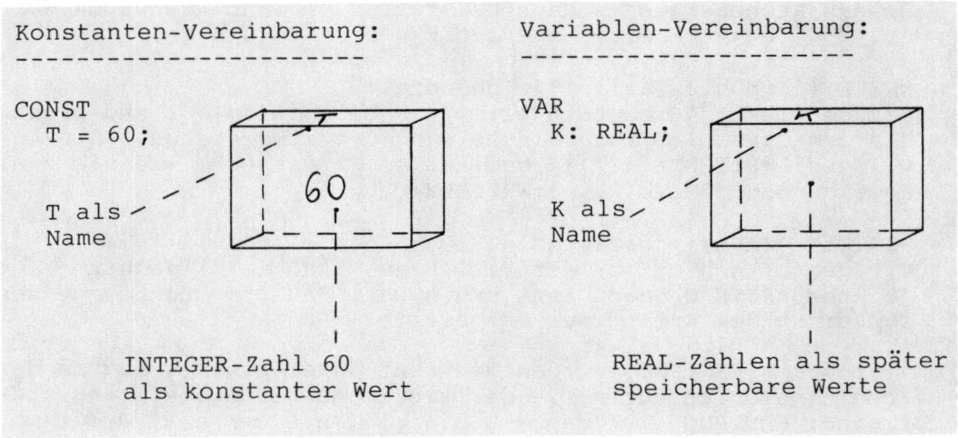

Konstanten- und Variablen-Vereinbarung mit CONST bzw. VAR

Am Beispiel des Programmes VERBRAU1 wird der Unterschied zwischen konstanten und variablen Größen dargestellt. Das Programm ermittelt den durchschnittlichen Benzinverbrauch D für einen Pkw mit einem Tankinhalt von T=60 Litern. Reichen diese 60 Liter für eine Strecke von K=600 km, ermittelt das Programm einen Verbrauch von D=10 Litern/100 km; bei Eingabe von K=542 km dagegen ergibt sich ein Verbrauch von D=11.07 Litern/100 km (es wird also stets angenommen, daß der Tank mit konstant T=60 Litern gefüllt war).

Das Wort CONST zeigt den Beginn einer Konstanten-Vereinbarung an. Mit der Angabe von

```
CONST
  MWST_SATZ=14; PU=3.11111; WAEHRUNG='Dollar';
```

z.B. wird MWST_SATZ als INTEGER-Konstante (ganze Zahl 14), PU als REAL-Konstante (da Dezimalzahl 3.11111) und WAEHRUNG als STRING-Konstante (da String bzw. Zeichenkette 'Dollar') vereinbart. Mit der Angabe von

```
VAR
  K,D,BETRAG,ZWISCHENSUMME: REAL;
  MENGE:                    INTEGER;
```

wird vereinbart, daß vier Variablen namens K, D, BETRAG sowie

ZWISCHENSUMME zur späteren Speicherung von Dezimalzahlen (Datentyp REAL) und die Variable MENGE zur Aufnahme von ganzen Zahlen (Datentyp INTEGER) eingerichtet werden.

Textfile VERBRAU1:

```
PROGRAM VERBRAU1;

CONST                                   Konstanten-Vereinbarung:
  T = 60;                               T=60 konstant
VAR                                     Variablen-Vereinbarung:
  K,D: REAL;                            K und D (noch) leer.

BEGIN                                   Anweisungsteil:
  WRITELN ('Eingabe: Gefahrene km');    Ausgabe von Text
  READLN (K);                           Eingabe in K
  D := 100 * T / K;                     Wertzuweisung in D
  WRITELN ('Ausgabe: Liter/100 km');    Ausgabe von Text
  WRITELN (D:10:2)                      Ausgabe von Variableninhalt D
END.
```

Läßt man das Programm VERBRAU1 laufen, erhält man zum Beispiel die folgenden zwei Programmausführungen (auch Programmlauf und Dialogprotokoll genannt):

```
Running                         Tastatureingabe: Befehl R
Eingabe: Gefahrene km           Computerausgabe: Text
600                             Eingabe: 600 km in Variable K
Ausgabe: Liter/100 km           Ausgabe: Text
     10.00                      Ausgabe: 10 Liter aus D

Running                         Eingabe: Nochmals Befehl R
Eingabe: Gefahrene km           Ausgabe: Text
542                             Eingabe: 542 km in K
Ausgabe: Liter/100 km           Ausgabe: Text
     11.07                      Ausgabe: 11.07 Liter
```

Bei der Eingabe des Programmes VERBRAU1 geht man wie folgt vor (vgl. auch Abschnitt 2.1):

- Nach Eingabe des Turbo-Befehls W(orkfile den Workfile bzw. die Arbeitsdatei mit VERBRAU1 benennen. Befindet sich die Systemdiskette mit Turbo Pascal in Laufwerk A: und eine Anwenderdiskette in Laufwerk B:, gibt man sinnvollerweise den Filenamen mit B:VERBRAU1 an.

- Mit Eingabe des Befehls E(ditor in den Editor gehen und den o.a. Programmtext Zeile für Zeile eingeben. Dann den Editor z.B. mit /CTRL-K/+/CTRL-D/ wieder verlassen.

- Mit Eingabe des Befehls R(un den Programmtext (Textfile VERBRAU1.PAS) in den Programmcode (Codefile VERBRAU1.COM) übersetzen und sofort ausführen lassen.

- Bei fehlerhafter Übersetzung bzw. Ausführung: erneutes Aufrufen des Editors (Korrektur im Programmtext) und des Compilers (Erzeugen von Programmcode).

- Nach fehlerfreien Testläufen: Mit dem Befehl S(ave den Text VERBRAU1.PAS auf Diskette im Laufwerk A: bzw. B: sicherstellen.

3.1.4 Namen, Bezeichner und Programmtext

Der Dateiname eines Pascal-Programmes kann bis zu acht Zeichen lang sein, muß mit einem Buchstaben beginnen und darf keine Leerstellen enthalten. Der Programmtext wird von Turbo Pascal mit dem Dateityp PAS und der übersetzte Programmcode mit COM (unter CP/M-86: CMD anstelle von COM) gekennzeichnet. Aufgrund der 8-Zeichen-Begrenzung wurde oben der Name VERBRAU1 anstelle von z.B. VERBRAUCH1 gewählt.

Über EDITOR eingegeben:		Durch COMPILER übersetzt:
Quellenprogramm Sourcefile Textfile kurz: T e x t	——>	Objektprogramm Maschinencode Codefile kurz: C o d e
VERBRAU1.PAS		VERBRAU1.COM
Dateityp PAS nicht ausführbar		Dateityp COM (bzw. CMD) ausführbar

Pascal-Programm vom Dateityp PAS und COM

Pascal unterscheidet drei Arten von Symbolen (vgl. Abbildung): Einzelzeichen (z.B. dem Operator "*" für die Multiplikation), reservierte Worte (z.B. BEGIN) und B e z e i c h n e r bzw. N a m e n . Die Bezeichner wiederum kann man in zwei für den Benutzer wichtige Gruppen einteilen:

- Standard-Bezeichner sind vom Pascal-System vordefiniert und sollten vom Benutzer nicht verändert definiert werden (Beispiel: Standard-Datentypen INTEGER und REAL).

- Benutzerdefinierte Bezeichner können vom Benutzer im Vereinbarungsteil des Programmes frei definiert werden, um die zu verarbeitenden Variablen, Konstanten, usw. exakt benennen zu können. Es ist sinnvoll, aussagekräftige Namen zu verwenden (MENGE ist besser als M) und auf Lesbarkeit (NeuesProdukt oder NEUESPRODUKT) sowie Klarheit (E7 schwieriger als Fehler zu erkennen als ENDDSUMME?) zu achten. Pascal unterscheidet nicht zwischen Klein- und Großschreibung. Hier einige Beispiele für Bezeichner:
  - T, MENGE6, MENGEGESAMT, MengeGesamt, End_Summe, TT23982#
  - MENGE GESAMT ungültig, da Blank im Namen
  - 6MENGE ungültig, da mit Ziffer beginnend

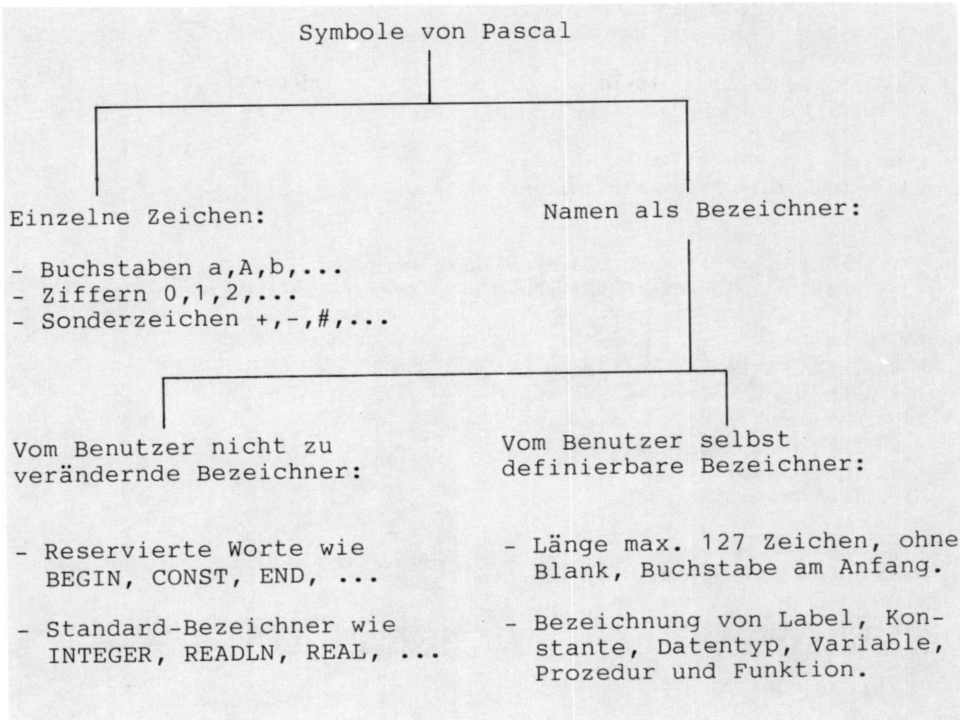

Symbole der Programmiersprache Pascal

Durch Einrücken um jeweils zwei Stellen wird der Programmtext in einer *strukturierten Form* dargestellt. Dabei orientiert man sich an der Programmgliederung einerseits (Vereinbarungs- und Anweisungsteil) und den grundlegenden Programmstrukturen andererseits (Folge-, Auswahl-, Wiederholungs- und Unterprogrammstrukturen). Zusätzlich kann mittels

```
(*dies ist ein Kommentar*)
{dies ist ebenfalls Kommentar}
```

Kommentar in den Programmtext eingefügt werden. Der Compiler beachtet den Kommentar nicht. Aus diesem Grunde unterscheidet sich das Programm VERBRAU2 in seinen Ausführungen vom Programm VERBRAU1 nicht.

Auch das Einrücken und die Groß-/Kleinschreibung beachtet der Pascal-Compiler nicht. Deshalb führen auch die Programmversionen VERBRAU3 und VERBRAU4 zu genau denselben Ausführungen wie die Programme VERBRAU1 und VERBRAU2. Im Programmtext VERBRAU4 wurden auch Blanks weggelassen. Dabei ist zu beachten, daß die Blanks hinter den reservierten Worten program, const, var und begin nicht weggelassen werden dürfen. Diese Blanks dienen als *Begrenzer*; weitere Begrenzer sind der Kommentar oder der Beginn einer neuen Zeile.

Textfile VERBRAU2:

```
PROGRAM VERBRAU2;
  (*Ermittlung des Benzinverbrauches bei vollem Tank*)

CONST
  T = 60;        {Annahme: Tankfuellung konstant 60 Liter}

VAR
  K: REAL;       {Kilometer, die gefahren wurden}
  D: REAL;       {Durchschnittlicher Benzinverbrauch/100 km}

BEGIN
  WRITELN ('Eingabe: Gefahrene km');
  READLN (K);
  D := 100 * T / K;
  WRITELN ('Ausgabe: Liter/100 km');
  WRITELN (D:10:2)
END. {von Programm VERBRAU2}
```

Textfiles VERBRAU3 und VERBRAU4:

```
PROGRAM VERBRAU3; CONST T=60; VAR K,D:REAL; BEGIN WRITELN('Gefahrene km');
READLN(K); D:=100*T/K; WRITELN('Ausgabe: Liter/100 km'); WRITELN(D:10:2)END.
```

```
program verbrau4;const t=60;var k,d:real;begin writeln('Gefahrene km');
readln(k);d:=100*t/k;writeln('Ausgabe: Liter/100 km');writeln(d:10:2)end.
```

Das Programm CURSORPO dient der C u r s o r p o sitionierung und verwendet die Anweisungen CLRSCR (von CLeaR SCReen) zum Löschen des Bildschirmes und GOTOXY zum Positionieren des Cursors:

```
PROGRAM CURSORPO;
VAR
  Z,           {Zeilennummer}
  S: INTEGER;  {Spaltennummer}

BEGIN
  WRITELN('Demonstration zur Positionierung des Cursors.');
  WRITELN;
  WRITE('Welche Zeile  ? '); READLN(Z);
  WRITE('Welche Spalte ? '); READLN(S);
  CLRSCR;
  GOTOXY(S,Z);    {Cursorpositionierung in Zeile Z und Spalte S}
  WRITELN('+');
  WRITELN('Zeichen + markiert Cursorposition.');
  WRITELN('Ende.')
END.
```

- CLRSCR löscht den Bildschirm und positioniert den Cursor zur Ecke links oben (senkrechte Spalte 1, waagerechte Zeile 1).
- GOTOXY(S,Z) positioniert den Cursor an den Punkt, der durch die Spalte S und die Zeile Z bestimmt ist.

Ausführung zu Programm CURSORPO:

```
Running
Demonstration zur Positionierung des Cursors.

Welche Zeile  ? 4
Welche Spalte ? 23
                      +
Zeichen + markiert Cursorposition.
Ende.
```

3.1.5 Anweisungsfolge Eingabe-Verarbeitung-Ausgabe

Jedes Programm läuft in der Folge Eingabe-Verarbeitung-Ausgabe ab. Man spricht auch vom 'EVA-Prinzip'. Im folgenden Programm namens PREIS1 zeigt sich der Dreier-Schritt in den drei Zeilen des Anweisungsteiles.

Textfile PREIS1:

```
PROGRAM PREIS1;
VAR
  P: REAL;

BEGIN
  WRITE('Alter Preis: '); READLN(P);     1. Eingabe von Tastatur
  P := P - P * 15 / 100;                 2. Verarbeitung, Zuweisung
  WRITELN('Neuer Preis:',P:8:2);         3. Ausgabe auf Bildschirm
END.
```

Zwei Ausführungen zu Programm PREIS1:

```
 Running
Alter Preis:  200.00           Preis P=200 wird um 15%
Neuer Preis:  170.00           auf P=170 vermindert.
Running
Alter Preis: 4925.65           Preis P=4925.65 wird um 15%
Neuer Preis: 4186.80           auf P=4186.80 vermindert
```

3.1.5.1 Eingabeanweisungen READ und READLN

Vor jeder Tastatureingabe mittels READLN muß eine Bildschirmausgabe stehen, da der Benutzer sonst nicht weiß, was überhaupt einzutippen ist. Soll wie im Programm PREIS1 die Eingabe direkt hinter die Eingabeanforderung geschrieben werden, wird die Anweisung WRITE anstelle von WRITELN verwendet.

Die Anweisung READ(EIN) dient dem Einlesen der Tastatureingabe in die Variable EIN. Bei der Eingabe kann es sich dabei um eine ganze Zahl, eine Dezimalzahl, ein einzelnes Zeichen oder einen String als Zeichenkette handeln; je nachdem, ob EIN zuvor als Variable vom Typ INTEGER, BYTE, REAL, CHAR oder STRING vereinbart worden ist. Wurde EIN beispielsweise als INTEGER-Variable vereinbart, wird die Programmausführung mit der Ausgabe einer Fehlermeldung abbrechen, falls z.B. das Zeichen "W" eingetippt wird. Pascal erwartet somit stets eine Eingabe, die dem betreffenden Datentyp entspricht. Die Anweisungen READ und READLN dienen immer auch der *Eingabekontrolle*.

READLN (sprich: read line für 'lies Zeile') bewirkt, daß nach der Eingabe am Beginn der nächsten Zeile fortgefahren wird.

Werden mehrere Eingaben über *eine* Eingabeanweisung erwartet, muß dem Pascal-System das Ende der jeweiligen Eingabe angezeigt werden. Dies geschieht durch das Blank und den Zeilenwechsel. Diese von Pascal als *Trennungszeichen* aufgefaßten Zeichen werden wie folgt eingegeben:

- *Blank* (Space, Leerstelle) durch Drücken der Leertaste.

- *Zeilenwechsel* (=Wagenrücklauf + Zeilenvorschub bzw. Carriage return + Line feed) durch Drücken der Taste /RETURN/.

Allgemein:

READ(Eingabeliste);	Auf eine Eingabe warten. Die Eingabe dann in die Variable(n) gemäß Eingabeliste einlesen.
READLN(Eingabeliste);	Zeilenvorschub am Ende der Eingabe.
READLN;	Ausführung unterbrechen und erst nach Drücken der /RETURN/-Taste fortfahren

Beispiele:

READ(EIN);	Eingabe in die Variable EIN einlesen, wenn die Eingabe dem zuvor für EIN vereinbarten Datentyp entspricht (andernfalls Abbruch der Ausführung).
READ(P,Q,R);	Gleichbedeutend mit den Anweisungen READ(P); READ(Q); READ(R); . Bei der Eingabe müssen die 3 Werte getrennt sein (durch Blank oder Zeilenwechsel)
READLN(P,Q,R);	Gleichbedeutend mit den Anweisungen READ(P); READ(Q); READ(R); READLN; .

Dateneingabe mittels READ und READLN

3.1.5.2 Wertzuweisung mit :=

Die Zeichenfolge ":=" löst eine Wertzuweisung aus. Die Anweisung BETRAG := RECHNUNG - SKONTO liest man als "BETRAG ergibt sich aus RECHNUNG minus SKONTO" und ":=" bezeichnet man deshalb auch als "Ergibt-Zeichen": Vermindere den Inhalt der Variablen RECHNUNG um den Inhalt von SKONTO und weise der Ergebnis dieser Berechnung dann der Variablen BETRAG als neuen Wert zu. Ein in BETRAG früher gespeicherter Wert wird überschrieben.

```
Allgemeine Form der Wertzuweisung:
----------------------------------
 Variablenname := Ausdruck

Sechs typische Beispiele für Wertzuweisungen:
-------------------------------------------
 BETRAG := 6                  Weise nach BETRAG die Zahl 6 zu.
 BETRAG := X+3                Addiere den Inhalt von X und 3,
                              weise das Ergebnis nach BETRAG
                              zu.
 BETRAG+3 := X    !!falsch!!  Nicht erlaubt, da links von ":="
                              nur  e i n e  Variable stehen
                              darf.
 ZAEHL  := ZAEHL+1            Erhöhe den Wert von ZAEHL um 1.
 Summe1 := Summe1/2           Halbiere den Wert von Summe1.
 BETRAG := BETRAG-SKONTO      Vermindere BETRAG um SKONTO.

 P := P-P*15/100              Vermindere P um 15 Prozent:
   |  |  |
   |  |  |___________________1. 200*15/100 ergibt 30 (200 in P)
   |  |______________________2. 300-30 ergibt 170    (200 in P)
   |_________________________3. Weise 170 nach P zu  (170 in P)
```

Wertzuweisung mittels ":=" als "Ergibt-Anweisung"

Zur U n t e r s c h e i d u n g von ":=" und "=":
Die Zeichen ":=" und "=" dürfen nicht verwechselt werden. Hier drei Bedeutungen dieser Zeichen und einige typische Fehler:

- In der Konstanten-Vereinbarung (Abschnitt 3.1.2) findet das "=" zur Wertzuweisung Verwendung, aber ohne den Doppelpunkt. Das "=" ist dabei als "... ergibt sich aus ..." zu lesen.

```
CONST
  WERT   = 33;              INTEGER-Konstante korrekt.
  PREIS  = WERT;            INTEGER-Konstante korrekt.
  Z22    = 3.45;            REAL-Konstante korrekt.
  TEXT4  = 'Endbetrag: '    STRING-Konstante korrekt.

  WERT   := 33;             Falsch, da ":=" anstatt "="
  PREIS  = WERT*2           Falsch, da in Vereinbarung nicht
                            gerechnet werden darf.
  4TEXT  = 'Summe'          Falsch, da 4TEXT kein Name ist.
```

- Das ":=" dient zur Wertzuweisung von rechts nach links und wird als "... ergibt sich aus ..." gelesen. ":=" steht immer im Anweisungsteil eines Programms.

ZINS := K*P*T/36000	Zinsformel korrekt.
ZINS+11 := K*16/100	Falsch, weil nur rechts vom ":=" ein arithmetischer Ausdruck stehen darf, links jedoch eine Variable zur Zuweisung stehen muß.

- Im Anweisungsteil dient das "=" als Vergleichszeichen. Die Anweisung IF PREIS=33 THEN ... liest man als "Wenn der Inhalt von PREIS gleich 33 ist, dann ...". Auf solche Vergleichsoperationen mit "=" wird in Abschnitt 3.2 eingegangen.

3.1.5.3 Ausgabeanweisungen WRITE und WRITELN

Dezimalzahlen vom Datentyp REAL gibt Pascal in Gleitkommadarstellung an. In 1.0000000000E+01 wird 1.0000000000 die Mantisse genannt. E bedeutet "... mal 10 hoch .."; 1.0 mal 10 hoch 1 ergibt 10: die Zahl 1.0000000000E+01 steht also für 10. Die Gleitkommazahl 3.4567E+02 steht somit für die Zahl 345.67 bzw. 3.4567 mal 10 hoch 2. Pascal stellt jede Gleitkommazahl in ein Ausgabefeld mit 18 Zeichen Länge. Da die Darstellung schlecht lesbar ist, läßt sich mit der Anweisung

WRITELN(Variablenname:M:N) bzw. WRITE(Variablenname:M:N)

die Ausgabe auf eine Gesamtfeldlänge M bei N Nachkommastellen f o r m a t i e r e n . Die Anweisung WRITELN(D:10:2) gibt den Wert von D auf 2 Nachkommastellen gerundet mit einer Länge von 10 Zeichen an, wobei führende Nullen durch Blanks ersetzt werden. Die in der Abbildung wiedergegebene Ausgabeformatierung bezieht sich auf das Programm VERBRAU1 von Abschnitt 3.1.2.

```
Allgemein:
---------
WRITELN(D);            D in Fließkommadarstellung in ein 18 Stel-
                       len langes Feld rechtsbündig ausgeben.
WRITELN(D:M);          D in Fließkommadarstellung in ein M Stel-
                       len langes Feld rechtsbündig ausgeben.
WRITELN(D:M:N);        D in ein M Stellen langes Feld rechtsbündig
                       mit N Nachkommastellen ausgeben. Dabei wird
                       auf N Stellen gerundet. Führende Nullen als
                       Blanks.

Beispiel:
--------
Vereinbarung:  D:=100*T/K  WRITELN(D);        WRITELN(D:10:2);
---------------------------------------------------------------
CONST T=60;    für K:=600    1.0000000000E+01         10.00
und
VAR K,D: REAL; für K:=542    1.1070110701E+01         11.07

Schreibposition:           123456789012345678  12345678901234
```

Ausgabe einer REAL-Zahl D unformatiert und formatiert

Im Programm PREIS1 wird durch die Anweisung

```
WRITELN ('Neuer Preis:', P:8:2);
```

der konstante Text 'Neuer Preis:' und dahinter der Inhalt der REAL-Variablen P ausgegeben. Die A u s g a b e l i s t e wird in Klammern gesetzt, wobei die zwei Elemente der Ausgabeliste (Textkonstante und Variableninhalt) mittels Komma voneinander abgetrennt werden. Die Abbildung zeigt einige Beispiele für Ausgabelisten.

```
Allgemein:
---------
 WRITE(Ausgabeliste);     Inhalt der Ausgabeliste schreiben. Die
                          Elemente der Ausgabeliste werden durch
                          Kommata getrennt.

 WRITELN(Ausgabeliste);  Zeilenvorschub am Ende der Ausgabe.

 WRITELN;                 Ausgabe einer Leerzeile.


Beispiele:
---------
 WRITE(P,Q,R);            Inhalt der drei Variablen P, Q und R
                          nebeneinander ausgeben.
 WRITE(Q:4,R:10:2)        Jede Variable kann formatiert werden:
                          Q ist 4 Stellen lang, R ist 10 Stellen
                          lang bei 2 Nachkommastellen.
 WRITE(Q,R*3.55);         Ein Ausdruck kann Element der Ausgabe-
                          liste sein: hier Ausdruck R*3.55.
 WRITE('Preis:',P:8:2);  Text und Variableninhalt können Ele-
                          mente der Ausgabeliste sein.
```

Datenausgabe mittels WRITE und WRITELN

Je umfangreicher ein Programm ist, desto sinnvoller erscheint ein geplantes und schrittweises Vorgehen zur Programmentwicklung. In Abschnitt 1.6 wurden die Arbeitsschritte PROBLEMSTELLUNG, PROGRAMMENTWURF (Schrittplan, PAP, Struktogramm, Pseudocode), PROGRAMMIERUNG, DOKUMENTATION und ANWENDUNG genannt. Am Beispiel des wiederum linearen Programms KALKULAT werden einige Arbeitsschritte dargestellt.

Problemstellung zu Programm KALKULAT:
Es ist ein Dialogprogramm zu erstellen, das ausgehend vom Einstandspreis den Nettoverkaufspreis und den Zuschlagsatz kalkuliert.

Problemanalyse zu Programm KALKULAT:
In einer V a r i a b l e n l i s t e lassen sich die im Programm verwendeten Variablen wie folgt zusammenfasen:

```
  Ausgabedaten (Resultate):
    NET    Nettoverkaufspreis in DM
    KALK   Kalkulationszuschlag in %
  Eingabedaten (von Tastatur):
    EINST  Einstandspreis in DM
    P1     Gemeinkostenzuschlag in % (von Hundert)
    P2     Gewinnzuschlag in % (von Hundert)
    P3     Skontosatz in % (im Hundert)
    P4     Rabattsatz in % (im Hundert)
  Verarbeitung (Formeln):
    GEMEIN Gemeinkosten in DM (GEMEIN:=EINST*P1/100)
    SELBST Selbstkosten in DM (SELBST:=EINST+GEMEIN)
    SPANNE Gewinnspanne in DM (SPANNE:=SELBST*P2/100)
    BAR    Barverkaufspreis in DM (BAR:=SELBST+SPANNE)
    SKO    Skontobetrag in DM (SKO:=BAR*P3/(100-P3))
    ZIEL   Zielverkaufspreis in DM (ZIEL:=BAR+SKO)
    RAB    Rabattbetrag in DM (RAB:=ZIEL*P4/(100-P4))
    NET    Nettoverkaufspreis in DM (NET:=ZIEL+RAB)
    KALK   Kalkulationszuschlag (KALK=(NET-EINST)*100/EINST)
```

Der folgende S c h r i t t p l a n zeigt eine grobe Darstellung des Lösungsablaufes von Programm KALKULAT:

```
  Schritt 1: Vier Zuschlagsätze P1-P4 eintippen
  Schritt 2: Einstandspreis EINST eintippen
  Schritt 3: NET und KALK berechnen
  Schritt 4: NET und KALK als Resultate ausgeben
```

Ausführung zu Programm KALKULAT:

```
Running
Warenkalkulation durchfuehren. Vom
Einstandspreis zum Nettoverkaufspreis.

Gemeinkosten in % von Hundert    ? 23.00
Gewinnzuschlag in % von Hundert  ? 14.00
Skonto in % von Hundert          ?  2.00
Rabatt in % von Hundert          ? 25.00
Einstandpreis in DM              ? 100.00

Vorwaertskalkulation durchgefuehrt:
Nettoverkaufspreis in DM :     190.78
Kalkulationszuschlag in %:      90.78
```

Programm KALKULAT in Pascal:

```
PROGRAM KALKULAT;

VAR
  P1, P2, P3, P4 : REAL; {Zuschlagssaetze in %}
  EINST, GEMEIN, SELBST, SPANNE, BAR, SKO, ZIEL,
  RAB, NET : REAL; {Einzelbetraege in DM}
  KALK : REAL;     {Kalkulationszuschlag in %}

BEGIN
  (*************** Eingabeteil von Tastatur *******************)
  WRITELN('Warenkalkulation durchfuehren. Vom');
  WRITELN('Einstandspreis zum Nettoverkaufspreis.');
  WRITELN;
  WRITE('Gemeinkosten in % von Hundert   ? '); READLN(P1);
  WRITE('Gewinnzuschlag in % von Hundert ? '); READLN(P2);
  WRITE('Skonto in % von Hundert         ? '); READLN(P3);
  WRITE('Rabatt in % von Hundert         ? '); READLN(P4);
  WRITE('Einstandpreis in DM             ? '); READLN(EINST);

  (********** Verarbeitungsteil mit Wertzuweisungen ***********)
  GEMEIN := EINST * P1 / 100;
  SELBST := EINST + GEMEIN;
  SPANNE := SELBST * P2 / 100;
  BAR := SELBST + SPANNE;
  SKO := BAR * P3 / (100 - P3);
  ZIEL := BAR + SKO;
  RAB := ZIEL * P4 / (100 - P4);
  NET := ZIEL + RAB;
  KALK := (NET - EINST) * 100 / EINST;

  (***************** Ausgabeteil auf Bildschirm ***************)
  WRITELN; WRITELN('Vorwaertskalkulation durchgefuehrt:');
  WRITELN('Nettoverkaufspreis in DM : ',NET:10:2);
  WRITELN('Kalkulationszuschlag in %: ',KALK:10:2);
END.
```

```
Datentyp INTEGER:
----------------
WRITELN(20000:10);        Zahl 20000 steht rechtsbündig in ei-
                          nem 10-Stellen-Ausgabefeld (links 5
                          führende Blanks)

Datentyp REAL:
-------------
WRITELN(20000.759:10:2)   20000.76 rechtsbündig in 10-Stellen-
                          Feld auf 2 Kommastellen gerundet
                          (links 2 führende Blanks)

Datentyp STRING:
---------------
WRITELN('Vieweg':10)      String 'Vieweg' linksbündig in 10-
                          Stellen-Feld (rechts 4 Blanks)
```

Ausgabeformatierung für numerische und Text-Variablen

3

Programmierkurs mit Turbo Pascal

Grundkurs

3.1 Lineare Programme (Folgestrukturen)	
3.2 Verzweigende Programme (Auswahlstrukturen)	
3.3 Programme mit Schleifen (Wiederholungsstrukturen)	
3.4 Prozeduren und Funktionen (Unterprogrammstrukturen)	
3.5 Einfache Datentypen	
3.6 String als strukturierter Datentyp	
3.7 Array als strukturierter Datentyp	

Programmabläufe, die nach vorwärts verzweigen, werden als Auswahlstrukturen bezeichnet. Je nach der Anzahl der ausgewählten Fälle spricht man von der zweiseitigen, einseitigen oder mehrseitigen Auswahl(-struktur). Diese in Abschnitt 1.3.2 allgemein beschriebenen Abläufe werden jetzt in Pascal beispielhaft an kleinen Programmen dargestellt und erklärt. Wir wenden uns zunächst der zweiseitigen Auswahl zu.

3.2.1 Zweiseitige Auswahl mit IF-THEN-ELSE

Dem Programm SKONTOZ1 liegt folgende Problemstellung zugrunde:

> "Erwarte den Rechnungsbetrag R und die Tage T als Tastatureingabe und ermittle daraus Skontobetrag S. Dabei gelten die folgenden Zahlungsbedingungen: Bei Zahlung nach 8 Tagen (bei T>8) wird 1.5 Prozent Skonto gewährt, sonst (bei T<=8) aber 4 Prozent Skonto".

Das Programm SKONTOZ1 weist eine z w e i s e i t i g e Auswahlstruktur auf, die verbal in der "Wenn-dann-Form" oder in der "Entweder-oder-Form" formuliert werden kann. In Pascal steht die Anweisung IF-THEN-ELSE zur Verfügung (Abbildung).

```
Auswahl in "Wenn-dann-Form":
---------------------------
  "Wenn T>8, dann nur 1.5 % Skonto, sonst aber 4 % Skonto"

Auswahl in "Entweder-oder-Form":
-------------------------------
  "Entweder
     1.5% (Bedingung T>8 erfüllt, JA-Zweig mit THEN)
   oder aber
     4% (Bedingung T>8 nicht erfüllt, NEIN-Zweig mit ELSE)"

Auswahl in Pascal:
-----------------
  IF T>8                       Wenn T größer 8 ist,
    THEN P := 1.5              dann (THEN) 1.5% nach P,
    ELSE P := 4;               sonst (ELSE) 4% nach P zuweisen

Auswahl in Pascal allgemein:
---------------------------
  IF Bedingung                 Bedingung = Boolescher Ausdruck
    THEN Anweisung(en) A1      THEN-Zweig für TRUE bzw. wahr
    ELSE Anweisung(en) A2;     ELSE-Zweig für FALSE bzw. unwahr

            (IF=wenn, THEN=dann, ELSE=sonst, P=%-Satz, T=Tage)
```

Zweiseitige Auswahlstruktur mit der Anweisung IF-THEN-ELSE

3.2.1.1 Auswahlbedingung als Boolescher Ausdruck

Ist die Bedingung T>8 erfüllt, setzt Pascal als Ergebnis den Wert TRUE (für richtig, wahr bzw. erfüllt) ein. Bei Nichterfüllung der Bedingung (T<8 oder T=8) wird entsprechend FALSE (für falsch, unwahr bzw. 'Bedingung nicht erfüllt') als Ergebnis eingesetzt. Die Bedingung ist ein Ausdruck, dessen Ergebnis nur den Wert TRUE oder den Wert FALSE annehmen kann. Nach dem englischen Mathematiker George Boole bezeichnet man sie als Booleschen Ausdruck. Der zugehörige Datentyp heißt BOOLEAN (vgl. dazu Abschnitt 3.5). Für den Wert TRUE wird die Anweisung hinter THEN und für FALSE die hinter ELSE angegebene Anweisung ausgeführt. Danach wird gemeinsam mit der Anweisung fortgefahren, die auf ELSE folgt.

3.2.1.2 Auswahl als Struktogramm, PAP, Entwurf und Textfile

Zur Verschaulichung der zweiseitigen Auswahlstruktur wird Programm SKONTOZ1 grafisch als Struktogramm sowie PAP, verbal als algorithmischer Entwurf (Pseudocode, 'Entwurfsprache'), computerverständlich als Pascal-Textfile und schließlich als Ausführung (Programmlauf, Dialogprotokoll) dargestellt.

Struktogramm zu Programm SKONTOZ1:

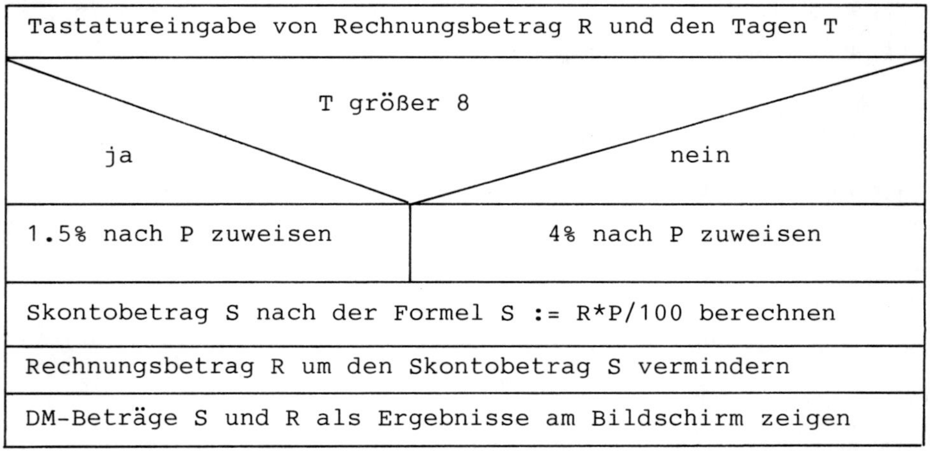

Im Struktogramm können der JA-Zweig und der NEIN-Zweig auch vertauscht werden: JA rechts und NEIN links eingezeichnet. In der Breite und Höhe kann das Struktogramm dem Umfang der Eintragungen angepaßt werden.

Algorithmischer Entwurf zu Programm SKONTOZ1:

```
Ausgabe der Eingabeanforderungen
Eingabe von R und T
wenn T größer 8
  dann weise zu P:=1.5
  sonst weise zu P:=4
Ende-wenn
berechne S:=R*P/100
berechne R:=R-S
Ausgabe von S und R
Ende
```

Programmablaufplan (PAP) zu Programm SKONTOZ1:

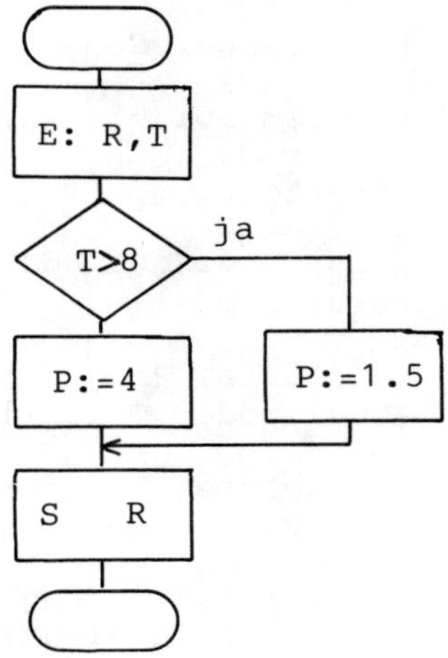

Abkürzungen im nebenstehenden PAP:

E: für Eingabe:
A: für Ausgabe:

Pascal-Codierung (Pascal-Textfile) zu Programm SKONTOZ1:

```
PROGRAM SKONTOZ1;
  {Demonstration zur zweiseitigen Auswahlstruktur}
VAR
  T :     INTEGER;
  R,P,S : REAL;

BEGIN
  WRITELN('Skontoermittlung als zweiseitige Auswahl.');
  WRITE('Rechnungsbetrag in DM? '); READLN(R);
  WRITE('Tage nach Erhalt     ? '); READLN(T);
  IF T > 8
    THEN P := 1.5
    ELSE P := 4;
  S := R * P / 100; R := R - S;
  WRITELN(S:8:2,' DM Skonto und ',R:10:2,' DM Zahlung.');
  WRITELN('Ende.');
END.
```

Zwei Ausführungen (Dialogprotokolle) zu Programm SKONTOZ1:

```
Running
Skontoermittlung als zweiseitige Auswahl.
Rechnungsbetrag in DM? 200.00
Tage nach Erhalt     ?  3
    8.00 DM Skonto und     192.00 DM Zahlung.
Ende.

Running
Skontoermittlung als zweiseitige Auswahl.
Rechnungsbetrag in DM? 200.00
Tage nach Erhalt     ?  14
    3.00 DM Skonto und     197.00 DM Zahlung.
Ende.
```

Problemstellung	Vorgabe des Resultates
Problemanalyse	Zerlegung in Einzelteile
Programmablaufplan (PAP)	Sinnbilder nach DIN 66001
Struktogramm	Zwang zur Strukturierung
Algorithmischer Entwurf (Pseudocode)	Unmittelbare Vorstufe zur Eingabe des Programmtextes
Editiertes Programm (Quellcode, Textfile, Listing)	Auf Diskette gespeichert, aber nicht ausführbar
Übersetztes Programm (Maschinencode, Codefile)	Vom Pascal-Compiler übersetzt und ausführbar
Programmausführung (Textlauf, Dialogprotokoll)	Dialog als Folge von Eingaben (=Benutzer) und Ausgaben (=Computer), auf dem Bildschirm protokolliert

Acht Formen der Darstellung eines Pascal-Programmes

3.2.1.3 IF-THEN-ELSE als Anweisungseinheit

Der Übersichtlichkeit halber rückt man den THEN- und den ELSE-Teil in der Codierung ein. Auf die Programmausführung hat dies jedoch keinen Einfluß. So sind die folgenden beiden Programmtexte identisch:

```
IF T>8 THEN P := 1.5 ELSE P = 4;

IF T>8 THEN P=1.5
       ELSE P=4;
```

Betrachten wir folgende Beispiele zur IF-THEN-ELSE-Anweisung:

```
IF A<>2   THEN WRITELN('Ungleich')  ELSE WRITELN ('gleich');
IF B1<999 THEN WRITELN('ungueltig') ELSE C:=4;
IF E>E1   THEN READLN(Eingabe)      ELSE UNTERPROGRAMM1;
IF CC=1   THEN WRITELN('Jawohl')    ELSE IF ...
```

Hinter THEN sowie ELSE können beliebige Anweisungsworte stehen (hier: Ausgabe WRITELN, Wertzuweisung ":=", Eingabe READLN und Aufruf eines Unterprogrammes namens UNTERPROGRAMM1). Wie das letzte Beispiel zeigt, kann man bedingte Anweisungen auch geschachtelt anordnen; dies wird in Abschnitt 3.2.3 erklärt.

IF-THEN-ELSE als A n w e i s u n g s e i n h e i t :
Bei der IF-THEN-ELSE-Anweisung darf vor ELSE kein ";" stehen: die gesamte zweiseitige Auswahlstruktur wird von Pascal als e i n e Anweisung aufgefaßt (das ";" dient dazu, mehrere Anweisungen voneinander zu trennen). Sollen innerhalb des THEN- oder ELSE-Zweigs mehrere Anweisungen ausgeführt werden, müssen diese zwischen BEGIN und END geschrieben und dadurch zu einer einzigen Anweisung geklammert werden. Das Programm SKONTOZ2 verdeutlicht dies an folgendem Beispiel: Innerhalb des ELSE-Zweigs werden die beiden Anweisungen ":=" und WRITELN mittels BEGIN-END zu einer Anweisung geklammert.

Codierung zu Programm SKONTOZ2:

```
PROGRAM SKONTOZ2;
  {Demonstration zur zweiseitigen Auswahlstruktur}
CONST
  TageGrenze = 8;

VAR
  Tage:             INTEGER;
  RechnungsBetrag: REAL;
  ProzentSatz:      REAL;
  SkontoBetrag:     REAL;

BEGIN
  WRITE;
  WRITE('Rechnungsbetrag in DM? ');READLN(RechnungsBetrag);
  WRITE('Tage nach Erhalt      ? ');READLN(Tage);
  IF Tage > TageGrenze
    THEN ProzentSatz := 1.5
    ELSE
      BEGIN
        ProzentSatz := 4;
        WRITELN(ProzentSatz:2:3,' Prozent fuer Skonto:')
      END; {von ELSE}
  SkontoBetrag := RechnungsBetrag * ProzentSatz / 100;
  RechnungsBetrag := RechnungsBetrag - SkontoBetrag;
  WRITELN(SkontoBetrag:8:2,' DM Skonto, ',RechnungsBetrag:10:2,' DM Zahlung.');
  WRITELN('Ende.')
END. {von Programm SKONTOZ2}
```

L a n g e   V a r i a b l e n n a m e n :
Neben diesem BEGIN-END-Block unterscheidet sich das Programm SKONTOZ2 auch in der Namenswahl von SKONTOZ1. Anstelle von T, R, P und S werden die 'langen' Namen Tage, RechnungsBetrag, ProzentSatz und SkontoBetrag verwendet. Da Pascal nicht zwischen Groß- und Kleinschreibung unterscheidet, sind die Namen

RECHNUNGSBETRAG, rechnungsbetrag und RechnungsBetrag

für Pascal i d e n t i s c h . Ob eine gemischte Schreibweise wie hier beim Bezeichner RechnungsBetrag die Lesbarkeit eines Pascal-Programmes fördert, mag der Leser entscheiden.

3.2.1.4 Implizite und explizite Konstanten-Vereinbarung

Die Programme SKONTOZ1 und SKONTOZ2 unterscheiden sich auch in der Behandlung der Konstanten 8. Wird die 8 in SKONTOZ1 direkt im Anweisungsteil angegeben, so wird für sie im Vereinbarungsteil von SKONTOZ2 ein Bezeichner mit dem Namen TageGrenze festgelegt. Über die Wertzuweisung

```
CONST
  TageGrenze=8          (lies: TageGrenze ergibt sich aus 8)
```

wird für die Konstante TageGrenze gleichzeitig INTEGER als Datentyp festgelegt: TageGrenze ist eine INTEGER-Konstante, auf die man dann im Anweisungsteil n u r l e s e n d zugreifen kann (TageGrenze ist somit schreibgeschützt). Bei dem kleinen Programm SKONTOZ2 mag das ausdrückliche bzw. e x p l i z i t e Vereinbaren der Konstanten TageGrenze umständlich erscheinen. Bei umfangreicheren Programmen hingegen ergeben sich 'saubere' Programme:

- Symbolische Namen sind besser lesbar als Zahlen.
- Bei einer Wertänderung (z.B. Erhöhung des MWST-Satzes) muß diese nur einmal im Vereinbarungsteil vorgenommen werden und nicht ggf. mehrfach verstreut im Anweisungsteil.

```
                 Vereinbarung einer Konstanten
                              |
     --------------------------------------------------
     |                                                |
  implizit                              explizit über CONST

Vereinbarungsteil für Konstanten:
---------------------------------
      ./.                               CONST
                                          TageGrenze=8;

Anweisungsteil:
--------------

    BEGIN                               BEGIN
      ...                                 ...
      IF T>8 ...                          IF T>TageGrenze ...
      ...                                 ...
    END.                                END.
```

Konstanten-Vereinbarung über CONST kann vorteilhaft sein

3.2.2 Einseitige Auswahl mit IF-THEN

3.2.2.1 Einseitige als Sonderfall der zweiseitigen Auswahl

Die einseitige Auswahlstruktur

"Wenn .., dann tue dies, sonst aber tue nichts"

kann insofern als Sonderfall der zweiseitigen Auswahlstruktur

"Wenn .., dann tue dies, sonst aber tue das"

aufgefaßt werden, als dabei der ELSE-Zweig weggelassen wird. Das Programm SKONTOE1 verdeutlicht dies anhand von Struktogramm, PAP, Entwurf, Pascal-Textfile und Ausführung. In ihren Ausführungen stimmen die Programme SKONTOE1 und SKONTOZ1 (vgl. Abschnitt 3.2.1) überein, die Codierungen dagegen zeigen eine einseitige (SKONTOE1) bzw. zweiseitige (SKONTOZ1) Auswahl. Das wird durch folgenden 'Trick' erreicht: P wird vor der Auswahl auf 4% gesetzt und nur im Falle von "T>8 ist TRUE" um 2.5 auf 1.5% vermindert; die einseitige Auswahl

```
IF T > 8 THEN P := P-2.5;
```

liest man so: "Wenn T größer als 8, dann vermindere den augenblicklichen Wert von P um 2.5 (also P ergibt sich aus P-2.5)". Im Struktogramm wird die "Leeranweisung" zumeist als "./." geschrieben.

PAP zu Programm SKONTOE1:

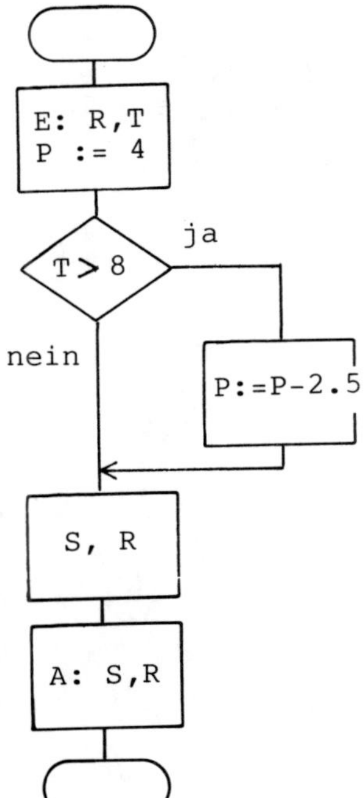

Struktogramm zu Programm SKONTOE1:

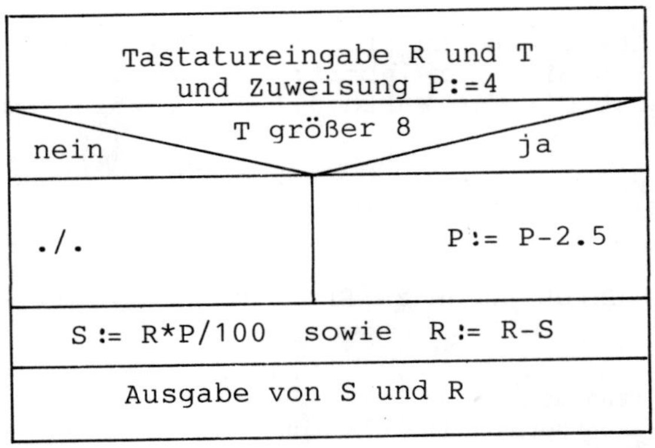

Algorithmischer Entwurf zu Programm SKONTOE1:

```
Tastatureingabe von Rechnungsbetrag R und Tagen T
weise zu Prozentsatz P:=4
wenn T größer 8
  dann berechne P:=P-2.5
  sonst tue nichts
Ende-wenn
berechne Skontobetrag S:=R*P/100 und R:=R-S
Ausgabe von S und R
Ende
```

Pascal-Codierung zu Programm SKONTOE1:

```
PROGRAM SKONTOE1;
  {Demonstration zur einseitigen Auswahlstruktur}
VAR
  T:     BYTE;
  P,R,S: REAL;

BEGIN
  WRITELN('Skontoermittlung als einseitige Auswahl.');
  WRITE('Rechnungsbetrag in DM? '); READLN(R);
  WRITE('Tage nach Erhalt     ? '); READLN(T);
  P := 4;
  IF T > 8 THEN P := P - 2.5;
  S := R * P / 100; R := R-S;
  WRITELN(S:6:2,' DM Skonto und ',R:10:2,' DM Zahlung.');
  WRITELN('Ende.');
END.
```

Abweichend zu Programm SKONTOZ1 wird für die Tage T der Datentyp BYTE vereinbart: T kann als Teil des Datentyps INTEGER damit nur die Werte 0,1,2,...,255 annehmen.

Ausführungen zu Programm SKONTOE1:

```
Running
Skontoermittlung als einseitige Auswahl.
Rechnungsbetrag in DM?    200.00
Tage nach Erhalt     ?  14
  3.00 DM Skonto und      197.00 DM Zahlung.
Ende.
Running
Skontoermittlung als einseitige Auswahl.
Rechnungsbetrag in DM?    1340.65
Tage nach Erhalt     ?   7
 53.63 DM Skonto und     1287.02 DM Zahlung.
Ende.
```

```
Auswahl in Pascal (Beispiele):
------------------------------
   IF EINGABE='j' THEN WRITELN('Eingabe war ja');
   IF EINGABE='j'
     THEN WRITELN('Sie haben eben als Antwort ja eingegeben');

   IF EIN='j' THEN BEGIN WRITELN('Gut.');WRITELN END;
   IF EIN='j' THEN BEGIN
                     WRITELN('Gut.');
                     WRITELN        (*bewirkt Leerzeile*)
                   END; (*von THEN*)

Auswahl in Pascal allgemein:
----------------------------
  IF Bedingung THEN Anweisung(en) A;
```

Einseitige Auswahlstruktur mit der Anweisung IF-THEN

Die in der Abbildung wiedergegebenen Auswahlen für EINGABE und EIN unterscheiden sich jeweils nur in der Schreibweise (Einrücken), nicht aber in den Ausführungen.

3.2.2.2 Darstellung der zweiseitigen als einseitige Auswahl

Der oben aufgezeigte Zusammenhang zwischen den beiden Programmen SKONTOZ1 und SKONTOE1 in kein Einzelfall. Sehr oft erkennt man nach dem Entwurf einer zweiseitigen Auswahlstruktur, daß sich diese als einseitige Auswahl darstellen läßt. Als weiteres Beispiel dazu werden zwei algorithmische Entwürfe zur Bestimmung des M i n i m u m s zweier Zahlen ZAHL1 und ZAHL2 wiedergegeben (vgl. Abbildung).

```
                      MINIMUM - Problem
                            als
                             |
         +-------------------+--------------------+
         |                                        |
  ZWEIseitige Auswahl:                  EINseitige Auswahl:
  --------------------                  -------------------

Eingabe von ZAHL1 und ZAHL2          Eingabe von ZAHL1 und ZAHL2
wenn ZAHL1 > ZAHL2                   weise zu MIN:=ZAHL1
  dann  weise zu MIN:=ZAHL2          wenn ZAHL1 > ZAHL2
  sonst weise zu MIN:=ZAHL1            dann weise zu MIN:=ZAHL2
Ende-wenn                            Ende-wenn
Ausgabe MIN                          Ausgabe von MIN
```

Rückführung der zweiseitigen auf die einseitige Auswahl

3.2.3 Mehrseitige Auswahl als Schachtelung von Bedingungen

3.2.3.1 Mehrseitige als Sonderfall der zweiseitigen Auswahl

Bei der mehrseitigen Auswahl werden stets mehrere Fälle unterschieden: im Beispielprogramm DREIFALL sind es die drei Fälle 'gleich', 'vor' und 'nach'. Struktogramm, PAP, Entwurf, Textfile und Ausführung zu Programm DREIFALL zeigen, daß die mehrseitige Auswahl eine S c h a c h t e l u n g von zwei zweiseitigen Auswahlstrukturen darstellt. Wie die einseitige kann demnach auch die mehrseitige Auswahl als S o n d e r f a l l der zweiseitigen Auswahl aufgefaßt werden. Schachtelung bedeutet dabei, daß mindestens eine bedingte Anweisung in einer anderen bedingten Anweisung auftritt bzw. aufgerufen wird.

Struktogramm zu Programm DREIFALL:

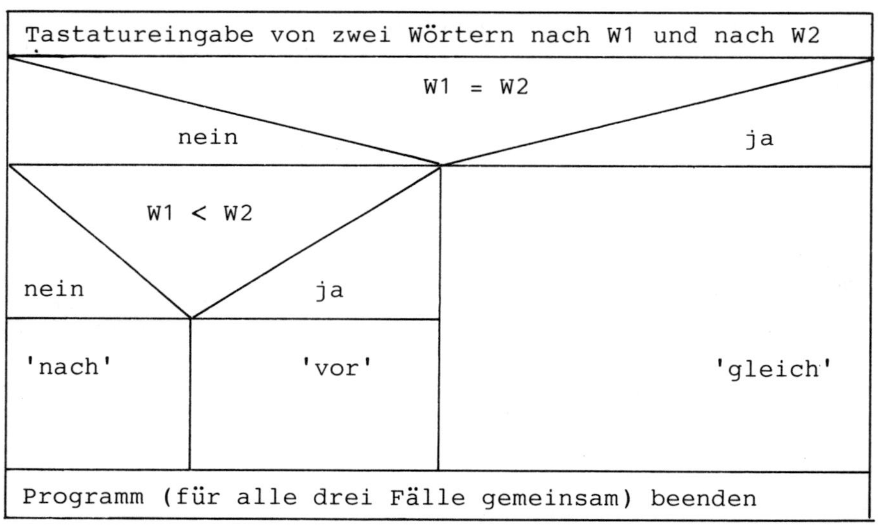

Algorithmischer Entwurf zu Programm DREIFALL:

```
Eingabe von W1 und W2
Wenn W1=W2
  dann Ausgabe 'gleich'
  sonst wenn W1<W2
          dann Ausgabe 'vor'
          sonst Ausgabe 'nach'
        Ende-wenn
Ende-wenn
Ausgabe 'Ende'
Ende
```

PAP zu Programm DREIFALL:

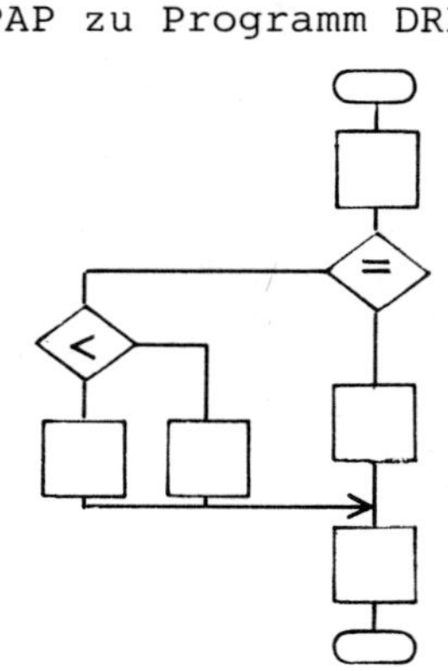

Pascal-Codierung zu Programm DREIFALL:

```
PROGRAM DREIFALL;
  {Mehrseitige Auswahlstruktur als Schachtelung von zweiseitigen Auswahlen}
VAR
  W1,W2: STRING[20];

BEGIN
  WRITELN('Textvergleich: zwei Woerter und drei Faelle.');
  WRITELN('Zwei Woerter? '); READLN(W1); READLN(W2);
  IF W1 = W2
    THEN WRITELN(W1,' ist gleich ',W2)
    ELSE IF W1 < W2
           THEN WRITELN(W1,' kommt vor ',W2)
           ELSE WRITELN(W1,' kommt nach ',W2);
  WRITELN('Ende.');
END.
```

Zwei Ausführungen zu Programm DREIFALL:

```
Running
Textvergleich: zwei Woerter und drei Faelle.
Zwei Woerter?
PREIS
DM-BETRAG
PREIS kommt nach DM-BETRAG
Ende.
Running
Textvergleich: zwei Woerter und drei Faelle.
Zwei Woerter?
%-Satz
Tillmann
%-Satz kommt vor Tillmann
Ende.
```

3.2.3.2 Numerischer Vergleich und Stringvergleich

Eine in Hochkomma angegebene Z e i c h e n k e t t e wie etwa 'Wegweiser' oder 'Ja' wird als S t r i n g bezeichnet und kann als STRING-Konstante oder als STRING-Variable vereinbart werden. Die in Programm DREIFALL getroffene Vereinbarung

```
VAR
  W1,W2: STRING[20];
```

legt für die Variablen W1 und W2 jeweils den Typ STRING fest. Die in eckigen Klammern angegebene Zahl 20 besagt, daß in W1 bzw. W2 bis zu 20 Zeichen (Buchstaben, Ziffern, Sonderzeichen) ablegt werden können. Auf die Stringverarbeitung wird ausführlich in Abschnitt 3.6 eingegangen.

In den IF-Anweisungen des Programms DREIFALL findet kein numerischer Vergleich, sondern ein S t r i n g v e r g l e i c h statt. Die Bedingung W1=W2 (ist der Wert von Variable W1 dem von Variable W2 gleich?) vergleicht die derzeitigen Werte von zwei Variablen des Typs STRING. Wie wird festgestellt, ob z.B. der String 'PREIS' (im Sinne von alphabetisch weiter vorne befindlich) kleiner als der String 'DM-BETRAG' ist? Wie Ziffern werden auch Buchstaben und Sonderzeichen intern im ASCII-Code dargestellt. Sie erhalten damit je eine Code- als Ordnungsnummer. Mit den ASCII-Codenummern 80 für P und 68 für D führt der Boolesche Ausdruck

```
         W1<W2  zu
     'PREIS'<'DM-BETRAG' , zu
         80<68  und dann zum Ergebnis
         FALSE .
```

Der Stringvergleich führt bei diesem Beispiel somit nicht zum Aufruf des THEN-Zweiges.

3.2.4 Fallabfrage mit CASE-OF-END

3.2.4.1 Fallabfrage als vereinfachte mehrseitige Auswahl

Die Schachtelung von mehr als zwei Auswahlstrukturen wird allzuleicht unübersichtlich. Zur Vereinfachung der Mehrseitigen Auswahl bietet Pascal deshalb die F a l l a b f r a g e mit der Anweisung C A S E an. Das Programm MWST zeigt, daß über die e i n e Anweisung

```
  CASE WAHL OF ... END;                 (Fallabfrage)
```

d r e i Fälle abgefragt bzw. unterschieden werden: Für WAHL=1 wird nach MWST der Wert 1, für WAHL=2 der Wert 1.14 und für 100 WAHL=3 der Wert 1.07 angezeigt.

```
Fallabfrage am Beispiel MWST:
----------------------------
  CASE WAHL OF                Ausdruck = hier eine Variable
    1: MWST:=1;                          WAHL vom Typ BYTE
    2: MWST:=1.14;            1, 2, 3  = Konstanten vom Typ
    3: MWST:=1.07                        BYTE (wie WAHL)
  END;

Fallabfrage in Pascal allgemein:
-------------------------------
  CASE Ausdruck OF            Ausdruck = Ausdruck eines einfa-
    K1: Anweisung 1;                     chen Typs außer REAL
    K2: Anweisung 2;
    ...                       K1,K2,.. = Konstanten desselben
    Kn: Anweisung n                      Typs wie Ausdruck
  END;
```

Fallabfrage mit der Anweisung CASE-OF-END

Struktogramm zu Programm MWST:

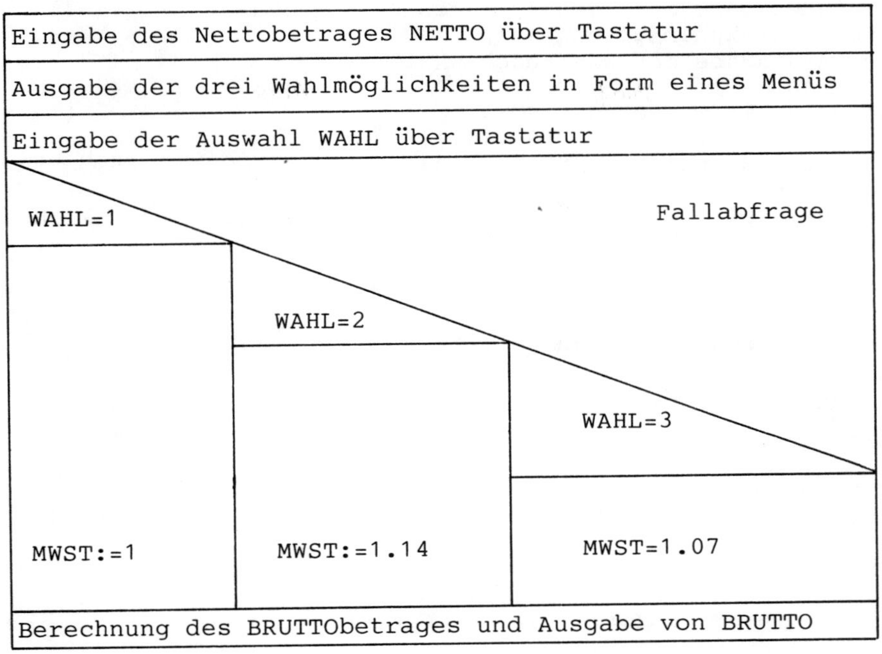

PAP zu Programm MWST:

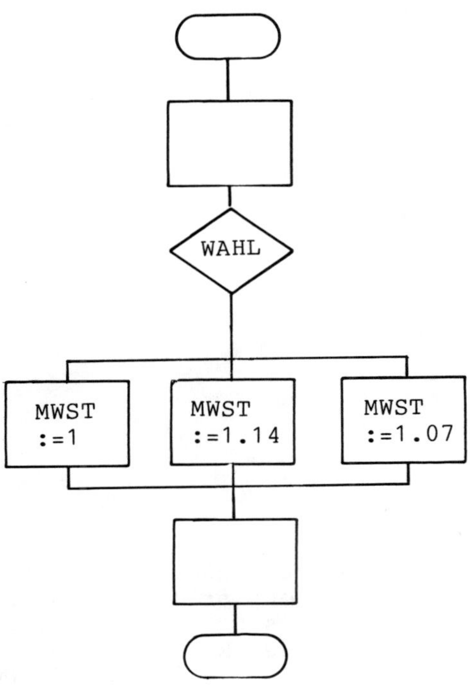

Ausführungen zu Programm MWST:

```
Running
Bruttobetrag incl. MWST

Welcher Nettobetrag? 1500.00
Ohne MWST       1
Volle MWST      2
Halbe MWST      3
Wahl 1, 2 oder 3? 2
Bruttobetrag:    1710.00 DM

Running
Bruttobetrag incl. MWST

Welcher Nettobetrag? 1500.00
Ohne MWST       1
Volle MWST      2
Halbe MWST      3
Wahl 1, 2 oder 3? 3
Bruttobetrag:    1605.00 DM
```

Algorithmischer Entwurf zu Programm MWST:

```
 Tastatureingabe des Nettobetrages nach NETTO
 Ausgabe der Wahlmöglichkeiten
 Tastatureingabe der Wahl nach WAHL
 falls WAHL
   dann für 1: weise zu MWST:=1
        für 2: weise zu MWST:=1.14
        für 3: weise zu MWST:=1.07
 Ende-falls
 berechne BRUTTO:=NETTO*MWST und runde BRUTTO auf zwei Stellen
 Ausgabe von BRUTTO
 Ende
```

Pascal-Codierung zu Programm MWST:

```
PROGRAM MWST;
  {Mehrseitige Auswahlstruktur als Fallabfrage}
VAR
  NETTO, MWST, BRUTTO: REAL; {DM-Betraege}
  WAHL:                BYTE; {Hilfsvariable zur Auswahl}

BEGIN
  WRITELN('Bruttobetrag incl. MWST'); WRITELN;
  WRITE('Welcher Nettobetrag? '); READLN(NETTO);
  WRITELN('Ohne MWST      1');
  WRITELN('Volle MWST     2');
  WRITELN('Halbe MWST     3');
  WRITE('Wahl 1, 2 oder 3? '); READLN(WAHL);

  CASE WAHL OF                     {Beginn der Fallabfrage mit CASE}
    1:  MWST := 1;
    2:  MWST := 1.14;
    3:  MWST := 1.07;
  END; {von CASE}                  {Ende der Fallabfrage}

  BRUTTO := NETTO * MWST;
  BRUTTO := INT(BRUTTO*100+0.5) / 100;
  WRITELN('Bruttobetrag:',BRUTTO:10:2,' DM');
END. {von Programm MWST}
```

3.2.4.2 Fallabfrage mit zusätzlichem ELSE-Zweig

Wird bei Programm MWST für WAHL ein Wert eingegeben, der keiner der angegebenen Konstanten 1, 2 und 3 entspricht, wird mit der auf END; (*von CASE*) folgenden Anweisung fortgefahren. Eine andere Möglichkeit besteht darin, diese "Restfälle" durch einen zusätzlichen ELSE-Zweig zu verarbeiten. In der Abbildung wird dazu ein Beispiel zur Verarbeitung der NOTEn 1-6 angegeben. Die Fallabfrage erfolgt je nach dem Inhalt von NOTE (dieser Ausdruck wird häufig als *Sortierer* bezeichnet). Für NOTE wird im Beispiel der Datentyp CHAR vereinbart; die 6 Konstanten müssen deshalb in ' ' gesetzt werden. Dabei können mehrere Konstanten (hier: jeweils zwei) zur Auswahl *einer* Anweisung dienen: man trennt sie durch ",". Gibt man z.B. die Note 7 ein, wird die unter ELSE stehende Anweisung ausgeführt.

```
... im Vereinbarungsteil:
------------------------
  NOTE: CHAR;    (*NOTE vom Datentyp CHAR bzw. Einzelzeichen*)


... im Anweisungsteil:
---------------------

  WRITE('Eingabe 1-6 : '); READLN(NOTE);
  CASE NOTE OF
    '1','2' : WRITELN('Gute Leistung');
    '3','4' : WRITELN('Mittelmäßige Leistung');
    '5'     : WRITELN('Schlechte Leistung');
    '6'     : WRITELN('Davon sprechen wir besser nicht')
    ELSE WRITELN('Fehler: keine der Noten 1-6 eingegeben')
  END; (*von CASE*)
```

Beispiel zur Fallabfrage mit CASE-DO-ELSE-END

Struktogramm zur Fallabfrage ohne ELSE-Zweig:

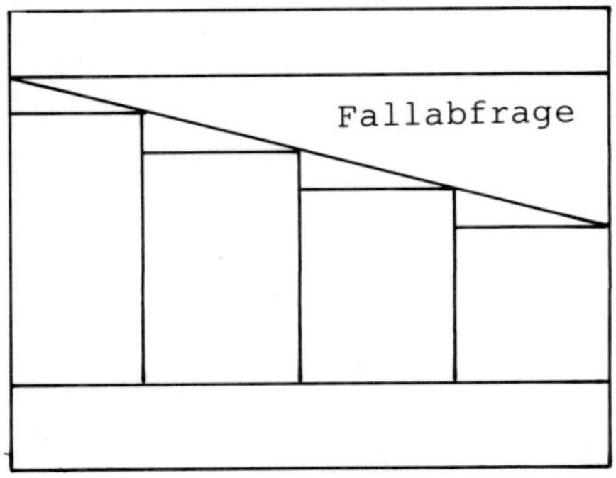

Struktogramm zur Fallabfrage mit ELSE-Zweig:

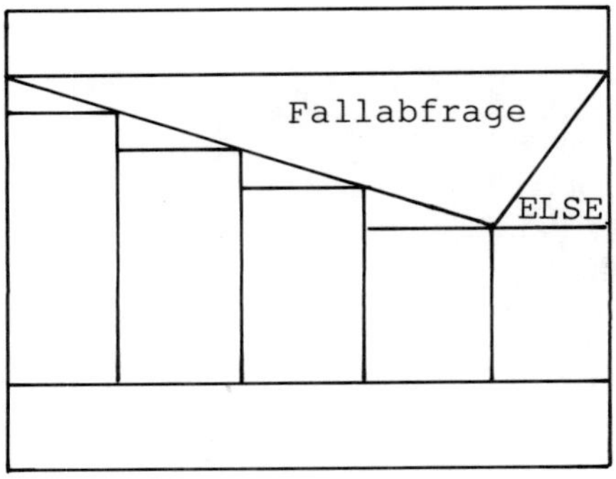

Die Vereinbarung eines ELSE-Zweiges hat den Vorteil, daß die bei der Fallabfrage auftretenden "Restfälle" als "Fehler" gezielt verarbeitet werden können. Im Struktogramm läßt man den ELSE-Zweig aus Vereinfachungsgründen häufig weg.

3

Programmierkurs mit Turbo Pascal

Grundkurs

3.3.1 Überblick

In Pascal kann eine Schleife durch eine der Anweisungen WHILE, REPEAT oder FOR gesteuert werden (vgl. Abbildung).

WHILE Bedingung DO Anweisung(en);

Wiederhole die nach DO genannten 'Anweisung(en)', solange die 'Bedingung' erfüllt bzw. TRUE ist.
Kurz: "Solange Bedingung erfüllt, wiederhole Anweisungen".

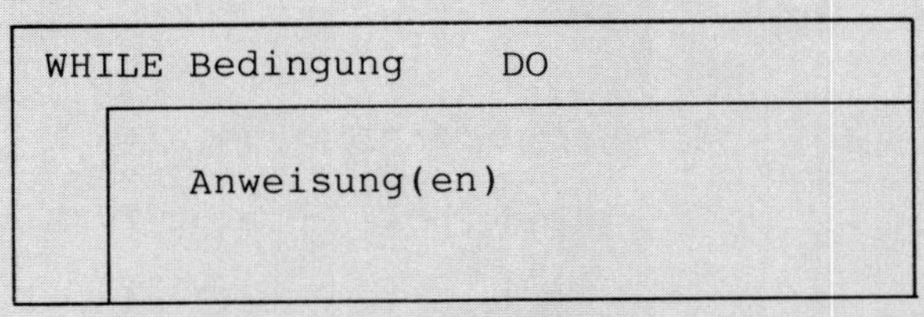

REPEAT Anweisung(en) UNTIL Bedingung;

Wiederhole die nach REPEAT genannten 'Anweisung(en)', bis die 'Bedingung' erfüllt bzw. TRUE ist.
Kurz: "Wiederhole Anweisungen, bis Bedingung erfüllt".

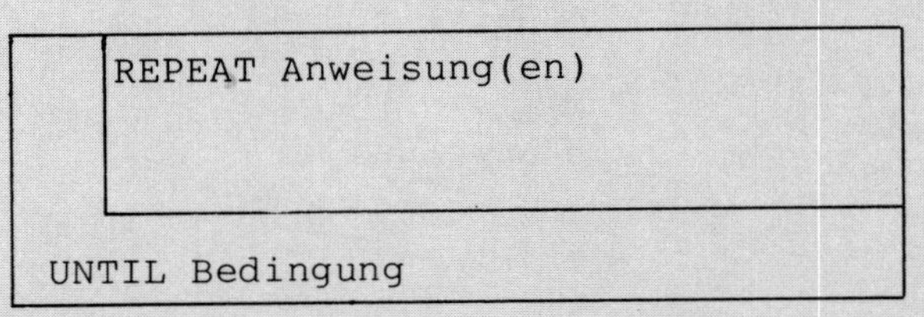

Anmerkung:
Mehrere Anweisungen werden zwischen BEGIN und END gesetzt und formal als e i n e Anweisung bzw. als ein B l o c k angesehen.

FOR L := AW TO EW DO Anweisung(en);

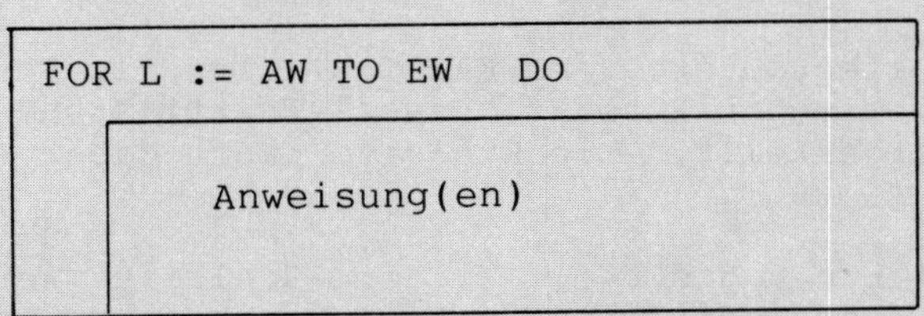

Wiederhole die nach DO genannten 'Anweisung(en)' für alle Werte der Laufvariablen L zwischen dem Anfangswert AW und dem Endwert EW.
Kurz: "Für L von AW bis EW, wiederhole Anweisungen"

Drei Wiederholungsstrukturen bzw. Schleifentypen

3.3.2 Abweisende Schleife mit WHILE-DO

Das Programm KAPITAL1 druckt für das Kapital K und den Zinssatz P das verzinste Kapital zum Ende des 1., 2., 3. .. Jahres aus und endet, sobald sich das Anfangskapital verdoppelt hat. Wie jede Programmschleife besteht die Schleife von KAPITAL1 aus zwei Teilen: aus einem Vorbereitungsteil, der nur einmal durchlaufen wird, und aus einem Wiederholungsteil. In der Ausführung wird der Wiederholungsteil neun Mal durchlaufen.

Die Schleife in Programm KAPITAL1 heißt a b w e i s e n d, da die Schleifenabfrage WHILE K<KE DO ... am Anfang des Wiederholungsteils steht und somit die versuchte Wiederholung abweisen kann. Andere Bezeichnungen für diesen Schleifentyp sind: Schleife mit Eintrittsbedingung, Solange-tue-Schleife, Schleife mit vorheriger Abfrage.

```
WHILE-Schleife am Beispiel von Programm KAPITAL1:
-----------------------------------------------
  WHILE K<KE DO                  Wiederhole solange K²KE ist
  BEGIN
    K := K+K*P/100;              Wiederholungsteil mit
    WRITELN(K);                  zwei Anweisungen
  END; (*von WHILE*)

Abweisende Schleife in Pascal allgemein:
--------------------------------------
  WHILE Bedingung DO             Wiederhole solange Bedingung
  BEGIN                          TRUE ist
    Anweisung 1;
    Anweisung 2;                 Wiederholungsteil mit
    Anweisung 3;                 n Anweisungen
    ...
    Anweisung n
  END; (*von WHILE*)
```

Abweisende Schleife mit der Anweisung WHILE-DO

Die abweisende Schleife von Programm KAPITAL1 wird als Struktogramm, PAP, algorithmischer Entwurf, Pascal-Textfile und mit zwei Ausführungen dargestellt. Die Schleife läuft dabei wie folgt ab:

- Im V o r b e r e i t u n g s t e i l der Schleife werden das Anfangskapital K und der Zinssatz P eingegeben und dann das Endkapital KE in doppelter Höhe festgelegt.

- Zu Beginn des W i e d e r h o l u n g s t e i l s wird die Bedingung "K kleiner KE?" überprüft. Für das Vergleichsergebnis TRUE wird der hinter DO angegebene Anweisungsblock (BEGIN-END-Block) ausgeführt. Für das Ergebnis FALSE dagegen endet die Wiederholung.

- Bei jeder Schleifenwiederholung wird das Kapital K um P % erhöht und dann auf zwei Stellen gerundet ausgegeben.

Struktogramm zu Programm KAPITAL1:

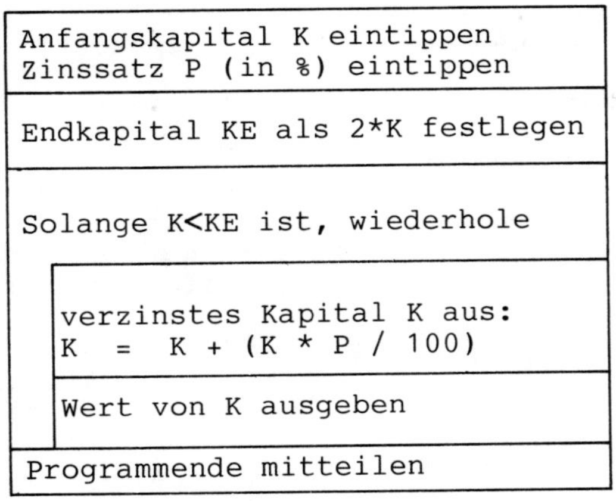

Vorbereitungsteil der Schleife:
einmal durchlaufen

Wiederholungsteil der Schleife:
mehrmals durchlaufen

Zwei Ausführungen zu Programm KAPITAL1:

```
Running
Kapitalien bis zur Verdopplung.
Eingesetztes Kapital?   50000.00
Jahreszinssatz       ?   9.00
    54500.00
    59405.00
    64751.45
    70579.08
    76931.20
    83855.01
    91401.96
    99628.13
   108594.66
Ende der Verdopplung.
```

```
Running
Kapitalien bis zur Verdopplung.
Eingesetztes Kapital?  100000.00
Jahreszinssatz       ?  13.25
   113250.00
   128255.62
   145249.50
   164495.05
   186290.65
   210974.16
Ende der Verdopplung.
```

PAP zu Programm KAPITAL1:

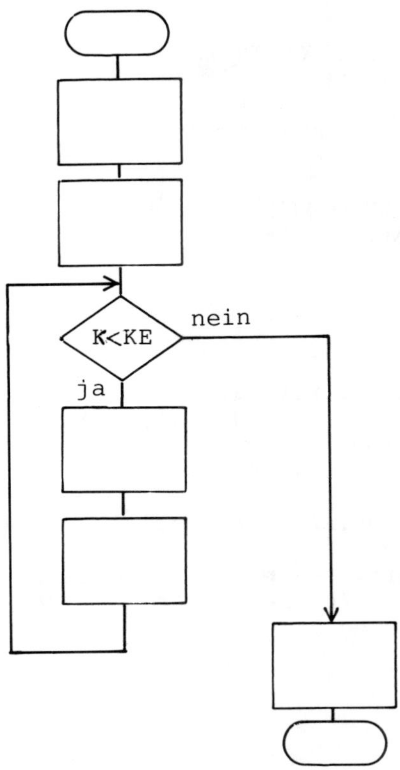

Algorithmischer Entwurf zu Programm KAPITAL1:

```
  Vorbereitungsteil der Schleife:
    Eingabe Kapital K und Prozentsatz P; weise zu KE:=2*K
  Wiederholungsteil der Schleife:
    solange K kleiner als KE
      erhöhe K um K*P/100
      Ausgabe K (10 Stellen lang und auf 2 Stellen gerundet)
    Ende-solange
    Ausgabe eines Hinweistextes
    Ende
```

Pascal-Codierung zu Programm KAPITAL1:

```
PROGRAM KAPITAL1;
  {Demonstration zur abweisenden Schleife}
VAR
  K,          {Kapital in DM}
  P,          {Zinssatz in %}
  KE: REAL;   {Endkapital in DM}

BEGIN
  WRITELN('Kapitalien bis zur Verdopplung.');
  WRITE('Eingesetztes Kapital? '); READLN(K);
  WRITE('Jahreszinssatz:      ? '); READLN(P);
  KE := 2 * K;

  WHILE K < KE DO                              {Schleifenbeginn}
  BEGIN
      K := K + K * P / 100;
      WRITELN('   ',K:10:2);
  END; {von WHILE}                             {Schleifenende}

  WRITELN('Ende der Verdopplung.');
END. {von Programm KAPITAL1}
```

Innerhalb einer Schleife werden zumeist m e h r e r e Anweisungen wiederholt, die natürlich mittels BEGIN-END zu einem Block geklammert sein müssen. Gleichwohl kann auch eine Einzelanweisung wiederholt werden. Die Schleife

```
  WHILE Zeichen<>'e' DO READLN(Zeichen);
```

wird solange durchlaufen, bis das Zeichen 'e' eingetippt wird. Für Zeichen wurde mit VAR Zeichen: CHAR; der CHAR-Typ festgelegt.

3.3.3 Nicht-abweisende Schleife REPEAT-UNTIL

Das Programm KAPITAL2 ermittelt ebenfalls Kapitalien bis zur Verdopplung eines Anfangskapitals.
Die Ausführungen der Programme KAPITAL2 und KAPITAL1 stimmen überein, nicht aber ihre Codierungen: Programm KAPITAL2 hat eine n i c h t - a b w e i s e n d e Schleife, da bei der Codierung die Schleifenabfrage am Ende des Wiederholungsteils hinter UNTIL steht. Für diesen Schleifentyp stellt Pascal die REPEAT-UNTIL-Anweisung bereit. Andere Bezeichnungen für diese nicht-abweisende Schleife sind: Annehmende Schleife, Schleife mit nachheriger Abfrage und Wiederhole-bis-Schleife. Neben dem Schleifentypen unterscheidet sich Programm KAPITAL2 in den Variablennamen: anstelle von K, P und KE werden die Bezeichner Kapital, Zinssatz und Endkapital gewählt.

Struktogramm zu Programm KAPITAL2:

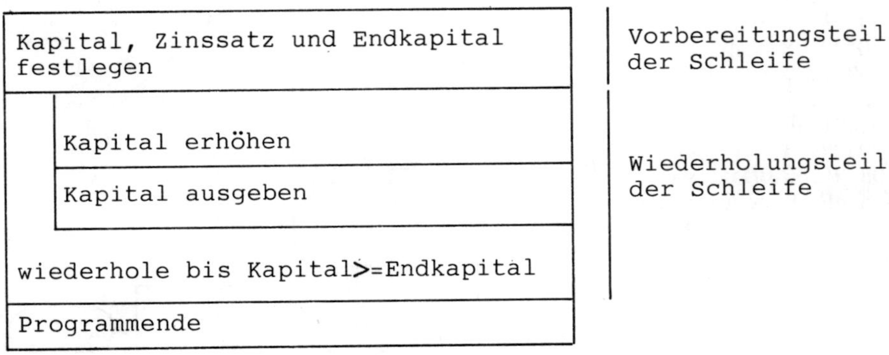

Pascal-Codierung zu Programm KAPITAL2:

```
PROGRAM KAPITAL2;
  {Demonstration zur nicht-abweisenden Schleife}
VAR
  Kapital:    REAL;
  Endkapital: REAL;
  Zinssatz:   Real;

BEGIN
  WRITELN('Kapitalien bis zur Verdopplung.');
  WRITE('Eingesetztes Kapital? '); READLN(Kapital);
  WRITE('Jahreszinssatz       ? '); READLN(Zinssatz);
  Endkapital := 2 * Kapital;

  REPEAT                                          {Schleifenbeginn}
    Kapital := Kapital + Kapital * Zinssatz / 100;
    WRITELN('   ',Kapital:10:2);
  UNTIL Kapital >= Endkapital;                    {Schleifenende}

WRITELN('Ende nach Verdopplung.');
END.
```

Algorithmischer Entwurf zu Programm KAPITAL2:

```
Eingabe von Kapital und Zinssatz
Zuweisung von Endkapital
wiederhole
  erhöhe das Kapital um die Jahreszinsen
  Ausgabe von Kapital
bis Kapital größer oder gleich Endkapital
Ausgabe Hinweis
Ende
```

Ausführung zu Programm KAPITAL2:

```
Running
Kapitalien bis zur Verdopplung.
Eingesetztes Kapital?   50000.00
Jahreszinssatz       ?   9.00
    54500.00
    59405.00
    64751.45
    70579.08
    76931.20
    83855.01
    91401.96
    99628.13
   108594.66
Ende nach Verdopplung.
```

PAP zu KAPITAL2:

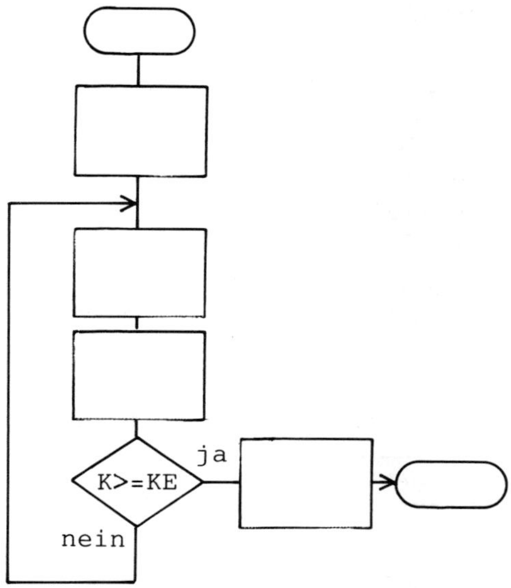

Eine nicht-abweisende Schleife kann zumeist auch als abweisende Schleife programmiert werden. Dabei muß jedoch die Bedingung beachtet werden: So kehrt sich die Bedingung "K<KE" von Programm KAPITAL1 zur Bedingung "K>=KE" von KAPITAL2 um. Soll ein Ablauf möglicherweise überhaupt nicht ausgeführt werden, verbietet sich die REPEAT-Schleife, da die Bedingung erst am Ende des Wiederholungsteiles abgefragt wird.

Bei der nicht-abweisenden Schleife wird der erste Schleifendurchlauf stets u n k o n t r o l l i e r t ausgeführt. Aus diesem Grunde kann es passieren, daß eine solche Schleife nach korrekten Testläufen später aufgrund unvorhergesehender Eingabewerte zu Fehlern führt. Die abweisende Schleife ist deshalb immer vorzuziehen:

Die WHILE-Schleife ist sicherer als die REPEAT-Schleife

Zahlreiche Programmierer verzichten auf die REPEAT-Schleife vollkommen.

3.3.4 Schleife mit Bedingung in der Mitte mit IF

Oftmals stellt man bei der Entwicklung eines Ablaufs fest, daß die Bedingung zum Abbruch nicht am Anfang oder Ende, sondern irgendwo "in der Mitte" der Schleife auftritt. Für den Schleifentyp

"Schleife mit Bedingung in der Mitte des Wiederholungsteils"

sieht Pascal keine spezielle Anweisung vor, sondern allein für die abweisende und nicht-abweisende Schleife. Zur Lösung dieses Problems gibt es zwei Möglichkeiten:

- Verwendung der Anweisungen IF-THEN und GOTO mit Sprungmarken (auch als L a b e l bezeichnet). Das Programm ZUFALL1 verdeutlicht diese Möglichkeit.

- Umwandlung in eine abweisende Schleife, die durch die WHILE-Anweisung kontrolliert wird. Das Programm ZUFALL2 zeigt diese Möglichkeit. Sie ist wesentlich übersichtlicher und klarer und der "GOTO-Lösung" in jedem Falle vorzuziehen.

3.3.4.1 Verwendung von GOTO und Label

Beim Programm ZUFALL1 muß der Benutzer eine Zahl erraten, die zuvor vom Computer zufällig erzeugt worden ist. Dabei erhält der Benutzer Hilfen in Form von "... geratene Zahl ist zu groß bzw. zu klein". Die Rateschleife wird durch die in der Mitte des Wiederholungsteiles befindliche Anweisung

```
IF BenutzerZahl=ComputerZahl THEN GOTO 2;
```

beendet. Lies: Wenn (IF) die vom Benutzer geratene Zahl gleich vom Computer erzeugten Zahl ist, dann (THEN) gehe (GOTO) zur Anweisung mit dem vorangestellten Label 2. Die Programmierung ist recht aufwendig und entsprechend unübersichtlich:

- Im Vereinbarungsteil wird durch LABEL 1,2; festgelegt, daß die Zahlen 1 und 2 als Sprungmarken verwendet werden.

- Den Anweisungen, zu denen über GOTO direkt verzweigt werden soll, wird jeweils ein Label vorangestellt.

- Die Anweisung GOTO 1; dient der unbedingten Verzweigung zu der Anweisung, welcher der Label 1 vorangestellt ist. Statt einer Zahl kann man auch einen Bezeichner als Label verwenden.

Struktogramm zu Programm ZUFALL1:

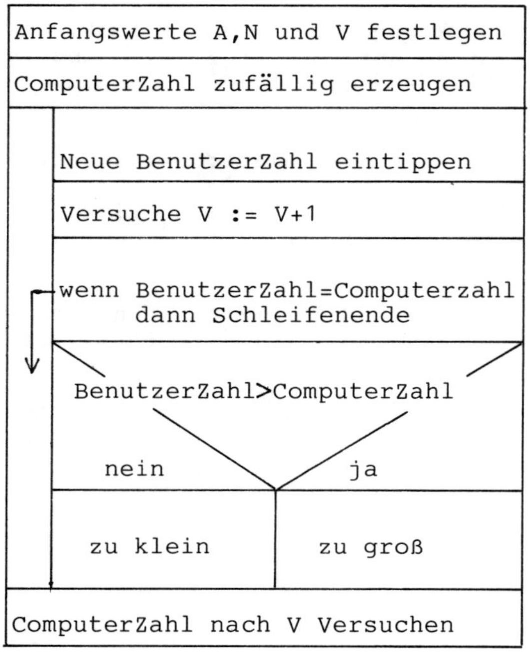

Beginn der Schleife mit Abfrage in der Mitte

Abfrage in der Mitte

Zweiseitige Auswahl in der Schleife geschachtelt

Ende der Schleife

Algorithmischer Entwurf zu Programm ZUFALL1:

```
  Vorbereiten der Schleife: Werte für
  A, N, V und ComputerZahl

1: Eingabe der nächsten BenutzerZahl
   erhöhe Versuchszähler V
   wenn BenutzerZahl=ComputerZahl
     dann gehe nach 2
   Ende-wenn
   Wenn BenutzerZahl>ComputerZahl
     dann Ausgabe "zu groß"
     sonst Ausgabe "zu klein"
   Ende-wenn
   gehe nach 1
2: Ausgabe Ergebnis
   Ende
```

PAP zu Programm ZUFALL1:

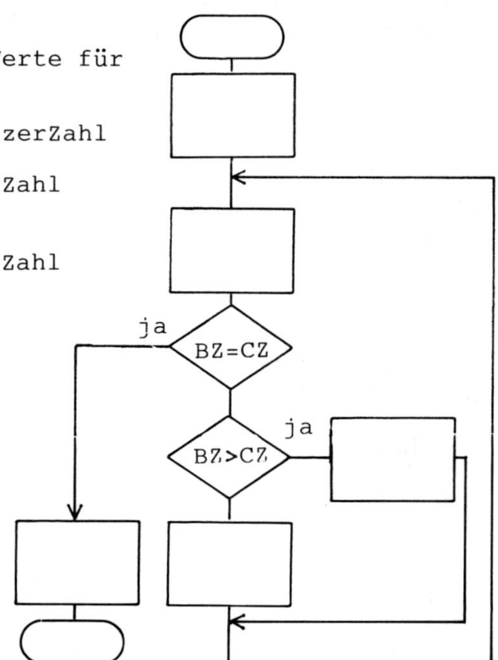

Abkürzungen im PAP:
BZ = BenutzerZahl
CZ = ComputerZahl

Pascal-Codierung zu Programm ZUFALL1:

```
PROGRAM ZUFALL1;
  {Schleife mit Abfrage in der Mitte des Wiederholungsteiles}
LABEL
  1,2;            {Sprungmarken im Programm}
VAR
  BenutzerZahl, {Jeweilige Benutzereingabe ueber Tastatur}
  ComputerZahl, {Vom Computer erzeugte Zufallszahl}
  A,N,          {Grenzen zur Auswahl einer Zufallszahl}
  V: INTEGER;   {Versuchszaehler}

BEGIN
  WRITELN('Raten einer Zahl als Spielprogramm.');
  WRITELN('Eine Zahl wird zufaellig aus den A');
  WRITELN('auf N folgenden Zahlen erzeugt.');
  WRITE('Werte fuer A und N? '); READLN(A) ; READLN(N);
  ComputerZahl := RANDOM(A)+N+1;
  V := 0;

1:WRITE('Ihre Zahl? '); READLN(BenutzerZahl);          {Schleifenbeginn}
  V := V + 1;
  IF BenutzerZahl = ComputerZahl THEN GOTO 2;          {Schleifenabfrage}
  IF BenutzerZahl > ComputerZahl
    THEN WRITELN('...zu gross')
    ELSE WRITELN('...zu klein');
  GOTO 1;                                              {Schleifenende}

2:WRITELN('Treffer ',ComputerZahl,' nach ',V,' Versuchen.');
  WRITELN('Ende des Spiels.');
END.
```

Ausführungen zu den Programmen ZUFALL1 und ZUFALL2:

```
Running
Raten einer Zahl als Spielprogramm.
Eine Zahl wird zufaellig aus den A
auf N folgenden Zahlen erzeugt.
Werte fuer A,N? 10
100
Ihre Zahl? 105
...zu gross
Ihre Zahl? 101
...zu klein
Ihre Zahl? 102
Treffer 102 nach 3 Versuchen.
Ende des Spiels.
```

```
Running
Raten einer Zahl als Spielprogramm.
Eine Zahl wird zufaellig aus den A
auf N folgenden Zahlen erzeugt.
Wert fuer Anzahl A ? 10
Ab welcher Zahl N ? 100
Ihre Zahl? 105
...zu gross
Ihre Zahl? 101
Treffer 101 nach 2 Versuchen.
```

3.3.4.2 Umwandlung in eine abweisende Schleife

J e d e Schleife des Typs "Bedingung in der Mitte" läßt sich in eine abweisende Schleife mit der "Bedingung am Anfang" umwandeln. Das Programm ZUFALL2 verdeutlicht dies. Diese Version des Ratespieles kommt ohne GOTO und Label aus und ergibt Ausführungen, die mit denen von Programm ZUFALL1 übereinstimmen. Zu den Programmstrukturen von ZUFALL2: Innerhalb der Schleife ist eine zweiseitige Auswahlstruktur eingeschachtelt. Das Programm ist also bereits recht komplex mit 4 Programmstrukturen:

1. Zuerst Folgestruktur (Schleifenvorbereitung), dann
2. Wiederholungsstruktur (Rateschleife) mit geschachtelter
3. Auswahlstruktur (Treffer j/n) und geschachtelter
4. Auswahlstruktur (Ausgabe klein/groß).

Struktogramm zu Programm ZUFALL2 in Kurzform:

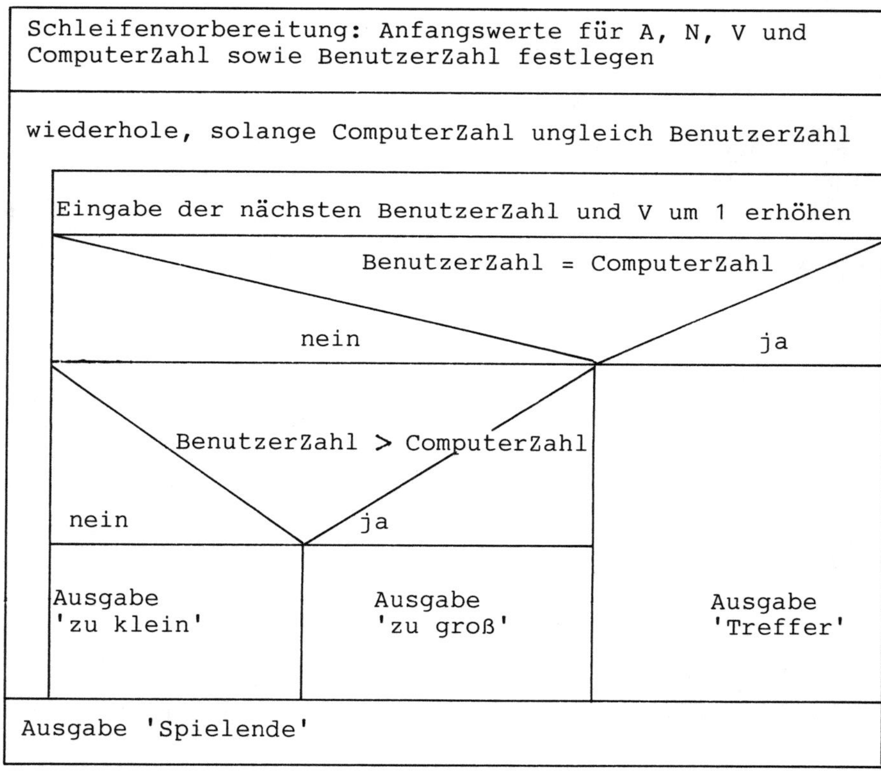

Pascal-Codierung zu Programm ZUFALL2:

```
PROGRAM ZUFALL2;
  {Abweisende Schleife mit Schachtelung von Auswahlstrukturen}
VAR
  BenutzerZahl, {Jeweilige Benutzereingabe ueber Tastatur}
  ComputerZahl, {Vom Computer erzeugte Zufallszahl}
  A,N,          {Grenzen zur Auswahl einer Zufallszahl'}
  V: INTEGER;   {Versuchszaehler}

BEGIN
  WRITELN('Raten einer Zahl als Spielprogramm.');
  WRITE('Wert fuer Anzahl A ? '); READLN(A);
  WRITE('Ab welcher Zahl N  ? '); READLN(N);
  ComputerZahl := RANDOM(A) + N +1;
  V := 0; BenutzerZahl := 0;

  WHILE ComputerZahl<>BenutzerZahl DO
    BEGIN
      WRITE('Ihre Zahl? '); READLN(BenutzerZahl);
      V := V + 1;
      IF BenutzerZahl = ComputerZahl
        THEN WRITELN('Treffer ',ComputerZahl,' nach ',V,' Versuchen.')
        ELSE IF BenutzerZahl > ComputerZahl
               THEN WRITELN('...zu gross')
               ELSE WRITELN('...zu klein');
    END;  {Ende von WHILE}

WRITELN('Ende des Spiels.');
END. {von Programm ZUFALL2}
```

Zum Erzeugen einer Z u f a l l s z a h l :
Die Standardfunktion RANDOM(A) erzeugt eine Zufallszahl, die zwischen 0 (einschließlich) und A (ausschließlich) liegt und vom Typ INTEGER ist. Dazu in der Abbildung einige Beispiele.

```
RANDOM(A) erzeugt Zufallszahl zwischen 0 und A vom Typ INTEGER
--------------------------------------------------------------
  Funktionsaufruf:       Erzeugte Zufalszahlen:

  RANDOM(10)             0,1,2,... oder 9
  RANDOM(10)+1           1,2,3,... oder 10
  RANDOM(10)+100+1       101,102,103,... oder 110
  RANDOM(A)+N+1          Eine ganze Zahl aus den A auf N
                         folgenden Zahlen zufällig auswählen


RANDOM erzeugt Zufallszahl zwischen 0 und 1 vom Typ REAL
-------------------------------------------------------
  RANDOM                 0.7855 oder 0.0112 ...
```

Erzeugen von Zufallszahlen mittels RANDOM

3.3.4.3 Darstellung als WHILE- oder REPEAT-Schleife

Ist eine Wiederholung von der Tastatureingabe abhängig, liegt stets eine Schleife des Typs "Bedingung in der Mitte" vor. Der Algorithmus dazu kann vereinfacht so dargestellt werden:

```
Vorbereitung der Schleife
  1: Anweisung(en)
  Ausgabe Texthinweis mit Endesignal (z.B. 'END'=Ende)
  Eingabe z.B. in die Variable EIN
    wenn EIN='END' dann Schleifenende
  Anweisung(en)
  gehe zu 1:
Ende
```

Da Pascal für diesen Schleifentyp keine Kontrollanweisung vorsieht, kann man ihn als WHILE- oder REPEAT-Schleife schreiben. Die Codierungen zu den Programmen MITTWHIL und MITTREP zeigen die zugehörigen Pascal-Lösungen:

```
PROGRAM MITTWHIL;
  {Schleife mit Bedingung in der Mitte als WHILE-Schleife}
VAR
  EIN: STRING[20];    {Eingabestring max. 20 Zeichen lang}

BEGIN
  WRITE('Eingabe (END=Ende)'); READLN(EIN);
  WHILE EIN<>'END' DO
  BEGIN
    WRITELN('... Anweisungen ...');
    WRITE('Eingabe (END=Ende)'); READLN(EIN)
  END;
WRITELN('Programmende.')
END.
```

```
PROGRAM MITTREP;
  {Schleife mit Bedingung in der Mitte als REPEAT-Schleife}
VAR
  EIN: STRING[20];    {Eingabestring max. 20 Zeichen lang}

BEGIN
  REPEAT
    WRITE('Eingabe (END=Ende)'); READLN(EIN);
    IF EIN<>'END' THEN WRITELN('... Anweisungen ...');
  UNTIL EIN='END';
  WRITELN('Programmende.')
END.
```

3.3.5 Zählerschleife mit FOR

3.3.5.1 Schleife mit Laufvariable

Läßt man ein Testprogramm auf verschiedenen Computern laufen, um über den Vergleich der Ergebnisse deren Leistungen zu beurteilen, spricht man von einem *Benchmark-Test*. Ein einfacher Test besteht darin, 2000 mal 10 durch 3 zu teilen, um über die hierfür benötigte Zeit dann auf die Verarbeitungsgeschwindigkeit des Computers bzw. der CPU zu schließen. Das folgende Programm BENCHMAR enthält dieses Testverfahren. Für die Ausführung benötigt Turbo Pascal ca. 8 Sekunden (dazu als Vergleich: Applesoft-BASIC benötigt ca. 15 Sekunden).

Das Programm BENCHMAR enthält in einer FOR-Anweisung eine Zählerschleife, die sich genau 2000 mal wiederholt: die Variable Z durchläuft die Werte 1,2,3,...,2000 und heißt deswegen auch *Laufvariable*. Da Z dabei jeweils um 1 hochgezählt wird, nennt man sie Zählervariable bzw. *Zähler*. Pascal stellt *FOR* als *Laufanweisung* zur Verfügung, um die *Zählerschleife* zu kontrollieren.

```
FOR-Schleife am Beispiel von Programm BENCHMAR:
----------------------------------------------
  FOR Z := 1 TO 2000 DO T:=10/3;
      |    |    |         |
      |____|____|_________|_____ Laufvariable bzw. Zähler Z.
           |____|_________|_____ Anfangswert 1 für Zähler.
                |_________|_____ Endwert 2000 für Zähler.
                          |_____ Zu wiederholende Anweisung.

Zählerschleife in Pascal allgemein:
-----------------------------------
  FOR L := AW TO EW DO Anweisung(en)
      |                    |
      |____________________|____ Laufvariable L vom gleichen
                           |     Typ wie Anfangswert AW und
                           |     Endwert EW (dabei AW<EW).
                           |____ Anweisungen in BEGIN-END.

  FOR L := AW DOWNTO EW DO Anweisung(en)
           |
           |____________________ Anfangswert AW > Endwert EW,
                                 L um jeweils 1 vermindert.
```

Zählerschleife mit Laufanweisung FOR

Im Programm BENCHMAR führt FOR die Zuweisung T:=10/3 für alle Werte der Laufvariablen Z zwischen Anfangswert 1 und Endwert 2000. Ist der Anfangs- größer als der Endwert, wird Laufanweisung überhaupt nicht ausgeführt. FOR geht dabei wie folgt vor:

(1) Ausdrücke von AW und EW auswerten (weiter, falls AW>EW).
(2) Der Zählervariablen Z den Anfangswert (z.B. 1) zuweisen.
(3) Die Anweisung(en) hinter DO ausführen (hier T:=10/3).
(4) Den Zähler um 1 erhöhen (TO) bzw. vermindern (DOWNTO).
(5) Weiter mit (3), falls AW nicht größer als EW ist.

Wichtig ist, daß AW und EW nur einmal vor dem Eintritt in die Schleife ausgewertet werden. Spätere Änderungen von AW und EW bleiben somit unberücksichtigt. Dasselbe gilt für Änderungen des Zählerinhaltes durch den Benutzer (Abschnitt 3.3.5.2).

Zur grafischen Darstellung der Zählerschleife:
Der PAP zu BENCHMAR zeigt die Sinnbilder der Zählerschleife: zwei 'abgeschrägte' Rechtecke für den Schleifenanfang (FOR) und das Schleifenende.
Die Zählerschleife ist eine abweisende Schleife. Deshalb wird sie als Struktogramm genauso wie die abweisende WHILE-Schleife (vgl. Abschnitt 3.3.2) dargestellt.

Struktogramm zu Programm BENCHMAR:

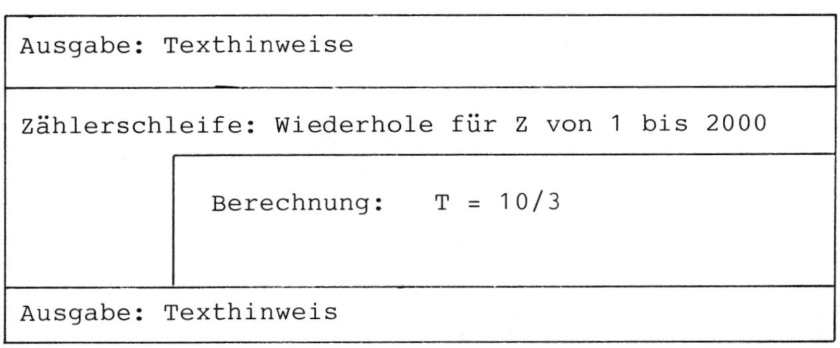

Algorithmischer Entwurf zu BENCHMAR:

```
Ausgabe Hinweise
Für Z von 1 bis 2000
  weise zu T:=10/3
Ende-Für
Ausgabe Hinweis
Ende
```

PAP zu BENCHMAR:

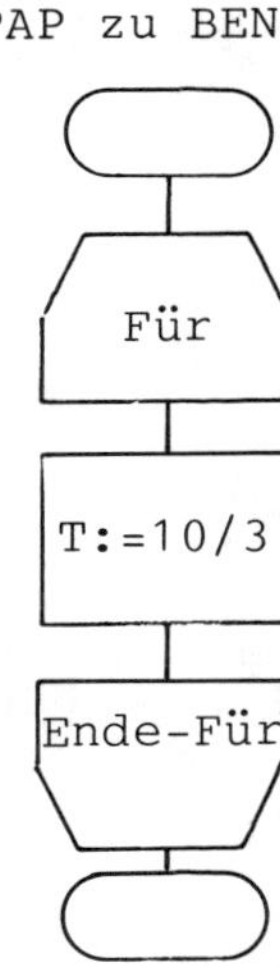

Ausführung zu Programm BENCHMAR:

```
Running
Test zur Verarbeitungsgeschwindigkeit.
0 - Testbeginn (bitte warten)
3.33 - Testende
```

Pascal-Codierung zu Programm BENCHMAR:

```
PROGRAM BENCHMAR;
  {Einfache Zaehlerschleife}
VAR
  T: REAL;
  Z: INTEGER;

BEGIN
  WRITELN('Test zur Verarbeitungsgeschwindigkeit.');
  T := 0; WRITELN(T:1:0,' - Testbeginn (bitte warten)');

  FOR Z := 1 TO 2000 DO T := 10/3;

  WRITELN(T:3:2,' - Testende');
END.
```

Als Laufvariable kann man alle Datentypen wählen, für die eine Ordnung gemäß der ORD-Funktion (Vorgänger, Nachfolger) angegeben werden kann. Dies gilt z.B. für die Typen INTEGER, BOOLEAN und CHAR (die abzählbare Werte umfassen), nicht jedoch für den Datentyp REAL (da diese Werte nicht abzählbar sind).
Oft wählt man eine Laufvariable vom Typ CHAR. Wie im Programm BUCHSTAB gezeigt wird, müssen Anfangs- wie Endwert dann ebenfalls den Datentyp CHAR haben. Die Funktion ORD(Zeichen) gibt die ASCII-Codezahl als Ordnungszahl des jeweiligen Buchstabens an: Der Buchstabe 'A' wird intern durch die Ordnungszahl 65 dargestellt und 'B' durch 66 (damit liegt 'A' vor 'B', da die Bedingung 65<66 erfüllt bzw. TRUE ist).

Codierung und Ausführung zu Programm BUCHSTAB:

```
PROGRAM BUCHSTAB;
  {Zaehlerschleife mit Laufvariable vom Typ CHAR}

VAR
  BUCHST: CHAR;

BEGIN
  WRITELN('11 Buchstaben und deren ASCII-Ordnungszahlen:');
  FOR BUCHST := 'K' DOWNTO 'A' DO
  BEGIN
    WRITE(BUCHST,'=');
    WRITE(ORD(BUCHST),' ')
  END; (*von FOR*)
  WRITELN; WRITELN('Ende.')
END.
```

```
Running
11 Buchstaben und deren ASCII-Ordnungsnummern:
K=75 J=74 I=73 H=72 G=71 F=70 E=69 D=68 C=67 B=66 A=65
Ende.
```

`FOR Z:=1 TO N DO WRITE('-');`	Linie mit N Zeichen '-'
`FOR LEER:=1 TO 20 DO WRITELN;`	20 Leerzeilen (Space) ausgeben

`FOR Z:=1 TO N`
`BEGIN`
`  Z:=Z*2;`
`  WRITELN(Z) .`
`END (*von FOR*);`
	Zahlen 2, 4, 6, 8, ..., N*2 untereinander ausgeben

`FOR ZAHL:=1 TO 50` `  DO SUMME:=SUMME+ZAHL;`	Zahlen 1,2,3,...,50 nach SUMME aufsummieren.
`FOR Z:='a' TO 'z'` `  DO WRITELN(Z);`	Die 26 Kleinbuchstaben des Alphabets ausgeben

Beispiele für gültige FOR-Anweisungen

3.3.5.2 Unechte Zählerschleife

Eine u n e c h t e Zählerschleife liegt vor, wenn mit der Laufanweisung FOR überhaupt nicht gezählt werden soll, d.h. wenn diese so bequem verwendbare Kontrollanweisung 'nur' zum Zwecke der Schleifensteuerung programmiert wird. Das folgende Programm FAHRTENB demonstriert das anhand einer Kfz-Benzinabrechnung. In einer Zählerschleife wird dazu über die Anweisung

```
FOR Z:=1 TO 999 DO ...          (Laufanweisung: Endwert groß)
```

mit 999 ein sehr großer und normalerweise nicht erreichbarer Endwert angegeben, da der eigentliche Schleifenausgang durch

```
IF K1=0 THEN GOTO 1          (Sprunganweisung: Schleifenende)
```

vorgesehen ist: Bei Eingabe von Null (K1=0?) wird die Schleife durch eine Verzweigung zur Sprungmarke bzw. Label 1 verlassen. Diese Möglichkeit ist nicht besonders klar. Sie widerspricht auch dem Prinzip der strukturierten Programmierung, für jede Programmstruktur nur je e i n e n Ein-/Ausgang vorzusehen (vgl. Abschnitt 1.3.5 und 1.6.4). In anderen Pascal-Dialekten (wie z.B. UCSD-Pascal) kann durch die Zuweisung Z:=999 während der Wiederholung dem Zähler der Endwert zugewiesen werden, um dann die Schleife "ganz normal" über die Laufanweisung FOR zu verlassen. In Turbo Pascal verbietet sich diese klare Lösung, da der Wert des Zählers durch den Benutzer zur Ausführungszeit n i c h t verändert werden darf. Aus diesem Grund sollte man in Turbo Pascal auf die unechte Zählerschleife verzichten.

Struktogramm zu Programm FAHRTENB:

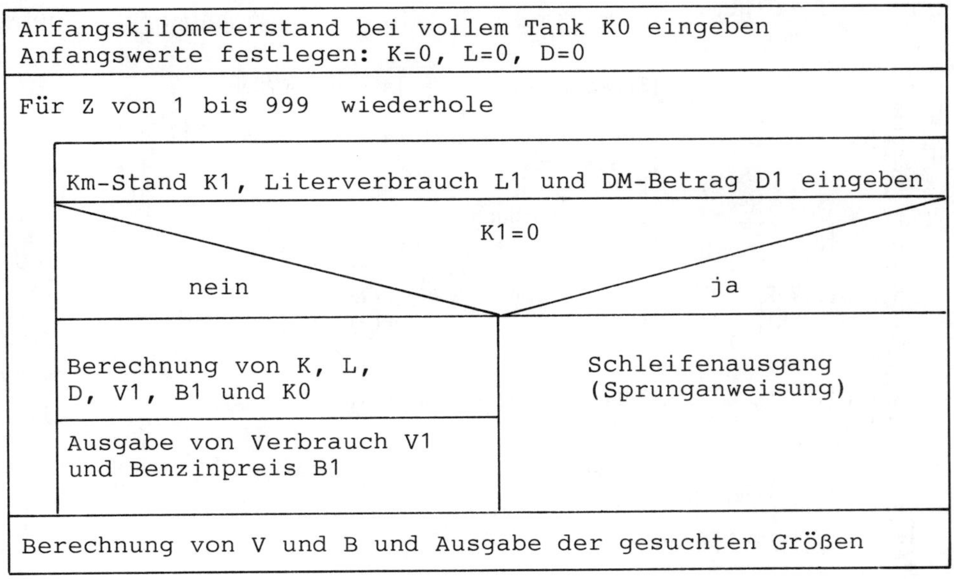

Ausführung zu Programm FAHRTENB mit zwei Tankeingaben:

```
Running
Kfz-Benzinverbrauchswerte ermitteln
aus Eintragungen im Fahrtenbuch.

Anfangskilometerstand (Tank voll) 60000
  1. Tanken: Km-Stand, Liter, DM (0=Ende)
Km-Stand          60100
Liter getankt     10.00
Rechnungsbetrag   14.00
Verbrauch:       10.0 Liter/100 km
Benzinpreis:      1.40 DM/Liter

  2. Tanken: Km-Stand, Liter, DM (0=Ende)
Km-Stand          60260
Liter getankt     20.00
Rechnungsbetrag   29.00
Verbrauch:       12.5 Liter/100 km
Benzinpreis:      1.45 DM/Liter

  3. Tanken: Km-Stand, Liter, DM (0=Ende)
Km-Stand              0

Kilometer gesamt      260.0  km
Ausgabe gesamt         43.00 DM
Verbrauch (Mittel)     11.54 Liter/100 km
Benzinpreis (Mittel)    1.43 DM/Liter
```

Pascal-Codierung zu Programm FAHRTENB:

```
PROGRAM FAHRTENB;
  {Programm mit unechter Zaehlerschleife}
LABEL
  1;                    {Sprungmarke zum Verlassen der Schleife}
VAR
  KO,                   {Anfangskilometerststand laut Fahrtenbuch}
  B1,                   {Benzinpreis}
  K1,                   {Kilometerstand laut Fahrtenbuch}
  L1,                   {Literverbrauch laut Fahrtenbuch}
  D1,                   {DM-Betrag fuer Tanken laut Fahrtenbuch}
  V1,                   {Verbrauch in Liter je 100 km}
  B,K,L,D,V,R: REAL;    {Entsprechende Gesamtwerte}
  Z: INTEGER;           {Laufvariable fuer Zaehlerschleife}

BEGIN
  WRITELN('Kfz-Benzinverbrauchswerte ermitteln');
  WRITELN('aus Eintragungen im Fahrtenbuch.');
  WRITELN;
  WRITE('Anfangskilometerstand (Tank voll) '); READLN(KO);
  K := 0; L := 0; D := 0;

  FOR Z := 1 TO 999 DO
    BEGIN
      WRITELN(Z:3,'. Tanken: Km-Stand, Liter, DM (0=Ende)');
      WRITE('Km-Stand         '); READLN(K1);
      IF K1 = 0
        THEN GOTO 1                          {Signal fuer Schleifenende}
        ELSE
          BEGIN
            WRITE('Liter getankt    '); READLN(L1);
            WRITE('Rechnungsbetrag '); READLN(D1);
            K1 := K1-KO; K := K+K1; L := L+L1; D := D+D1;
            V1 := 100 * L1 / K1;
            WRITELN('Verbrauch:      ',V1:5:1,' Liter/100 km');
            B1 := D1 / L1;
            WRITELN('Benzinpreis:     ',B1:3:2,' DM/Liter');
            KO := KO + K1; WRITELN;
          END  {von ELSE}
    END; {von FOR}

1: V := 100*L/K; B := D/L; WRITELN;
  WRITELN('Kilometer gesamt    ',K:7:1,' km');
  WRITELN('Ausgabe gesamt       ',D:6:2,' DM');
  WRITELN('Verbrauch (Mittel)   ',V:6:2,' Liter/100 km');
  WRITELN('Benzinpreis (Mittel) ',B:6:2,' DM/Liter');
END.
```

Zur Unterscheidung von offenen und geschlossenen Schleifen:
Zu Beginn jeder Ausführung des Programmes FAHRTENB ist vollkommen offen, wie oft die Schleife durchlaufen wird. Man nennt diese Schleife deshalb auch eine o f f e n e Schleife. Demgegenüber wurde Programm BENCHMAR als g e s c h l o s s e n e Schleife jeweils immer 2000 mal durchlaufen. Der Typenbildung von 'offenen und geschlossenen Schleifen' liegt also die Zahl der Schleifendurchläufe als Unterscheidungskriterium zugrunde.

3.3.5.3 Schachtelung von Zählerschleifen

Mehrere Programmstrukturen können entweder hintereinander oder geschachtelt in e i n e m Programm angeordnet sein (vgl. Abschnitt 1.3.5). Bei einer Schachtelung von Zählerschleifen ist zu beachten, daß die zuerst begonnene äußere Schleife zuletzt beendet wird, d.h. daß die innere Schleife vollständig eingeschachtelt ist. Als Beispiel für geschachtelte Zählerschleifen betrachten wir das Programm RATENSPA:
Die äußere Schleife des Programms hat eine Laufvariable JAHRE (im Ausführungsbeispiel für die JAHRE=1,2,3,4) und schachtelt eine innere Schleife MONATE für die Anzahl der jährlichen Einzahlungen (im Beispiel MONATE=1,2) ein. Die Ausgabetabelle hat acht Ausgabezeilen, da die WRITELN-Anweisung genau acht mal (4*2=8) durchlaufen wird.

Pascal-Codierung zu Programm RATENSPA:

```
PROGRAM RATENSPA;
  {Schachtelung von zwei Zaehlerschleifen}
VAR
  S,                  {Sparrate in DM gleichbleibend}
  P,                  {Jahreszinssatz in %}
  F,                  {Zinsfaktor aus der Zinsformel}
  K: REAL;            {Kapital als neues Endguthaben}
  V,                  {Vertragslaufzeit des Ratensparers}
  Z,                  {Anzahl der Zahlungen pro Jahr}
  JAHRE,              {Laufvariable fuer aeussere Jahresschleife}
  MONATE: INTEGER;    {Laufvariable fuer innere Monatsschleife}

BEGIN
  WRITELN('Entwicklung des Guthabens beim Ratensparen');
  WRITELN('als Uebersichtstabelle.');
  WRITE('Sparrate? '); READLN(S);
  WRITE('Zahlungen/Jahr? '); READLN(Z);
  WRITE('Vertragslaufzeit (Jahre)? '); READLN(V);
  WRITE('Zinssatz (% pro Jahr)? '); READLN(P);
  K := 0; F := 1 + P / Z / 100;
  WRITELN; WRITELN('   Jahr      Monat       Guthaben');

  FOR JAHRE := 1 TO V DO                     {aussen: Laufvariable JAHRE}
    BEGIN
      FOR MONATE := 1 TO Z DO                  {innen: Laufvariable MONATE}
        BEGIN
          K := (K + S) * F;
          WRITELN(JAHRE:6, MONATE:10,K:16:2);
        END; {von MONATE}                      {innen: Schleifenende}
      WRITELN;
    END; {von JAHRE}                         {aussen: Schleifenende}

  WRITELN('Ende.');
END.
```

Struktogramm zu Programm RATENSPA:

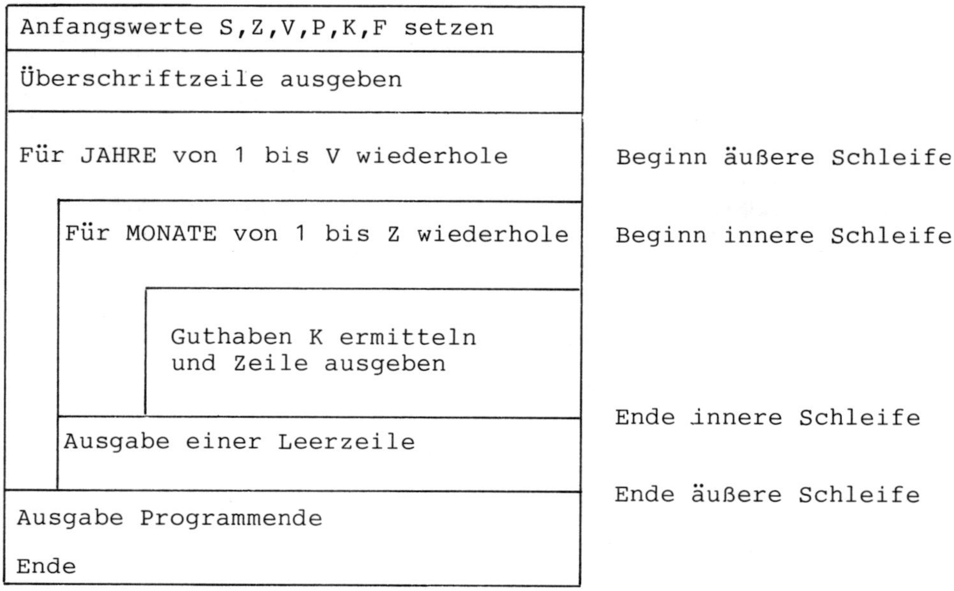

Ausführungen zu Programm RATENSPA:

```
Running
Entwicklung des Guthabens beim Ratensparen
als Uebersichtstabelle.
Sparrate?  200.00
Zahlungen/Jahr? 2
Vertragslaufzeit (Jahre)? 4
Zinssatz (% pro Jahr)? 12.00

   Jahr       Monat       Guthaben
    1           1          212.00
    1           2          436.72

    2           1          674.92
    2           2          927.42

    3           1         1195.06
    3           2         1478.77

    4           1         1779.49
    4           2         2098.26

Ende.
```

Das folgende Programm GERADE 'zeichnet' die Gerade y = mx + b und verwendet dazu zwei geschachtelte Zählerschleifen: Über die äußere Schleife mit der Laufvariablen X wird jeweils der nächste Punkt auf der X-Koordinate angesteuert. Über die innere Zählerschleife wird der Cursor um Y-1 Stellen nach rechts positioniert.

```
PROGRAM GERADE;
CONST
  YACHSE = ' 0123456789012345678901234567890123456789O   y';
VAR
  M,B,Y: REAL;
  X,I: INTEGER;

BEGIN
  WRITELN('Gerade  y = m * x  +  b  zeichnen.');
  WRITE('Geradensteigung m '); READLN(M);
  WRITE('y-Achsenabschnitt b '); READLN(B);
  WRITELN;
  WRITELN( YACHSE );
  FOR X := 1 TO 18 DO
    BEGIN
      Y := M * X + B;
      IF Y < 1
        THEN WRITELN(X:2)
        ELSE
          BEGIN
            WRITE(X:2);
            IF TRUNC(Y) < 45
              THEN
                BEGIN
                  FOR I := 1 TO TRUNC(Y)-1 DO WRITE(' ');
                  IF  Y >= 1  THEN  WRITELN('*');
                END
              ELSE
                WRITELN;
          END;
    END;
  WRITELN; WRITELN(' x');
END.
```

```
Gerade  y = m * x  +  b  zeichnen.
Geradensteigung m 2.0
y-Achsenabschnitt b 3.0

 012345678901234567890123456789012345678 9   y
 1    *
 2      *
 3        *
 4          *
 5            *
 6              *
 7                *
 8                  *
 9                    *
10                      *
11                        *
12                          *
13                            *
14                              *
15                                *
16                                  *
17                                    *
18                                      *

 x
```

3.3.5.4 Zähler mit Schrittweite ungleich eins

Ob man eine Laufvariable mit TO herauf- oder mit DOWNTO herabzählt, die Schrittweite beträgt in Pascal stets 1. Zum Abarbeiten einer Zählerschleife mit einer Schrittweite größer eins muß man die FOR-Anweisung dann umformulieren. In der Abbildung wird ein Beispiel mit der Schrittweite 0.1 wiedergegeben.

```
Nicht direkt in Pascal umsetzbarer Entwurf:
-------------------------------------------
  für X von 0.2 bis 1 bei Schrittweite 0.1 wiederhole
    weise zu  Y := X*2
    Ausgabe Y
  Ende-für

In Pascal umsetzbarer Entwurf:
------------------------------
  für Z von 2 bis 10 wiederhole
    weise zu  X := Z*0.1
    weise zu  Y := X*2
  Ausgabe Y
  Ende-für

  FOR Z:=2 TO 10 DO
  BEGIN
    X:=Z*0.1;                          X durchläuft die Werte
    Y:=X*2;                            0.2, 0.3, 0.4, ..., 1
    WRITE(Y,' ')
  END;
```

Zählerschleife mit Schrittweite 0.1 an einem Beispiel

Eine andere Möglichkeit besteht darin, die Zählerschleife mit der Schrittweite ungleich 1 in eine abweisende Schleife umzuwandeln. In der Abbildung wird dazu eine WHILE-Schleife dargestellt. Diese Schleife erklärt gleichzeitig die Arbeitsweise der Zählerschleife.

```
Zwei Entwürfe zur Zählerschleife mit Schrittweite SW:
----------------------------------------------------
  für Z von AW bis EW mit Schrittweite SW wiederhole
    Anweisung 1
    ...
    Anweisung n
  Ende-für

  weise zu Z:=AW
  solange Z kleiner oder gleich EW ist wiederhole
    Anweisung 1
    ...
    Anweisung n
    erhöhe  Z := Z + SW
  Ende-solange
```

```
Zählerschleife als WHILE-Schleife in Pascal:
-------------------------------------------
  Z:=AW;
  WHILE Z<=EW DO
  BEGIN
    Anweisung 1;                 Zähler Z durchläuft die Werte
    ...                          AW, AW+1*SW, AW+2*SW, ..., EW
    Anweisung n;
    Z:=Z+SW
  END;
                  AW=Anfangswert, EW=Endwert, SW=Schrittweite
```

Darstellung einer Zählerschleife als WHILE-Schleife

3.3.5.5 Globale und lokale Laufvariable

Im Programm ZAEHL1 sind wiederum zwei Zählerschleifen eingeschachtelt. Dabei wird für die äußere wie auch für die innere Schleife Z als Laufvariable vereinbart. Wie die Ausführung zu Programm ZAEHL1 zeigt, merkt sich Pascal "anscheinend z w e i Variablen namens Z". Zur Erklärung betrachten wir den letzten Durchlauf der äußeren Laufanweisung:

- Z hat den Wert 5. Da dieser Wert überall bekannt ist, nennt man dieses Z eine g l o b a l e Variable.
- Zu Beginn der inneren Schleife wertet Pascal die Anweisung
  FOR Z:=1 TO Z DO
  aus (vgl. Abschnitt 3.3.5.1) und erkennt als Endwert 5 und als Anfangswert 1. Die 1 wird nun einer zweiten Variablen Z zugewiesen, die als l o k a l e Variable bezeichnet wird, da ihr Gültigkeitsbereich sich nur auf die innere Laufanweisung bezieht.

Ausführung zu Programm ZAEHL1:

```
Running
Aussen: Zaehlerwert jetzt Z=1
      Innen: Zaehlerwerte Z=1

Aussen: Zaehlerwert jetzt Z=2
      Innen: Zaehlerwerte Z=1 2

Aussen: Zaehlerwert jetzt Z=3
      Innen: Zaehlerwerte Z=1 2 3

Aussen: Zaehlerwert jetzt Z=4
      Innen: Zaehlerwerte Z=1 2 3 4

Aussen: Zaehlerwert jetzt Z=5
      Innen: Zaehlerwerte Z=1 2 3 4 5
```

- Die innere Schleife wiederholt sich für die Zählerwerte 1-5 der lokalen Variablen Z. Der Endwert bleibt 5, da die Anzahl der Schleifendurchläufe durch eine Änderung von Z während der Ausführung n i c h t beeinflußt werden kann.

Gültigkeit einer Variablen:

Eine Variable ist in dem Aweisungsblock gültig, in dem sie vereinbart wurde, und in allen untergeordneten Blöcken, sofern die dort nicht neu vereinbart wird.

Globale Variable:

Variable, die überall gültig ist, also auch in einem übergeordeneten Block.

Lokale Variable:

Variable, die nur im jeweiligen Block gültig ist.

```
FOR Z:=1 TO Z DO
    |       |
    |_______|__________ Lokale Variable, da nur in diesem
            |           inneren DO-Block gültig.
            |__________ Globale Variable, da auch im über-
                        geordneten DO-Block der äußeren
                        Schleife gültig.
```

Globale und lokale Variable in Programm ZAEHL1

Pascal-Codierung zu Programm ZAEHL1:

```
PROGRAM ZAEHL1;
  {Geschachtelte Zaehlerschleifen mit lokaler und globaler Laufvariable}
VAR
  Z: INTEGER;  {Laufvariable}

BEGIN
  FOR Z := 1 TO 5 DO
  BEGIN
    WRITELN('Aussen: Zaehlerwert jetzt Z=',Z);
    WRITE('      Innen: Zaehlerwerte Z=');

      FOR Z := 1 TO Z DO
      BEGIN
        WRITE(Z,' ');
      END; {von innerer Schleife}

    WRITELN; WRITELN;
  END; {von aeusserer Schleife}
  WRITELN; WRITELN('Ende.')
END. {von ZAEHL1}
```

3

Programmierkurs mit Turbo Pascal

Grundkurs

3.1 Lineare Programme (Folgestrukturen)	
3.2 Verzweigende Programme (Auswahlstrukturen)	
3.3 Programme mit Schleifen (Wiederholungsstrukturen)	
3.4 Prozeduren und Funktionen (Unterprogrammstrukturen)	
3.5 Einfache Datentypen	
3.6 String als strukturierter Datentyp	
3.7 Array als strukturierter Datentyp	

3.4.1 Überblick

"Divide et impera - teile und herrsche" - dies gilt auch für das Programmieren: wird ein Programm in Unterprogramme aufgeteilt, ist es vom Anwender sicher besser lesbar und einfacher zu beherrschen. Unterprogramme sind selbständige Einheiten, die in der Programmiersprache Pascal als Prozeduren und als Funktionen vereinbart werden können.

Pascal stellt standardmäßig zahlreiche Prozeduren (z.B. CLRSCR zum Löschen des Bildschirmes) und Funktionen (z.B. STR() zum Umwandeln einer Zahl in einen String) zur Verfügung. Darüberhinaus kann der Benutzer selbst Prozeduren bzw. Funktionen vereinbaren, um damit den Befehlsvorrat seinen Vorstellungen gemäß zu erweitern. Im Abschnitt 3.4 wird auf diese benutzerdefinierten Unterprogramme genauer eingegangen. Wie die Abbildung zeigt, werden zuerst die Prozeduren erläutert. Da eine Funktion als spezielle Prozedurform aufgefaßt werden kann, gelten zahlreiche Kennzeichen von Prozeduren auch für die anschließend erklärten Funktionen.

```
                        Unterprogramme
            ┌──────────────────┴──────────────────┐
    Prozeduren                              Funktionen (3.4.6)
    ----------                              ----------

  Standardisiert und
  benutzervereinbart (3.4.2)

  Zweck von Prozeduren (3.4.3)

  Prozedur mit Ein-/                    Einstellige Funktion
  Ausgabeparameter (3.4.4)              (3.4.6.1)

  Prozedur mit                          Mehrstellige Funktion
  Eingabeparameter (3.4.5)              (3.4.6.2)
```

Prozeduren und Funktionen in Abschnitt 3.4

Programme haben den Zweck, Abläufe einfach, übersichtlich und gut lesbar darzustellen. Dazu dient das

- Einrücken gemäß den Programmstrukturen,
- Auswählen aussagekräftiger Namen (Bezeichner),
- Einfügen von Kommentar in den Programmtext und das
- Verwenden von Unterprogrammen.

Aufgrund der Blockstruktur von Pascal kommt der Verwendung von Unterprogrammen die entscheidende Bedeutung zu.

3.4.2 Standardisierte und benutzervereinbarte Prozeduren

Eine Prozedur kann man als "Programm im Programm" auffassen. READ z.B. ist der Name einer standardmäßig vereinbarten Prozedur; man nennt sie auch S t a n d a r d p r o z e d u r . Andere Standardprozeduren sind READLN, WRITELN , CLRSCR, usw.. Eine Prozedur wird zur Ausführung gebracht, indem man ihren Namen nennt bzw. a u f r u f t . Durch den Aufruf von CLRSCR werden die unter diesem Namen zusammenfaßten Befehle ausgeführt: Bildschirm löschen und Cursor nach links oben bringen. Bei den meisten Prozeduren müssen beim Aufruf hinter dem Namen ein (oder mehrere) P a r a m e t e r in Klammern angegeben werden. Mit dem Aufruf von READ(EIN) z.B. wird der eingegebene Text dem Parameter EIN als spezielle Variable übergeben. Es gibt also parameterlose Prozeduren (z.B. CLRSCR) und Prozeduren mit Parametern (z.B. READ(EIN)).

Sind bei den Standardprozeduren die Namen und die jeweiligen Anweisungsfolgen fest vorgegeben, können sie bei den benutzervereinbarten Prozeduren vom Benutzer gewählt werden. Dabei ist eine B e n u t z e r p r o z e d u r im Prinzip genauso aufgebaut wie jedes Programm: es besteht aus dem Namen, dem Vereinbarungs- und dem Anweisungsteil (vgl. Abbildung).

```
Vereinbarung im Vereinbarungsteil vom übergeordneten Programm:
---------------------------------------------------------------

  PROCEDURE Prozedurname (Parameterliste);
  Vereinbarungen;
  BEGIN
    Anweisungen;
  END;

Aufruf im Anweisungsteil des übergeordneten Programms:
-----------------------------------------------------

  Prozedurname (Parameterliste)
```

Benutzervereinbarte Prozedur als "Programm im Programm"

3.4.3 Zweck von benutzervereinbarten Prozeduren

3.4.3.1 Gliederung umfangreicher Programme

Umfangreiche Programme sind übersichtlicher und besser lesbar, wenn man sie gliedert. Eine Möglichkeit zur Gliederung besteht darin, daß man die Programmteile als Prozeduren schreibt, d.h. als in sich abgeschlossene Unterprogramme mit Programmname, Vereinbarungs- und Anweisungsteil als jeweiligen Teilen.

In Abschnitt 3.1.5 wurde die Gliederung "Eingabe-Verarbeitung-Ausgabe" am Beispiel des Programmes PREIS1 demonstriert. Diese drei Teile kann man als Prozeduren bzw. Unterprogramme namens EINGABE, VERARBEITUNG und AUSGABE vereinbaren und dann einzeln aufrufen. Das Programm PREIS2 zeigt dies. Die Programme PREIS1 und PREIS2 laufen mittels 'Running' genau gleich ab.

Pascal-Codierung zu Programm PREIS2:

```
PROGRAM PREIS2;
  {Eingabe-, Verarbeitungs- und Ausgabeteil als Unterprogramme}

VAR
  P: REAL;

PROCEDURE EINGABE;                    {Vereinbarung der 1. Prozedur}
BEGIN
  WRITE('Alter Preis: '); READLN(P);
END; {von EINGABE}

PROCEDURE VERARBEITUNG;               {Vereinbarung der 2. Prozedur}
BEGIN
  P := P-P*15/100;
END; {von VERARBEITUNG}

PROCEDURE AUSGABE;                    {Vereinbarung der 3. Prozedur}
BEGIN
  WRITELN('Neuer Preis:',P:8:2);
END; {von AUSGABE}


BEGIN
  EINGABE;                            {Aufruf der 1. Prozedur}
  VERARBEITUNG;                       {Aufruf der 2. Prozedur}
  AUSGABE;                            {Aufruf der 3. Prozedur}
END. {von PREIS2}
```

Ausführung zu den Programmen PREIS1 sowie PREIS2:

```
Alter Preis:  200.00
Neuer Preis:  170.00
Running
Alter Preis: 1250.45
Neuer Preis: 1062.88
```

Pascal-Codierung zu Programm PREIS1:

```
PROGRAM PREIS1;
VAR
  P: REAL;

BEGIN
  WRITE('Alter Preis: '); READLN(P);
  P := P - P * 15 / 100;
  WRITELN('Neuer Preis:',P:8:2);
END.
```

Struktogramm zu Programm PREIS2:

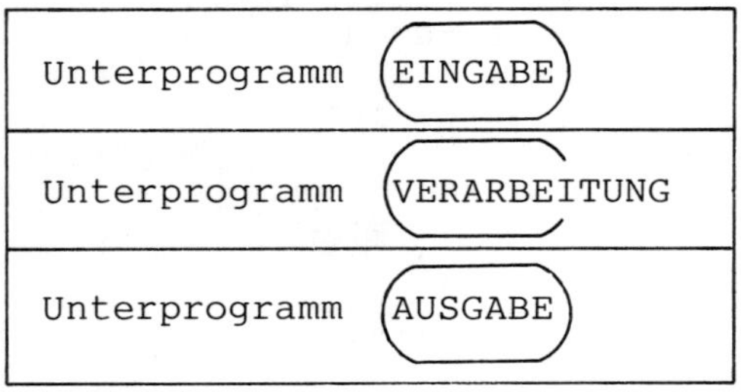

PAP zu Programm PREIS2:

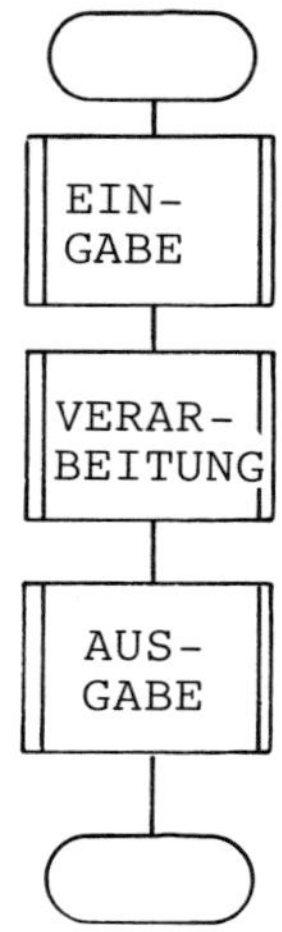

Algorithmischer Entwurf zu Programm PREIS2:

```
Aufruf von EINGABE
Aufruf von VERARBEITUNG
Aufruf von AUSGABE
Ende
```

Nach Ausführung einer Prozeduranweisung erfolgt die Rückkehr zur Stelle des Prozeduraufrufs im übergeordneten Programm. Der Prozeduraufruf von z.B. EINGABE ist mit dem Aufruf einer Anweisung vergleichbar: die Anweisungen von EINGABE werden ausgeführt, um dann die Kontrolle wieder an das rufende Programm (hier PREIS2) zu übergeben.

Bei den Prozeduren des Programms PREIS2 ist der Vereinbarungsteil jeweils leer. Dies muß nicht so sein. Da die Prozedur ein ganz 'normal' aufgebautes 'Programm im Programm' ist, können im Vereinbarungsteil Label (LABEL), Konstante (CONST), Datentypen (TYPE), Variablen (VAR) bzw. weitere Prozeduren (PROCEDURE) festgelegt werden.
Als Beispiel dazu wird die Prozedur VERARBEITUNG so verändert, daß eine Konstante namens PROZENT zur Aufnahme der gleichbleibenden 15 % vereinbart wird (Programmname: PREIS3). Das Programm PREIS3 läuft nach dieser Änderung genau wie PREIS2 ab.

Zur Darstellung von Unterprogrammen im Struktogramm:
Neben der oben wiedergegebenen Form (Prozedurname in ein Oval gesetzt) kann man die Unterprogramme auch als 'eigenständige Programme' jeweils wie folgt in einen eigenen 'Rahmen' setzen:

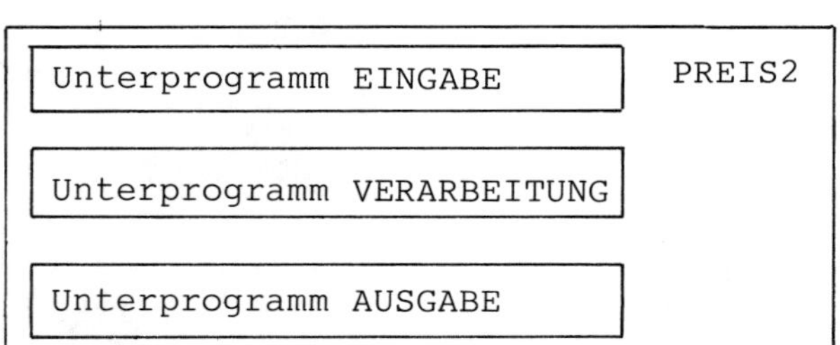

Programm PREIS3 mit CONST in Prozedur VERARBEITUNG:

```
PROGRAM PREIS3;
  {Eingabe-, Verarbeitungs- und Ausgabeteil als Unterprogramme}

VAR
  P: REAL; — — — — — — P als globale
                         Variable ist in allen Un-
PROCEDURE EINGABE;       terprogrammen bekannt.
BEGIN
  WRITE('Alter Preis: '); READLN(P);
END; {von EINGABE}

PROCEDURE VERARBEITUNG;
CONST
  PROZENT=0.15; — — — — —PROZENT als lokale
BEGIN                    Konstante ist nur innerhalb
  P := P-P*PROZENT;      der Prozedur VERARBEITUNG
END; {von VERARBEITUNG}  bekannt.

PROCEDURE AUSGABE;
BEGIN
  WRITELN('Neuer Preis:',P:8:2);
END; {von AUSGABE}


BEGIN
  EINGABE;                        {Aufruf der 1. Prozedur}
  VERARBEITUNG;                   {Aufruf der 2. Prozedur}
  AUSGABE;                        {Aufruf der 3. Prozedur}
  WRITELN('Testausgabe:');
  WRITELN('P als global bekannt: ',P);
  WRITELN('PROZENT als lokal unbekannt: ',PROZENT);
END.                                      \
                                           \
                          Beim Übersetzen erscheint
                          "Error 41" für "Bezeichner
                          PROZENT ist unbekannt"
```

In Pascal wird ein Programm stets in Blöcke gegliedert. Die Blockstruktur läßt sich als Blockdiagramm veranschaulichen.

Blockdiagramm zu Programm PREIS2:

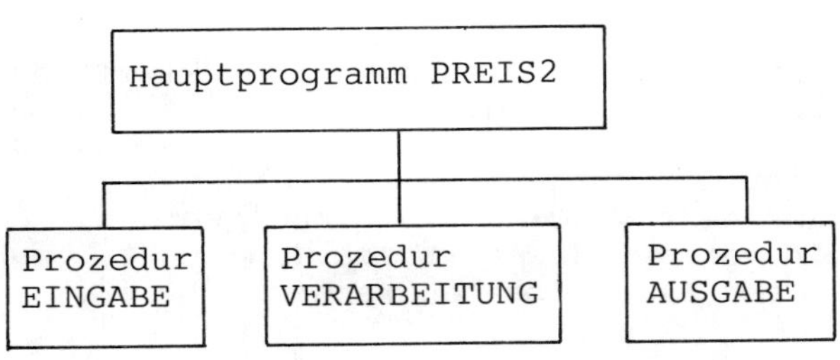

Ebene 0 als übergeordnete Ebene

Ebene 1 als untergeordnete Ebene

Die Blockstruktur legt den G ü l t i g k e i t s b e r e i c h von Variablen fest.
Eine Konstante oder Variable ist immer nur in dem Block gültig, in dem sie vereinbart wurde, und in allen untergeordneten Blöcken, sofern der gleiche Name nicht neu vereinbart wurde. Die Konstante PROZENT ist somit nur im Unterprogramm VERARBEITUNG bekannt bzw. gültig. PROZENT heißt l o k a l e Konstante. Würde man in der Prozedur AUSGABE WRITELN(PROZENT); programmieren, ergibt sich ein Fehler. Wie Programm PREIS3 zeigt, erhält man denselben Fehler auch bei Angabe dieser Anweisung im Hauptprogramm. Als lokale Größe wird PROZENT nach dem Aufruf der Prozedur VERARBEITUNG eingerichtet und nach der Rückkehr in das rufende Hauptprogramm wieder gelöscht.

Gültigkeitsbereich einer Größe:

- Der Block, in dem sie vereinbart ist.
- Alle untergeordneten Blöcke, sofern derselbe Name nicht neu vereinbart wird.

Lokale Größe:

PROZENT ist l o k a l bezüglich der Prozedur VERARBEITUNG, da PROZENT in diesem Block vereinbart wurde.

Globale Größe:

P ist g l o b a l bezüglich der Prozedur VERARBEITUNG, da P im Hauptprogramm als übergeordnetem Block vereinbart wurde.

Blockdiagramm zu PREIS2:

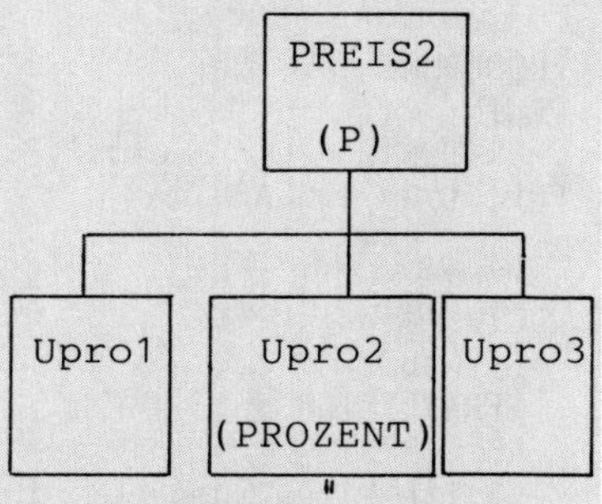

= Prozedur VERARBEITUNG

Upro=Unterprogramm bzw. Prozedur

Gültigkeitsbereich von Größen: lokal oder global

3.4.3.2 Wiederholter Aufruf eines Ablaufes

Wird ein bestimmter Ablauf in einem Programm mehrfach benötigt, ist es sinnvoll, diesen Ablauf als Prozedur zu programmieren. Die Prozedur kann dann mehrfach aufgerufen werden, obwohl sie nur einmal vereinbart wurde. Damit verkürzt sich der Programmtext insgesamt.
Als Beispiel dazu betrachten wir das Programm DEMOUPR1 mit der parameterlosen Prozedur ERHOEHEN, die die in der Variablen PAR gerade gespeicherte Zahl jeweils um 10 erhöht. Diese Prozedur dur wird zweimal hintereinander aufgerufen: Zunächst soll der Inhalt von X und dann der Wert von Y um 10 erhöht werden. Da die zu erhöhende Zahl in verschiedenen Variablen steht, muß sie jeweils an den Parameter PAR übergeben werden.

```
1. Aufruf von Prozedur ERHOEHEN mit X=97:
-----------------------------------------
  PAR:=X;
  ERHOEHEN;                  97 ---> [PAR:=PAR+10] ---> 107
  X:=PAR;

2. Aufruf von Prozedur ERHOEHEN mit Y=18:
-----------------------------------------
  PAR:=Y;
  ERHOEHEN;                  18 ---> [PAR:=PAR+10] ---> 28
  Y=PAR;
```

Parameterübergabe "von Hand" am Beispiel von Prozedur ERHOEHEN

Die **Parameterübergabe** erfolgt vor und nach dem Prozeduraufruf. Sie ist recht mühsam, da sie vom Programmierer "von Hand" durchgeführt wird. Das Programm DEMOUPR2 im folgenden Abschnitt 3.4.4 zeigt, daß die Parameterübergabe von Pascal übernommen werden kann.

Pascal-Codierung zu Programm DEMOUPR1:

```
PROGRAM DEMOUPR1;
  {Demonstration zum zweimaligen Unterprogrammaufruf}
VAR
  X,Y,        {Eingabewerte}
  PAR: REAL;  {Parameter zur Uebergabe von Werten in das
               Unterprogramm und zurueck zum rufenden Programm}

PROCEDURE ERHOEHEN;
BEGIN
  PAR := PAR + 10;
END;

BEGIN
  WRITELN('Ein Unterprogramm zweimal aufrufen.');
  WRITE('Wert von X <--- '); READLN(X);
    PAR:=X; ERHOEHEN; X:=PAR;                    {1. Unterprogrammaufruf}
  WRITELN('X um 10 erhoeht ---> ', X:4:2);
  WRITE('Wert von Y <--- '); READLN(Y);
    PAR:=Y; ERHOEHEN; Y:=PAR;                    {2. Unterprogrammaufruf}
  WRITELN('Y um 10 erhoeht ---> ', Y:4:2);
  WRITELN('Ende.');
END.
```

Ausführungen zu Programm DEMOUPR1:

```
Running
Ein Unterprogramm zweimal aufrufen.
Wert von X <--- 97
X um 10 erhoeht ---> 107.00
Wert von Y <--- 18
Y um 10 erhoeht ---> 28.00
Ende.
```

3.4.4 Prozedur mit Ein-/Ausgabeparameter

Programm DEMOUPR2 hat eine Prozedur, bei der in der Kopfzeile hinter dem Prozedurnamen ERHOEHEN ein Parameter PAR angegeben wird. Das Wort PAR legt fest, daß es sich bei diesem Parameter um einen E i n - / A u s g a b e p a r a m e t e r handelt. Durch PAR fließt Information vom rufenden Hauptprogramm namens DEMOUPR2 in die Prozedur ERHOEHEN hinein (z.B. 97), um erhöht wieder ans übergeordnete Hauptprogramm zurückgegeben zu werden (z.B. 107).

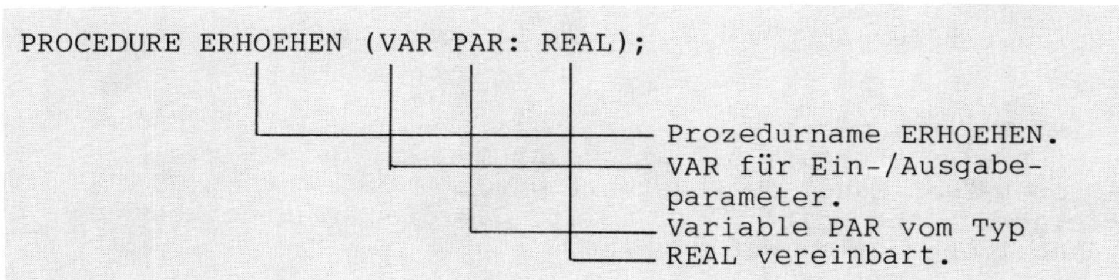

Prozedurvereinbarung mit PAR als Ein-/Ausgabeparameter

Wie in der Abbildung dargestellt wird, kann man sich die Prozedur ERHOEHEN als eine Programmschachtel vorstellen, die ein Fenster zur Eingabe und eines zur Ausgabe hat. Durch die Fenster werden Daten bzw. Zahlen gereicht, die in Datenschachteln

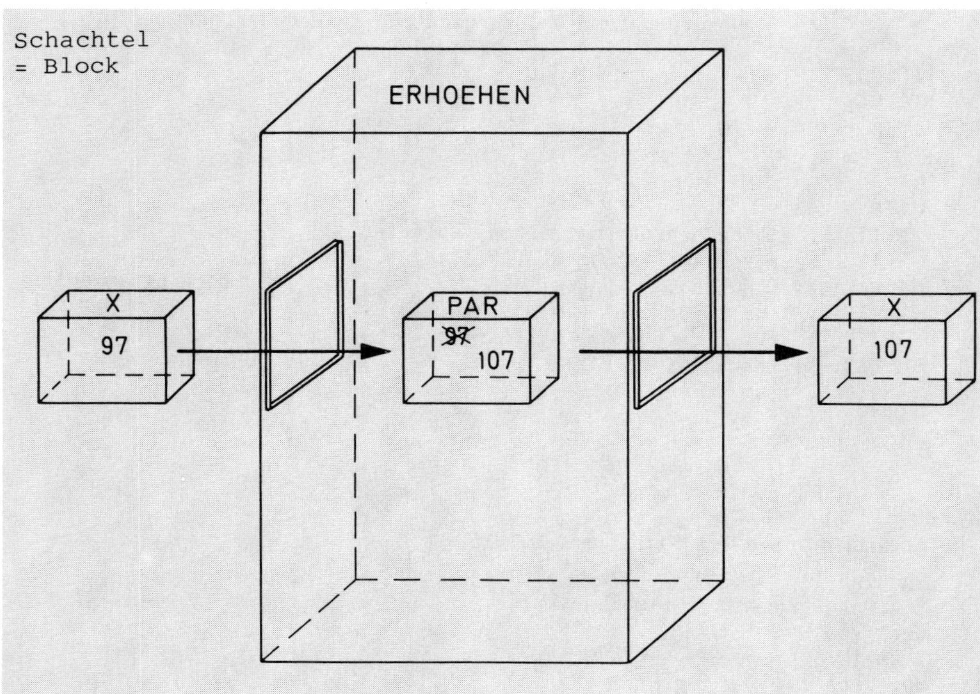

ERHOEHEN als Programm- sowie PAR und X als Datenschachteln

abgelegt sind. Beim ersten Aufruf der Prozedur ERHOEHEN wird eine Datenschachtel X hereingereicht mit der Zahl 97 als Inhalt, die sodann in der Datenschachtel PAR abgelegt wird. Die Prozedur erhöht nun den Inhalt der Schachtel PAR um 10, um abschließend die erhöhte Zahl 107 durch das Ausgabefenster wieder in die Schachtel X abzulegen. Der Inhalt von PAR ist nur innerhalb der Programmschachtel ERHOEHEN bekannt; PAR ist deshalb eine *lokale* Variable. X hingegen ist (auch) außerhalb der Prozedur in der übergeordneten Hauptprogrammschachtel DEMOUPR2 bekannt und wird *globale* Variable genannt. Beim zweiten Aufruf der Prozedur durch die Prozeduranweisung ERHOEHEN(Y) wird nicht der Inhalt von X, sondern der von Y an PAR übergeben. PAR wird häufig als *formaler* Parameter bezeichnet, da er beim Prozeduraufruf die jeweils angegebenen *aktuellen* Parameter X und Y vertritt.

Beim Prozeduraufruf werden die aktuellen Parameter hinter dem Prozedurnamen in Klammern (in der Parameterliste) angegeben. Gültige Prozeduranweisungen sind z.B. ERHOEHEN(X), ERHOEHEN(a) und ERHOEHEN(ErsteZahl) mit den aktuellen Parametern X, a und ErsteZahl. Der Aufruf mittels ERHOEHEN(97) dagegen ist fehlerhaft, da die Konstante 97 zwar in die Prozedur hinein-, nicht aber verändert wieder ausgegeben werden kann (wohin denn?).

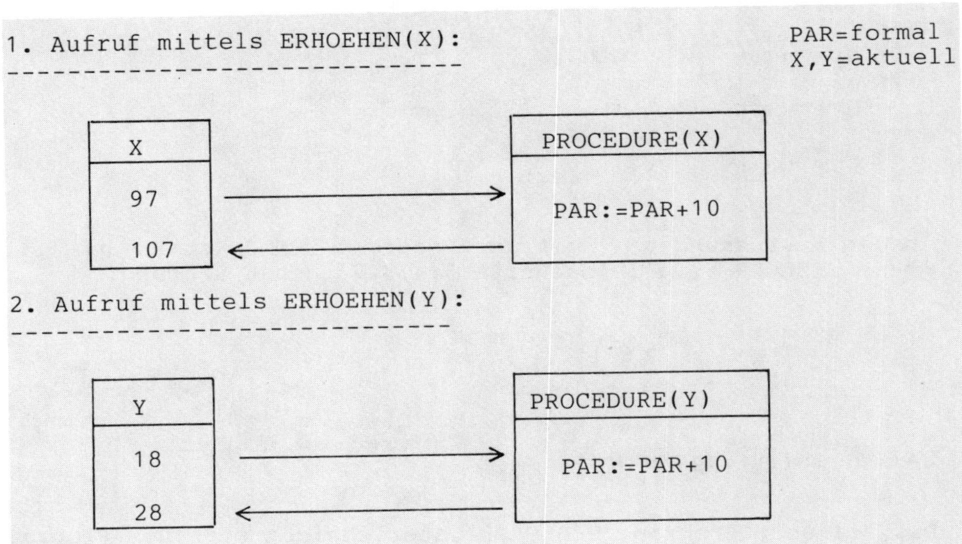

Prozeduraufruf mit jeweils anderen aktuellen Parametern

Die Abbildung zeigt, daß PAR als formaler Parameter den Inhalt des jeweiligen aktuellen Parameters übernimmt (=Eingabe), um ihn nach der Erhöhung um 10 wieder ans rufende Hauptprogramm zu übergeben (=Ausgabe).

Pascal-Codierung und Ausführung zu Programm DEMOUPR2:

```
PROGRAM DEMOUPR2;
  {Demonstration zum zweimaligen Unterprogrammaufruf}
VAR
  X,Y: REAL;  {Eingabewerte}                  {X,Y = aktuelle Parameter}

PROCEDURE ERHOEHEN(VAR PAR: REAL);            {PAR = formaler Parameter}
BEGIN
  PAR := PAR + 10;
END;

BEGIN
  WRITELN('Ein Unterprogramm zweimal aufrufen.');
  WRITE('Wert von X <--- '); READLN(X);
    ERHOEHEN(X);                              {1. Unterprogrammaufruf}
  WRITELN('X um 10 erhoeht ---> ', X:4:2);
  WRITE('Wert von Y <--- '); READLN(Y);
    ERHOEHEN(Y);                              {2. Unterprogrammaufruf}
  WRITELN('Y um 10 erhoeht ---> ', Y:4:2);
  WRITELN('Ende.');
END.
```

```
Running
Ein Unterprogramm zweimal aufrufen.
Wert von X <--- 97
X um 10 erhoeht ---> 107.00
Wert von Y <--- 18
Y um 10 erhoeht ---> 28.00
Ende.
```

In den Ausführungen stimmt das Programm DEMOUPR2 mit dem Programm DEMOUPR1 (vgl. Abschnitt 3.4.3.2) genau überein.

3.4.5 Prozedur mit Eingabeparameter

Das folgende Programm DEMOUPR3 unterscheidet sich vom Programm DEMOUPR2 (Abschnitt 3.4.4) dadurch, daß die Variable PAR jetzt als E i n g a b e p a r a m e t e r vereinbart ist und nicht mehr als Ein-/Ausgabeparameter. Die Programmschachtel ERHOEHEN hat deshalb nur noch e i n Fenster, durch das der aktuelle Eingabewert in den Parameter PAR eingegeben wird. Die Prozedur ERHOEHEN kann auf diesen Wert nur l e s e n d zugreifen; er kann von ihr nicht beschrieben, verändert bzw. an eine Ergebnisvariable ins Hauptprogramm zurückgegeben werden. Aus diesem Grunde ist die WRITELN-Anweisung nun in die Prozedur aufgenommen worden. In der Parameterliste einr Prozedur wird ein Eingabeparameter o h n e das Wort VAR gekennzeichnet.

Pascal-Codierung und Ausführung zu Programm DEMOUPR3:

```
PROGRAM DEMOUPR3;
  {Demonstration: zweimaliger Unterprogrammaufruf mit Eingabeparametern}

VAR
  X,Y: REAL;  {Eingabewerte}                    {X,Y = aktuelle Parameter}

PROCEDURE ERHOEHEN(PAR: REAL);                  {PAR = formaler Eingabe-}
BEGIN                                                 {parameter}
  PAR := PAR + 10;
  WRITELN(PAR:4:2);
END;

BEGIN
  WRITELN('Ein Unterprogramm zweimal aufrufen.');
  WRITE('Wert von X <--- '); READLN(X);
  WRITE('X um 10 erhoeht ---> ');
    ERHOEHEN(X);
  WRITE('Wert von Y <--- '); READLN(Y);
  WRITE('Y um 10 erhoeht ---> ');
    ERHOEHEN(Y);
WRITELN('Ende.');
WRITELN('Kontrollausgabe: X=',X:4:2,' , Y=',Y:4:2); {X,Y=global}
END.
```

Ausfuehrung zu DEMOUPR2:

```
Running
Ein Unterprogramm zweimal aufrufen.
Wert von X <--- 9999
X um 10 erhoeht ---> 10009.00
Wert von Y <---  1
Y um 10 erhoeht ---> 11.00
Ende.
Kontrollausgabe: X=9999.00 , Y=1.00
```

Wie die Abbildung zeigt, kann die Prozedur durch ERHOEHEN(X) oder auch durch ERHOEHEN(7) aufgerufen werden. Deshalb spricht man auch von PAR als K o n s t a n t e n p a r a m e t e r . Die englische Bezeichnung 'Call by Value' verdeutlicht, daß beim Aufruf (call) der Wert des aktuellen an den formalen Parameter übergeben wird, und daß anschließend keine Variablensubstitution stattfindet; diese würde einen Ein-/Ausgabeparameter voraussetzen (als 'Call by reference' bezeichnet).

Zur Ausführung von Programm DEMOUPR3:
Wie die "Kontrollausgabe" von X=9999.00 und Y=1.00 zeigt, sind über die aktuellen Parameter X und Y zwar die Werte 9999 und 1 an die Prozedur ERHOEHEN übergeben, nicht aber verändert worden.

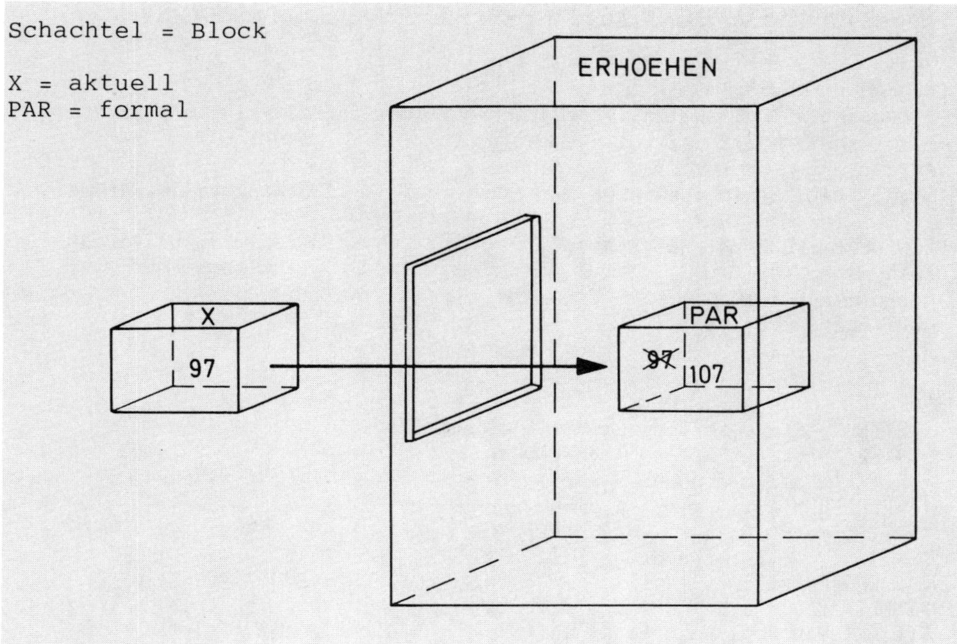

Prozedur ERHOEHEN mit einem Fenster für den Eingabeparameter

Prozedur ERHOEHEN mit

Ein-/Ausgabeparameter:	Eingabeparameter:
PROCEDURE ERHOEHEN(VAR PAR:REAL)	PROCEDURE ERHOEHEN(PAR:REAL)
ein → ERHOEHEN → aus	ein → ERHOEHEN
- lesender und schreibender Zugriff auf PAR. Rückübergabe an das rufende Hauptprogramm.	- nur lesender Zugriff von ERHOEHEN auf PAR. Keine Übergabe an Hauptprogramm.
- Beispiele für Aufruf: PROCEDURE(X), PROCEDURE(EING), Programm DEMOUPR2.	- Beispiele für Aufruf: PROCEDURE(X), PROZEDURE(7) Programm DEMOUPR3.
- Bezeichnungen: Variablen-, Ergebnisparameter, Variablensubstitution, Call by Reference.	- Bezeichnungen: Konstanten-, Werteparameter, Call by Value.

Ein-/Ausgabeparameter und Eingabeparameter

3.4.6 Funktion als Unterprogramm mit einem Ergebniswert

3.4.6.1 Einstellige Funktion

Ein Unterprogramm, das genau e i n e n Wert als Ergebnis zur Verfügung stellt, kann in Pascal als F u n k t i o n vereinbart werden. Den Ergebniswert nennt man dann Funktionswert. Im Programm DEMOUPR4 wird das in den Programmen DEMOUPR1-3 bisher als Prozedur vereinbarte Unterprogramm ERHOEHEN als Funktion dargestellt. Dabei zeigt sich, daß die Funktion ERHOEHEN mit Ausnahme der Kopfzeile denselben Aufbau hat wie die gleichnamige Prozedur.

```
FUNCTION Name (Parameterliste): Ergebnistyp;
           |          |          |
           |__________|__________|__Name der Funktion.
                      |__________|__Liste der Eingabe- bzw.
                                 |  Ein-/Ausgabeparameter.
                                 |__Datentyp für den
                                    Funktionswert.

Drei Beispiel zur Vereinbarung:
------------------------------
  FUNCTION ERHOEHEN (PAR:REAL): REAL;
  FUNCTION MAXREAL (Zahl1,Zahl2:REAL): REAL;
  FUNCTION MAXBOOL (Zahl1,Zahl2:REAL): BOOLEAN ;

Drei Beispiele zum Aufruf:
-------------------------
  ERHOEHEN(97);
  MAXREAL(X,6);
  MAXBOOL(9.645,Ein2);
```

Benutzervereinbarte Funktion als "Programm im Programm"

Betrachten wir die Funktion ERHOEHEN im Programm DEMOUPR4 nun genauer:

- Die Vereinbarung wird mit dem Wort FUNCTION begonnen.

- In der formalen Parameterliste können wie bei der Prozedur die formalen Eingabe- bzw. Ein-/Ausgabeparameter (durch VAR gekennzeichnet) genannt werden. Die Funktion ERHOEHEN weist einen Eingabeparameter namens PAR auf.

- Hinter dem ":" wird der Datentyp des Funktionswertes angegeben. Dieser Wert wird dem rufenden Programm nach Ausführung der Funktion ERHOEHEN dann übergeben.

- Im Anweisungsteil der Funktion muß m i n d e s t e n s eine Wertzuweisung an den Funktionsnamen ERHOEHEN erfolgen. Dadurch wird der Funktionswert bekannt gemacht.

- Anders als der Prozeduraufruf kann der Funktionsaufruf keine eigene Anweisung darstellen, sondern er muß stets als Teil einer anderen Anweisung angegeben werden wie z.B.:
  - der Zuweisung WERT:=ERHOEHEN(X)
  - der Ausgabe WRITELN(ERHOEHEN(X))
  - der Auswahl IF ERHOEHEN(X)=200 THEN ....

- Im Programm DEMOUPR4 hätte man den Funktionsaufruf auch als

  WRITELN('X um 10 erhoeht ---> ',ERHOEHEN(X):4:2);

  innerhalb der WRITELN-Anweisung zur Ausführung bringen können,um sich so die Zuweisung X:=ERHOEHEN(X); zu ersparen.

Pascal-Codierung zu Programm DEMOUPR4:

```
PROGRAM DEMOUPR4;
  {Demonstration zum zweimaligen Aufruf einer Funktion}
VAR
  X,Y: REAL;  {Eingabewerte}                    {X,Y = aktuelle Ein-
                                                      gabeparameter

FUNCTION ERHOEHEN( PAR: REAL): REAL;            {PAR = formaler Ein-}
BEGIN                                           {gabeparameter}
  ERHOEHEN := PAR + 10;
END;

BEGIN
  WRITELN('Ein Unterprogramm zweimal aufrufen.');
  WRITE('Wert von X <--- '); READLN(X);
    X := ERHOEHEN(X);                           {1. Funktionsaufruf}
  WRITELN('X um 10 erhoeht ---> ', X:4:2);
  WRITE('Wert von Y <--- '); READLN(Y);
    Y := ERHOEHEN(Y);                           {2. Funktionsaufruf}
  WRITELN('Y um 10 erhoeht ---> ', Y:4:2);
  WRITELN('Ende.');
END.
```

Algorithmischer Entwurf zu Programm DEMOUPR4:

```
Tastatureingabe nach X als aktuellem Parameter
Aufruf Funktion ERHOEHEN(X)
Ausgabe Ergebnis
Tastatureingabe nach Y als zweitem aktuellen Parameter
Aufruf Funktion ERHOEHEN(Y)
Ausgabe Ergebnis
Ende
```

3.4.6.2 Mehrstellige Funktion

Eine Funktion hat stets nur e i n e n Funktionswert als Ausgabeparameter. Dieser muß ein einfacher Datentyp sein (also CHAR, BYTE, INTEGER, REAL bzw. BOOLEAN) oder ein STRING bzw. Zeigertyp.
Bei der Gestaltung der Parameterliste hingegen gelten dieselben Vorschriften wie bei der Prozedur: man ist frei hinsichtlich der Wahl der Datentypen sowie der Anzahl der Parameter. Es sollte jedoch vermieden werden, daß Funktionen Ein-/Ausgabeparameter oder globale Variablen verändern, da dies immer zu unübersichtlichen Programmen führt. Also: K e i n e Funktionen mit Ein-/Ausgabeparametern bzw. dem Schlüsselwort VAR in der Parameterliste.

Eine m e h r s t e l l i g e Funktion weist mehrere formale Parameter auf. Das Programm MAXZWEI1 enthält zwei mehrstellige Funktionen:

- Die Funktion MAXREAL hat zwei Eingabeparameter vom Typ REAL: Zahl1, Zahl2. Der Funktionswert ist vom gleichen Typ. Die Funktion ermittelt das Maximum der beiden Eingabewerte und übergibt das Maximum dann dem rufenden Programm über seinen Funktionsnamen MAXREAL. Das der Ergebnistyp REAL ist, nennt man MAXREAL auch eine n u m e r i s c h e Funktion.

- Die Funktion MAXBOOL hat dieselben Eingabeparameter wie die Funktion MAXREAL, während der Funktionswert vom Typ BOOLEAN ist. MAXBOOL liefert deswegen einen der Funktionswerte FALSE oder TRUE im rufenden Programm ab. In Abhängigkeit dieser beiden Wahrheitswerte wird mit der Abfrage
  `IF MAXBOOL(Ein1,Ein2) ...`
  dann die jeweilige Textausgabe vorgenommen. MAXBOOL wird als B o o l e s c h e Funktion bezeichnet.

Ausführung zu Programm MAXZWEI1:

```
Running
Maximum von 8 und 9.75 ist:  9.7500000000E+00
Maximum von 8 und 9.75 ist:  9.75
Maximum von 8, 9.75, 99.22 und 3.16 ist: 99.22
Zwei Zahlen eingeben (0 0=Ende)?   6.50  7.50
Maximum ist: 7.50 als zweite Zahl.
Zwei Zahlen eingeben (0 0=Ende)?   3.33  2.22
Maximum ist: 3.33 als erste Zahl.
Zwei Zahlen eingeben (0 0=Ende)?   0.00  0.00
Maximum ist: 0.00 als zweite Zahl.
```

Zur Programmausführung von MAXZWEI1: Da eine nicht-abweisende Schleife mit REPEAT-UNTIL verwendet wird, verarbeitet das Program m auch das Endesignal Ein1=0; dieses etwas unschöne Verhalten könnte mit einer WHILE-Schleife vermieden werden.

Pascal-Codierung zu Programm MAXZWEI1:

```
PROGRAM MAXZWEI1;
  {Maximum von zwei Werten ueber eine Funktion bestimmen}

VAR
  Ein1,Ein2: REAL;  {Eingabe ueber Tastatur}

FUNCTION MAXREAL (Zahl1,Zahl2: REAL): REAL;
BEGIN
  IF Zahl1>Zahl2 THEN MAXREAL:=Zahl1
                 ELSE MAXREAL:=Zahl2
END; {von MAXREAL}

FUNCTION MAXBOOL (Zahl1,Zahl2: REAL): BOOLEAN;
BEGIN
  MAXBOOL:=FALSE;
  IF Zahl1>Zahl2 THEN MAXBOOL:=TRUE
END; {von MAXBOOL}

BEGIN
  WRITELN('Maximum von 8 und 9.75 ist:',MAXREAL(8,9.75));
  WRITELN('Maximum von 8 und 9.75 ist:',MAXREAL(8,9.75):6:2);
  WRITE('Maximum von 8, 9.75, 99.22 und 3.16 ist:');
  WRITELN(MAXREAL( MAXREAL(8,9.75), MAXREAL(99.22,3.16) ):6:2);
  REPEAT
    WRITE('Zwei Zahlen eingeben (0 0=Ende)? '); READLN(Ein1,Ein2);
    WRITE('Maximum ist:',MAXREAL(Ein1,Ein2):5:2);
    IF MAXBOOL(Ein1,Ein2)
      THEN WRITELN(' als erste Zahl.')
      ELSE WRITELN(' als zweite Zahl.')
  UNTIL Ein1=0
END.
```

Zum obigen Programm MAXZWEI1:
Wie bei Prozeduren können auch bei Funktionen beliebige Datentypen sowie Ausdrücke in der Parameterliste angegeben werden, d.h. auch ein weiterer Funktionsaufruf. Der folgende Aufruf in Programm MAXZWEI1 stellt ein Beispiel dazu dar:

```
MAXREAL(MAXREAL(8,9.75),MAXREAL(99.22,3.16))
        |_____________| |_________________|
               |                 |
               |_________________|________1. ergibt 9.75
                                 |
                                 |________2. ergibt 99.22

MAXREAL(       9.75     ,        99.22       )
        |____________________________________|
                        |
                        |_________________3. ergibt 99.22
```

Die schrittweise Auflösung 1., 2. und 3. zeigt, daß bei einer derartigen Schachtelung stets von innen nach außen vorgegangen wird: die von MAXREAL aufgerufene Funktion wird als erste ausgeführt. Abläufe, bei denen sich Unterprogramme selbst aufrufen, werden später genauer erklärt (z.B. in Abschnitt 3.16).

3.4.7 Gültigkeitsbereich und Lebensdauer von Variablen

Unterprogramme können als Prozeduren oder Funktionen definiert sein. Jedes Unterprogramm ist als selbständige Einheit wie ein Programm aufgebaut und kann einen eigenen Konstanten-, Typ-, Variablen-, Prozedur- und Funktionsvereinbarungsteil besitzen, dem dann - zwischen BEGIN und END gesetzt - der Anweisungsteil folgt.
Auf diese Weise gelangt man zu mehreren geschachtelten Blöcken mit dem (Haupt-)Programm als äußerstem Block und den Unterprogrammen als inneren Blöcken. In Pascal geschriebener Programmtext ist durch die Blockstruktur geprägt. Im Zusammenhang mit der Blockstruktur wurde bereits mehrfach auf den Gültigkeitsbereich von Namen eingegangen (vgl. Abschnitte 3.3.5.5 und 3.4.3.1). Dieser Begriff soll nun durch die Betrachtung der Lebensdauer von Namen präzisiert werden.

Der Gültigkeitsbereich eines Namens erstreckt sich auf den Block, in der er vereinbart wurde, und auch auf alle untergeordneten Blöcke. Wird derselbe Name in einem ungergeordneten Block neu vereinbart, gilt die folgende Regel:

"Innere Vereinbarungen überdecken äußere Vereinbarungen"

Mit 'Überdecken' ist gemeint, daß der im äußeren Block vereinbarte Name zwar noch 'lebt', im inneren Block jedoch nicht benutzt werden kann. Er bleibt solange konserviert, bis das Programm aus dem inneren wieder in den äußeren Block zurückkehrt.

Zur Lebensdauer:
Die Lebensdauer eines Namens umfaßt in jedem Falle den gesamten Block, in dem dieser Name vereinbart wurde. Im Gegensatz zum Gültigkeitsbereich wird die Lebensdauer in einem inneren Block niemals aufgehoben. Das bedeutet für ein Programm:

- Konstanten, Variablen und Datentypen sind in dem Block, in dem sie vereinbart worden sind, immer verfügbar.

- Wertzuweisungen zu Variablen sind im gesamten Vereinbarungsblock möglich.

- Außerhalb ihres Vereinbarungsblockes sind die Namen nicht verfügbar: sie können weder gelesen noch beschrieben werden.

Das Programm LEBENSDA in der umseitigen Abbildung enthält eine Variable AA, die im gesamten Block lebt: AA ist immer bekannt und kann überall aufgerufen werden. Innerhalb der Prozedur AUSGABE wird ein Eingabeparameter mit demselben Namen AA definiert. Gemäß der Regel "die innere Vereinbarung überdeckt die äußere" gelten nun die Werte 3.33 bzw. 4.44. Der Wert 2.22 wird konserviert und ist erst nach dem Verlassen der Prozedur wieder verfügbar.

Ein Parameter wirkt hinsichtlich Lebensdauer und Gültigkeit wie eine lokale Variable. Hätte man in der Prozedur AUSGABE anstelle des Parameters AA eine Variablenvereinbarung für AA vorgenommen, wäre AA genauso 'überdeckt' worden.

```
PROGRAM LEBENSDA:
VAR
  AA: INTEGER;

PROCEDURE AUSGABE (AA: REAL);
BEGIN                                  Parameter AA 'überdeckt'
  WRITELN(AA);                         als lokale Variable die
  AA:=4.44; WRITELN(AA);               globale Variable AA.
END;

BEGIN
  AA := 2.22;
  WRITELN(AA);
  AUSGABE(3.33);
  WRITELN(AA)                          Globale Variable AA
END.                                   'lebt wieder auf'.

Ausführung zum Programm LEBENSDA:
  Running
  2.22
  3.33                                 3.33 und 4.44 nur im
  4.44                                 inneren Block gültig.
  2.22
```

Gültigkeitsbereich und Lebensdauer am Beispiel von AA

3

Programmierkurs mit Turbo Pascal

Grundkurs

3.5.1 Überblick

Wie Sprungmarken, Konstanten, Variablen, Prozeduren und Funktionen werden auch D a t e n t y p e n durch N a m e n bezeichnet. Dazu sieht Pascal neben LABEL, CONST, VAR, PROCEDURE und FUNCTION das Schlüsselwort TYPE vor. Jede Datentypvereinbarung hat die allgemeine Form

```
TYPE Datentypname = Datentyp;
```

und wird wie die anderen Vereinbarungen im Vereinbarungsteil eines Programmes angegeben. Die Vereinbarung

```
TYPE                                = Typvereinbarung
  ZIFFER = 1..9;
VAR                                 = Variablenvereinbarung
  NUMMER: ZIFFER;
```

legt einen Datentyp namens ZIFFER fest, der die ganzen Zahlen von 1 bis 9 umfassen soll. Die anschließende Variablenvereinbarung legt fest, daß die Variable NUMMER nur Werte des Datentyps ZIFFER annehmen darf, d.h. nur die Zahlen 1,2,...,9. Der Benutzer muß jedoch nicht alle Datentypen selbst definieren. Den oft verwendeten Datentypen wird von Pascal standardmäßig ein Typname zugeordnet. Es sind dies die Typen INTEGER, BYTE, REAL, CHAR und BOOLEAN. Man nennt sie einfache Standard-Datentypen (siehe Abbildung). Andere Bezeichnungen sind 'einwertige (also skalare) Standardtypen' oder 'unstrukturierte Typen'.

Datentypen	BENUTZERVEREINBART	STANDARDISIERT, d.h. vorvereinbart
einfache Datentypen:	z.B. ZIFFER und FARBE	INTEGER, BYTE, REAL, CHAR und BOOLEAN
strukturierte Datentypen:	werden aus den einfachen Typen aufgebaut wie z.B. STRING, ARRAY, SET, RECORD und FILE	

Vom Benutzer vereinbarte und vom System vorgegebene Datentypen

Die Standardtypen vereinfachen dem Programmierer das Vereinbaren. So muß z.B. anstelle von

```
TYPE INTEGER = -32768..32767;       = Typvereinbarung
VAR  GanzZahl: INTEGER;             = Variablenvereinbarung
```

nur die Variablenvereinbarung

```
VAR GanzZahl: INTEGER;
```

angegeben werden, während die Typvereinbarung (da von Pascal bereits vordefiniert und deshalb bekannt gemacht) weggelassen werden kann. In der Abbildung wird dargestellt, welche Typvereinbarungen den Standardtypen INTEGER, BYTE, REAL, CHAR und BOOLEAN entsprechen.

```
Standardtyp INTEGER für ganze Zahlen (2 Bytes Speicherplatz):
-------------------------------------------------------------
  TYPE                                               MAXINT als
    INTEGER = -32768..32767;                         vordefinierte
  VAR                                                Konstante mit
    GanzZahl: INTEGER;                               Inhalt 32767.

Standardtyp BYTE für kleine ganze Zahlen (1 Byte):
--------------------------------------------------
  TYPE
    BYTE = 0..255;                                   BYTE ist ein
  VAR                                                Teilbereich
    GanzZahl1: BYTE;                                 von INTEGER.

Standardtyp REAL für reelle Zahlen (6 Bytes):
---------------------------------------------
  TYPE
    REAL = Reelle Zahlen von 1E-38 bis 1E+38;       Reelle Zahlen
  VAR                                                sind nicht
    KommaZahl: REAL;                                 abzählbar.

Standardtyp CHAR für einzelne Zeichen (1 Byte):
-----------------------------------------------
  TYPE
    CHAR = Alle 256 Zeichen des Zeichensatzes;       z.B. 'a', 'W',
  VAR                                                '5' und '%'.
    Zeichen: CHAR;

Standardtyp BOOLEAN für die zwei Wahrheitswerte (1 Byte):
---------------------------------------------------------
  TYPE                                          TRUE für 'wahr' und
    BOOLEAN = (TRUE,FALSE);                     FALSE für 'unwahr'.
  VAR
    WahrheitsWert: BOOLEAN;
```

Vereinbarungen, die den einfachen Standardtypen zugrundeliegen

Durch den Datentyp wird festgelegt, welche Werte eine Variable annehmen darf (Wertevorrat) und welche Operationen, Funktionen bzw. Prozeduren möglich sind (Befehlsvorrat). Im vorliegenden Abschnitt 3.5 wird auf den Wertevorrat und den Befehlsvorrat der einfachen Datentypen eingegangen.

3.5.2 Datentypen INTEGER und BYTE für ganze Zahlen

3.5.2.1 Ganze Zahlen von -MAXINT bis +MAXINT

Der Standardtyp INTEGER umfaßt als Werte die ganzen Zahlen von -MAXINT-1 bis +MAXINT. MAXINT ist eine vordefinierte Konstante mit dem Inhalt 32767. Das Beispielprogramm INTEGER1 zeigt, daß man mittels MAXINT+1 = -32768 die kleinste Ganzzahl erhält. Gültige INTEGER-Zahlen sind z.B. 3, 32767, -1000 und +12122, während 3.5, 32768, 12312312312, 2.3E+5, .5 und 3.0 nicht zum Datentyp INTEGER zählen, sondern zum Typ REAL (Dezimalzahl).

Operatoren:
Auf dem Datentyp INTEGER sind alle Vergleichsoperatoren sowie die Addition (+), Subtraktion (-), Multiplikation (*), Division (/), INTEGER-Division (DIV) und Modulo-Operation (MOD) definiert. Wie das Programm INTEGER2 zeigt, liefert DIV den ganzzahligen Teiler und MOD den dazugehörigen Rest. Verknüpft man einen INTEGER- mit einem REAL-Wert, erhält man einen REAL-Ergebnistyp.

Skalare Funktionen:
Die skalaren (einstelligen) Funktionen SUCC und PRED geben den jeweiligen Nachfolger bzw. Vorgänger an (Programm INTEGER2). SUCC(5) ergibt 6, PRED(5) ergibt 4 und SUCC(-5) ergibt -4.

Pascal-Codierung zu Programm INTEGER1:

```
PROGRAM INTEGER1;
VAR
  Z,S: INTEGER;

BEGIN
  WRITELN('MAXINT     =  ',MAXINT);          {vordefinierte Konstante: 32767}
  WRITELN('MAXINT + 1 = ', MAXINT + 1);      {kleinste Zahl vom Typ INTEGER}
  WRITE('Zahl Z ? '); READLN(Z);
  S := 0;
  S := S + Z;                                {Anweisung zum Bilden einer Summe}
  Z := Z + 1;                                {Anweisung zum Weiterzaehlen}
  WRITELN('Z um 1 weitergezaehlt = ',Z);
  S := S + Z;
  WRITELN('S = ',S);
END.
```

Ausführung zu Programm INTEGER1:

```
  MAXINT     =  32767
MAXINT + 1 = -32768
Zahl Z ? 55
Z um 1 weitergezaehlt = 56
S = 111
```

Pascal-Codierung zu Programm INTEGER2:

```
PROGRAM INTEGER2;
CONST
  HUNDERT: REAL = 100;         {typisierte Konstante}
VAR
  R:    REAL;
  A, B: INTEGER;

BEGIN
  WRITELN('100 * 360 = ', 100 * 360 );
  {100 und 360 werden als INTEGER angenommen, das Produkt ist INTEGER }
  WRITELN('Fuehrt zu einem Fehler, da 100 * 360 > MAXINT.');
  WRITELN('100. * 360       = ', 100. * 360:10:2);  {100. ist REAL}
  R := 100; R := R * 360; WRITELN( R:10:2 );   {Faktor REAL, so auch Produkt}
  WRITELN(HUNDERT * 360:10:2);
  WRITELN;
  WRITELN('14 DIV 4         = ', 14 DIV 4,' ganzzahlige Division');
  WRITELN('14 MOD 4         = ', 14 MOD 4,' Rest der ganzzahligen Division');
  A := 132; B := 11;
  IF A MOD B = 0 THEN WRITELN(A,' durch ',B,' teilbar');
  WRITELN;
  WRITELN('SUCC(5)          = ', SUCC(5),' ergibt den Nachfolger');
  WRITELN('SUCC(-5)         = ', SUCC(-5) );
  WRITELN('SUCC ( MAXINT ) = ', SUCC(MAXINT) );
  WRITELN;
  WRITELN('PRED(5)          = ', PRED(5),' ergibt den Vorgaenger');
  WRITELN('PRED(-5)         = ', PRED(-5) );
  WRITELN;
  WRITELN('ORD(5)           = ', ORD(5),' Ordnungszahl');
  WRITELN('ORD(-5)          = ', ORD(-5) );
  WRITELN('ORD(''A'')        = ', ORD('A') );
  WRITELN('INTEGER(''A'')    = ', INTEGER('A')
END.
```

```
Running
100 * 360 = -29536
Fuehrt zu einem Fehler, da 100 * 360 > MAXINT.
100. * 360       =   36000.00
  36000.00
  36000.00

14 DIV 4         = 3 ganzzahlige Division
14 MOD 4         = 2 Rest der ganzzahligen Division
132 durch 11 teilbar

SUCC(5)          = 6 ergibt den Nachfolger
SUCC(-5)         = -4
SUCC ( MAXINT ) = -32768

PRED(5)          = 4 ergibt den Vorgaenger
PRED(-5)         = -6

ORD(5)           = 5 Ordnungszahl
ORD(-5)          = -5
ORD('A')        = 65
INTEGER('A')    = 65
```

Transfer-Funktionen:
Eine Transfer-Funktion wandelt den Wert eines Datentyps in den Wert eines anderen Typs um. Pascal kennt diese Funktionen:

```
CHR(65) ergibt 'A'       von INTEGER nach CHAR
ORD('A') ergibt 65       von einem skalarem Typ nach INTEGER
INTEGER('A')             wie ORD('A')
ROUND(-3.9) ergibt -4    von REAL nach INTEGER runden
TRUNC(-3.9) ergibt -3    von REAL nach INTEGER abschneiden
ODD(5) ergibt TRUE       von INTEGER nach BOOLEAN (ungerade)
```

Das Programm INTEGER3 zeigt Beispiele zu ROUND und TRUNC. Für TRUNC(4.7) erhält man 4, für TRUNC(-4.7) jedoch -4; TRUNC ermittelt den ganzzahligen Teil einer Dezimalzahl (Abschneiden). ROUND(4.7) ergibt 5, d.h. die Funktion ROUND rundet.
In den Programmen INTEGER2 und INTEGER4 wird ORD benutzt. Die Funktion ORD gibt die O r d i n a l z a h l eines Wertes an, d.h. die Nummer, wenn man von Null beginnend gemäß der mit dem Datentyp gegebenen Reihenfolge durchnumeriert. ORD('A') ergibt 65, da das Zeichen 'A' im ASCII mit dieser Ordinalzahl als Ordnungsnummer versehen ist. Die Standardfunktion CHR ist die Umkehrfunktion zu ORD; CHR(65) ergibt somit wieder 'A'.

Pascal-Codierung zu Programm INTEGER3:

```
PROGRAM INTEGER3;
  {Demonstration zu Funktionen mit ganzzahligem Ergebnis}
TYPE
  S255 = STRING[255];
VAR
  R:  REAL;
  S7: STRING[7];

BEGIN
  WRITELN('ROUND(-3.72)     = ', ROUND(-3.72),' ganzzahlig gerundet');
  WRITELN('TRUNC(-3.72)     = ', TRUNC(-3.72),' Nachkommastellen abgeschnitten');
  WRITELN('RANDOM(100)      = ', RANDOM(100),' Zufallszahl zwischen 0 und 99');
  WRITELN('RANDOM(49)+1     = ', RANDOM(49)+1,' Lottozahl');
  WRITELN;
  WRITELN('HI(255)          = ', HI(255) ,' hoechstwertiges Byte einer Zahl');
    {INTEGER-Zahlen werden in 2 Bytes dargestellt}
  WRITELN('LO(255)          = ', LO(255) ,' niederwertiges Byte einer Zahl');
  WRITELN('SWAP(256)        = ', SWAP(256),' vertauscht niederwertiges und');
  WRITELN('                   hoeherwertige Byte einer INTEGER-Zahl');
  WRITELN('SWAP($FF00)      = ', SWAP($FF00) );
    { $FF ist die hexadezimale Darstellung von 255 }
  WRITELN;
  WRITELN('SIZEOF liefert die Anzahl der von einer Variablen oder');
  WRITELN('einem Datentyp belegten Bytes:');
  WRITELN('SIZEOF(R)        = ', SIZEOF(R) );
  WRITELN('SIZEOF(REAL)     = ', SIZEOF(R) );
  WRITELN('SIZEOF(INTEGER) = ', SIZEOF(INTEGER) );
  WRITELN('SIZEOF(S7)       = ', SIZEOF(S7) );
  WRITELN('SIZEOF(S255)     = ', SIZEOF(S255) );
END.
```

Ausführung zu Programm INTEGER3:

```
Running
ROUND(-3.72)     = -4 ganzzahlig gerundet
TRUNC(-3.72)     = -3 Nachkommastellen abgeschnitten
RANDOM(100)      = 36 Zufallszahl zwischen 0 und 99
RANDOM(49)+1     = 42 Lottozahl

HI(255)          = 0 hoechstwertiges Byte einer Zahl
LO(255)          = 255 niederwertiges Byte einer Zahl
SWAP(256)        = 1 vertauscht niederwertiges und
                   hoeherwertige Byte einer INTEGER-Zahl
SWAP($FF00)      = 255

SIZEOF liefert die Anzahl der von einer Variablen oder
einem Datentyp belegten Bytes:
SIZEOF(R)        = 6
SIZEOF(REAL)     = 6
SIZEOF(INTEGER)  = 2
SIZEOF(S7)       = 8
SIZEOF(S255)     = 256
```

Verschiedene Standardfunktionen im Beispielprogramm INTEGER3:

- HI, LO und SWAP zur Behandlung von 2-Byte-Adressen (genauer: HI für HIghbyte und LO für LOwbyte).
- SIZEOF zur Angabe der Hauptspeicherstellen welche die jeweilige Variable belegt.
- RANDOM(100) zum Erzeugen einer ganzzahligen Zufallszahl im Bereich zwischen 0 und 99. RANDOM (ohne Parameter) erzeugt eine REAL-Zahl zwischen 0 ein- und 1 ausschließlich.

Weitere Beispiele zum Datentyp INTEGER:

- SUCC(PRED(2)) und PRED(SUCC(2)) ergeben jeweils den Wert 2.
- ODD(3) ergibt TRUE und ODD(4) ergibt FALSE.
- 10 MOD 2 ergibt 0 und 11 MOD 2 ergibt 1 (mit X MOD 2 läßt sich somit eine Zahl auf gerade/ungerade überprüfen).
- WRITELN(2:4) gibt die 2 an der 4. Zeilenposition aus.
- X DIV Y ergibt dasselbe wie TRUNC(X/Y).
- ROUND(Z) ergibt TRUNC(X+0.5) für Z>=0 oder TRUNC(Z-0.5) für X<0.

Zur Speicherorganisation (Programm INTEGER4):
Die Funktion ADDR(S) gibt die Anfangsadresse der Variablen S an (die Angaben beziehen sich auf Apple II unter CP/M 2.20). Die vordefinierte Variable HEAPPTR (Heap Pointer) zeigt auf das Ende des übersetzten Programms bzw. Objektcodes. Über die Funktion MEMAVAIL (Memory Available) kann man sich den auf dem Heap noch verfügbaren Speicherplatz zeigen lassen.

Mit der Standardprozedur NEW werden Variablen im Programm erzeugt, die im Gegensatz zu 'normalen' statischen Variablen im Vereinbarungsteil nicht erklärt sein müssen; man nennt sie dynamische Variablen. Die Ausführung zu Programm INTEGER4 zeigt, wie dadurch Speicherplatz verbraucht wird (auf dynamischen Variablen und Zeiger wird im "Turbo Pascal-Wegweiser Aufbaukurs" eingegangen.

Pascal-Codierung zu Programm INTEGER4:

Hinweis: Programm INTEGER4 läuft nur auf Z80-Rechnern, unter CP/M 2.2, nicht aber unter MS DOS.
Hinweis: Unter MS DOS bei Turbo 3.0 keine Bereichsprüfung, wohl aber unter CP/M 2.2 bei Turbo 2.0.

```
PROGRAM INTEGER4;
VAR
  I: INTEGER;
  S: STRING[20];
  P: ^REAL;

FUNCTION VERDOPPELN( VAR A: INTEGER): INTEGER;
BEGIN
  VERDOPPELN := A + A;
END;

BEGIN
  WRITELN('ADDR(S)  = ', ADDR(S),' ->', 65536. + ADDR(S):6:0);
  WRITELN('ADDR(I)  = ', ADDR(I),' ->', 65536. + ADDR(I):6:0);
  WRITELN('ADDR( VERDOPPELN ) = ', ADDR(VERDOPPELN) );
  WRITELN;
  WRITELN('HEAPPTR  = ', HEAPPTR );
    {Ende des Objektcodes, Beginn des noch freien Speicherbereichs (Heap) }
  WRITELN('MEMAVAIL = ', MEMAVAIL,' noch freier Speicherplatz');
  NEW(P);
  WRITELN('MEMAVAIL = ', MEMAVAIL );
  WRITELN('ORD(P)   = ', ORD(P),' Inhalt von P ');
  P := PTR(ORD(P)+6);
  WRITELN('ORD(P)   = ', ORD(P) );
  NEW(P);
  WRITELN('ORD(P)   = ', ORD(P) );
  NEW(P);
  WRITELN('ORD(P)   = ', ORD(P) );
END.
```

Ausführung zu Programm INTEGER4:

```
Running
ADDR(S)  = -13333 -> 52203
ADDR(I)  = -13312 -> 52224
ADDR( VERDOPPELN ) = 32182

HEAPPTR  = 32756
MEMAVAIL = 18408 noch freier Speicherplatz
MEMAVAIL = 18400
ORD(P)   = 32756 Inhalt von P
ORD(P)   = 32762
ORD(P)   = 32764
ORD(P)   = -32764
```

3.5.2.2 Typisierte Konstanten

Durch die typisierte Konstantenvereinbarung kann man für eine Konstante neben dem Wert auch den Datentyp explizit festlegen. Im Programm INTEGER2 wird auf diese Weise mittels

```
CONST HUNDERT: REAL=100;
```

HUNDERT als REAL-Konstante vereinbart. HUNDERT kann innerhalb des Programms als initialisierte Variable benutzt werden, d.h. als Variable mit dem definierten Anfangswert 100 (der Wert einer 'normalen' mittels VAR vereinbarten Variablen ist vor der ersten Wertzuweisung hingegen undefiniert).

Konstantenvereinbarung

UNTYPISIERT	TYPISIERT
Beispiel: CONST Z=50	Beispiel: CONST Z: INTEGER=50
- Angabe: Wert 50	- Angabe: Wert 50 sowie Datentyp INTEGER
- Konstante - kann nur Eingabeparameter sein	- Variable mit konst. Wert - als Ein-/Ausgabeparameter verwendbar
- CONST HUNDERT=100 als INTEGER-Konstante	- CONST HUNDERT:REAL=100 als REAL-Konstante
- CONST N='Kaier' als STRING-Konstante mit 5 Zeichen Länge	- CONST N: STRING[20]='Kaier' als Variable mit 20 Zeichen Länge initialisiert

Typisierte Konstanten als initialisierte Variablen nutzbar

3.5.2.3 Ganze Zahlen von 0 bis 255

Eine INTEGER-Zahl belegt im RAM zwei Bytes, während eine BYTE-Zahl mit einem Byte auskommt. Deshalb ist der Wertebereich des Typs BYTE auf die Ganzzahlen 0,1,2,...,255 begrenzt. BYTE ist ein Teilbereich von INTEGER; beide Typen können in Ausdrücken aus diesem Grunde beliebig gemischt werden.

Der Datentyp BYTE kann vereinbart werden, um Speicherplatz zu sparen und um eine E i n g a b e k o n t r o l l e vornehmen zu lassen. Im Programm HOCHTIEF wird gezeigt, wie man mit den Funktionen SUCC (Nachfolger einer Ganzzahl) und PRED (Vorgänger) Zählerschleifen bilden kann. Alle Variablen weisen den BYTE-Typ auf. Gibt man (aus Versehen) für TIEF mit 256 eine um

1 zu große Zahl ein (größte BYTE-Zahl ist 255), setzt TURBO-Pascal den Wert 0 ein. Gibt man für HOCH -4 ein, so setzt das System aus.

Im Programm TABPROZ1 wird das in den meisten BASIC-Versionen verfügbare TAB durch eine gleichnamige Benutzerprozedur simuliert. Dabei weisen die globale Variable Stelle und der Eingabeparameter S den Datentyp BYTE auf. Dies ist ausreichend, da über die Tastatur nur maximal 127 Zeichen in einer Zeile eingegeben werden können.

Pascal-Codierung zu Programm HOCHTIEF:

```
PROGRAM HOCHTIEF;
  {Zaehlerschleifen bilden mittels SUCC und PRED}
VAR
  HOCH, TIEF, HOCHGRENZE: BYTE;

BEGIN
  WRITE('Zwei Zahlen: '); READLN(HOCH,TIEF);
  HOCHGRENZE := HOCH+8;
  REPEAT
    WRITELN(HOCH,TIEF:6);
    HOCH := SUCC(HOCH);
    TIEF := PRED(TIEF);
  UNTIL HOCH>=HOCHGRENZE
END.
```

```
Running
Zwei Zahlen: 10 255
10    255
11    254
12    253
13    252
14    251
15    250
16    249
17    248
```

```
Running
Zwei Zahlen: 44 256
44      0
45    255
46    254
47    253
48    252
49    251
50    250
51    249
```

Pascal-Codierung zu Programm TABPROZ1:

```
PROGRAM TABPROZ1;
  {Tabulatur positionieren als benutzervereinbarte Prozedur}
VAR
   Eingabe: STRING[20];
   Stelle:  BYTE;

PROCEDURE TAB(S:BYTE);
VAR Z: BYTE;
BEGIN
  FOR Z:=1 TO S DO WRITE(' ')
END; {von TAB}

BEGIN
  WRITE('Welcher Text? '); READLN(Eingabe);
  WRITE('Ab welcher Stelle ausgeben? '); READLN(Stelle);
  TAB(Stelle-1);
  WRITELN(Eingabe)
END.
```

```
Welcher Text? Pascal-Wegweiser
Ab welcher Stelle ausgeben? 10
         Pascal-Wegweiser
```

3.5.3 Datentyp REAL für gebrochene Zahlen

3.5.3.1 Gleitkommadarstellung

Der Standardtyp REAL umfaßt als Werte reelle Zahlen zwischen 1E-38 und 1E+38. Bietet sich der INTEGER-Typ zum *Zählen* an, so eignet sich der Datentyp REAL mehr zum *Messen* von kontinuierlichen Größen. Da Pascal mit Näherungswerten arbeitet, ist beim *Rechnen* mit REAL-Zahlen stets Vorsicht geboten. Da z.B. 1/3 nicht als 0.3333333333.... beliebig lange fortgesetzt werden kann, muß ab einer bestimmten Stelle gerundet werden, wodurch ggf. Rundungsfehler auftreten können. Die Division 1/3 wird von Pascal in einer Länge von 11 Stellen als 0.3333333333 bzw. 3.3333333333E-01 ausgegeben. Man nennt dies *Gleitkommadarstellung*. Im Programm REAL1 wird die Zahl 12.378 in der Form 1.2378000000E+01 ausgegeben. Wie in Programm REAL1 gezeigt, kann man diese schlecht lesbare Gleitkommadarstellung durch die WRITELN-Anweisung umgehen: WRITELN(1.2378000000E+01:5:2) gibt dieselbe Zahl in Festkommadarstellung als 12.378 aus.
REAL-Zahlen werden als Festpunktzahlen (z.B. 12.378) oder als Gleitpunkt- bzw. Gleitkommazahlen (z.B. 0.12378000000E+02 mit 0.12378000000 als *Mantisse* und *Exponent* 2) notiert. Ist der INTEGER-Anteil der Mantisse Null, bezeichnet man die Gleitkommadarstellung als *normiert*.

```
Gleitkommadarstellung von 12.378 als REAL-Zahl:
----------------------------------------------
           -1             0              1              2
 123.78*10    oder 12.378*10   oder 1.2378*10   oder 0.12378*10


Gleitkommadarstellung von 12.378 normiert:
----------------------------------------
 0.12378000000E+02                "E" bedeutet "mal 10 hoch ..."
  |            |
  |____________|______________ 0.12378
               |               mal 10 hoch 2
               |               ergibt 12.378
               |
               |______________ Exponent E+02 als "mal 10 hoch 2" =100.
                               Mantisse 0.12378000000 mit 11 Stellen
                               Genauigkeit.
```

Ausgabe einer REAL-Zahl in Gleitkommadarstellung

Gültige REAL-Zahlen sind z.B. 9., 9, 9.0, 9.5, +9.5, -9.5, 0.2 oder .2, 12E+4 oder 12E4 und -3.5E+4.
Ungültig sind die Zahlen 4,5 (da Komma anstelle Dezimalpunkt) und 120.000.000 (da mehr als ein Punkt).

Achtung *Fehler*:
Um Rundungs- bzw. Genauigkeitsfehler zu vermeiden, sollte man bei REAL-Zahlen nur mit "<" oder ">" vergleichen und die Operatoren "=" bzw. "<>" tunlichst vermeiden. So sollte z.B. der Ausdruck 1/3*3 in der Abfrage IF (1/3*3)=1 THEN ... nicht verwendet werden.

Pascal-Codierung zu Programm REAL1:

```
PROGRAM REAL1;
  {Demonstration zur Ausgabe von REAL-Zahlen}
VAR
  A: REAL;
BEGIN
  A := 12.378;
  WRITELN(A);       {Ausgabe in Gleitkommadarstellung normiert}
  WRITELN(A:5:2); {Ausgabe gerundet: 5 Stellen einschliesslich
                    Dezimalpunkt, davon 2 Stellen nach dem Dezimalpunkt}
  WRITELN('Pi = ',PI,' = ',PI:20:18);
                   {PI ist eine vordefinierte Konstante}
END.
```

```
Running
 1.2378000000E+01
12.38
Pi =   3.1415926536E+00 = 3.141592653600000000
```

3.5.3.2 Datentyp mit unendlich vielen Elementen

Der Datentyp REAL unterscheidet sich in einem wichtigen Punkt von den anderen einfachen Datentypen: REAL-Zahlen sind nicht abzählbar; es gibt unendlich bzw. nicht abzählbar viele gebrochene Zahlen. Deshalb gelten für den REAL-Typ andere Gesetzmäßigkeiten als für die Typen INTEGER, BYTE, CHAR und BOOLEAN:

- Die Funktionen SUCC und PRED können auf den REAL-Typ nicht angewendet werden (man kann keinen Nachfolger und Vorgänger exakt angeben).

- Auch können REAL-Zahlen weder als Kontrollvariablen bei FOR und CASE noch als Indexvariablen bei Arrays benutzt werden.

- Die Funktion ORD kann auf REAL-Zahlen nicht angewendet werden, wohl aber auf die einzelnen Ziffern einer solchen Zahl.

Zu den arithmetischen Funktionen:
Im Programm REAL2 wird die Benutzung der arithmetischen Funktionen aufgezeigt. Der Funktionswert ist eine REAL-Zahl oder eine INTEGER- bzw. BYTE-Zahl (unten als Z angegeben), während der Ergebniswert jeweils den REAL-Typ aufweist:

- ABS(Z) Absolutwert einer REAL- oder Integer-Zahl Z
- SIN(Z) Sinus von Z (im Bogenmaß angegeben)
- ARCTAN(Z) Arcustangens von Z (im Bogenmaß)

- COS(Z) Cosinus von Z (im Bogenmaß)
- EXP(Z) Exponentialfunktion 'e hoch x'.
- FRAC(Z) Nachkommastellen von Z. FRAC(-1.999) gibt -0.999 an, d.h. die Stellen hinter dem Dezimalkomma.
- INT(Z) Ganzzahliger Teil von Z.
- LN(Z) Natürlicher Logarithmus von Z.
- SQR(Z) Quadrat von R
- SQRT(Z) Quadratwurzel von Z.

Die Funktion RANDOM (ohne Parameter) erzeugt eine Zufallszahl, die zwischen 0 und 1 liegt.

Pascal-Codierung zu Programm REAL2:

```
PROGRAM REAL2;
  {Demonstration zu den reellen Funktionen}
VAR
  A, B: REAL;
BEGIN
  WRITELN('ABS(-5.3)       = ', ABS(-5.3):4:1,' Absolutbetrag');
  WRITELN('FRAC(-1.999) = ', FRAC(-1.999):6:3,' Nachkommastellen');
  WRITELN('INT(-3.7)       = ', INT(-3.7):5:2,' Vorkommastellen, Ergebis REAL');
  WRITELN('SQRT(25)        = ', SQRT(25),' Quadratwurzel, Ergebnis REAL');
  WRITELN('SQR(-1.5)       = ', SQR(-1.5):5:2,' Quadrat');
  WRITELN;
  WRITELN('RANDOM          = ', RANDOM:12:10 ,' Zufallszahl < 1');
  WRITELN;
  WRITELN('EXP(1)          = ', EXP(1),' Exponentialfunktion');
  WRITELN('LN(2.7182818285) = ', LN(2.7182818285),' natuerlicher Logarithmus');
  WRITELN;
  WRITELN('COS(PI/2)       = ', COS(PI/2),' Cosinus eines rechten Winkels');
  WRITELN('SIN(PI/2)       = ', SIN(PI/2),' Sinus eines rechten Winkels');
  WRITELN('TAN(PI/4)       = ', SIN(PI/4)/COS(PI/4),' Tangens von 45 Grad');
  WRITELN('ARCTAN(1)       = ', ARCTAN(1):12:10,' Winkel von 45 Grad in Radianten');
END.
```

```
Running
ABS(-5.3)     =  5.3 Absolutbetrag
FRAC(-1.999) = -0.999 Nachkommastellen
INT(-3.7)     = -3.00 Vorkommastellen, Ergebis REAL
SQRT(25)      =   5.0000000000E+00 Quadratwurzel, Ergebnis REAL
SQR(-1.5)     =  2.25 Quadrat

RANDOM        = 0.2233814795 Zufallszahl < 1

EXP(1)        =   2.7182818285E+00 Exponentialfunktion
LN(2.7182818285) =   1.0000000000E+00 natuerlicher Logarithmus

COS(PI/2)     =   0.0000000000E+00 Cosinus eines rechten Winkels
SIN(PI/2)     =   1.0000000000E+00 Sinus eines rechten Winkels
TAN(PI/4)     =   1.0000000000E+00 Tangens von 45 Grad
ARCTAN(1)     = 0.7853981634 Winkel von 45 Grad in Radianten
```

3.5.3.3 Typanpassung von INTEGER an REAL

Auf die Funktionen TRUNC zum Abschneiden und ROUND zum Runden wurde bereits in Abschnitt 3.5.2 beim INTEGER-Typ eingegangen. Ein INTEGER-Wert kann einer REAL-Variablen zugewiesen werden. Deshalb kann anstelle eines REAL-Parameters immer ein INTEGER-Wert eingesetzt werden. Wie das folgende Beispiel zeigt, ist die Umkehrung nicht möglich:

```
VAR
  R: REAL;
  I: INTEGER;
  B: BYTE;
BEGIN
  R := 4.5;
  I := 2;
  I := I*R;    (*Fehler, da REAL-Wert 9.0 zugewiesen wird*)
  R := 200;
  B := R       (*Fehler, da REAL-Wert 200.0 zugewiesen wird*)
```

Die Transfer-Funktionen TRUNC und ROUND liefern INTEGER-Ergebnisse und vermeiden die obigen Fehler. So ist z.B. die Anweisung I := TRUNC(I*R) korrekt.

Die Operatoren +, -, * und / haben dieselbe Bedeutung wie bei den INTEGER-Zahlen; / steht für die REAL-Division. Dabei rangieren multiplikative vor additiven Operatoren. Enthält ein Rechenausdruck mehrere Operatoren, werden gleichrangige Operatoren von l i n k s n a c h r e c h t s aufgelöst. Das bedeutet, daß z.B. die zwei folgenden Ausdrücke übereinstimmen:

ZAHL1/ZAHL2 * ZAHL3 identisch mit (ZAHL1/ZAHL2) * ZAHL3

Soll zuerst multipliziert und dann erst dividiert werden, muß man in jedem Fall eine Klammer setzen: ZAHL1/(ZAHL2*ZAHL3) . Ist eine der Variablen ZAHL1, ZAHL2 und ZAHL3 von Typ INTEGER, findet folgende T y p a n p a s s u n g statt: Der INTEGER-Wert wird in einen REAL-Wert verwandelt und das Ergebnis als REAL aufgefaßt. Die Anweisung Z := (0.2+3) * (30-10) wird zu Z := 0.6 * 20 . Da 0.6 REAL ist, findet eine Typanpassung von 20 (=INTEGER) zu 20.0 (=REAL) statt, um dann die Wertzuweisung Z := 12.0 vorzunehmen. Z muß als REAL-Zahl vereinbart worden sein; Z als INTEGER-Zahl ergibt einen Fehler.
Zur Ausführung von ZAHL1 := ZAHL2/ZAHL3 muß man ZAHL1 als REAL-Zahl vereinbaren, auch wenn ZAHL2 und ZAHL3 den Datentyp INTEGER aufweisen.

3.5.4 Datentyp CHAR für einzelne Zeichen

Der Wertevorrat des Standardtyps CHAR umfaßt alle Zeichen des Zeichensatzes. Wie das Programm BUCHSTAB in Abschnitt 3.3.5.1 gezeigt hat, ist die Reihenfolge der Zeichen durch die Ordinalzahlen (Ordnungsnummern) 0-255 eindeutig festgelegt. Das Programm CHAR1 verdeutlicht die Anwendung der Funktionen ORD, CHR und UPCASE. Das Programm ZEISATZ erzeugt eine Tabelle des ASCII-Codes für die Ordnungsnummern 32-127. Die Nummern 0-31 werden weggelassen, da hier nichtdruckbare Zeichen gespeichert sind. Zum Programm ZEISATZ werden zwei Ausführungen wiedergegeben. Bei der zweiten Tabelle wurde am Drucker ein Typenrad mit dem 'deutschen Zeichensatz' eingelegt: danach erscheint z.B. das Zeichen "Ä" anstelle des "[". Die Gegenüberstellung der beiden ASCII-Tabellen zeigt die gerade bei Pascal so mißliche Problematik des "entweder Umlaute für gutes Deutsch oder eckige Klammern für das Indizieren von Arrays" auf.

Pascal-Codierung zu Progamm CHAR1:

```
PROGRAM CHAR1;
  {Demonstration zum Datentyp CHAR}
VAR
  A,B,C: CHAR;
  Z:     INTEGER;

BEGIN
  A := '1'; B := 'A';
  WRITELN(B,' ',A);
  WRITELN ('Test der Funktion ORD():');
  WRITE('Zeichen eingeben: '); READLN(C);
  WRITELN(C,' hat die ASCII-Codezahl ',ORD(C));
  WRITELN;
  WRITELN ('Test der Funktion CHR():');
  WRITE('Ganze Zahl zwischen 50 und 255 eingeben: '); READLN(Z);
  WRITELN('Das ',Z,'. ASCII-Zeichen ist ',CHR(Z));
  WRITELN;
  WRITELN('Test der Funktion UPCASE():');
  C := 'a'; WRITELN('Kleinbuchstabe in C = ',C);
  C := UPCASE(C);
  WRITELN('Grossbuchstabe in C = ',C)
END.
```

```
Test der Funktion ORD():
Zeichen eingeben: A
A hat die ASCII-Codezahl 65

Test der Funktion CHR():
Ganze Zahl zwischen 50 und 255 eingeben: 65
Das 65. ASCII-Zeichen ist A

Test der Funktion UPCASE():
Kleinbuchstabe in C = a
Grossbuchstabe in C = A
```

Pascal-Codierung zu Programm ZEISATZ:

```
PROGRAM ZEISATZ;
  {Zeichensatz laut ASCII-Code als Tabelle ausgeben}
VAR
  waagerecht,senkrecht,Nr: BYTE;

BEGIN
  WRITELN(' Nr:    ASCII-Zeichen von 32 bis 127:');
  WRITELN(' --     ----------------------------'); WRITELN;
  FOR waagerecht := 2 TO 7 DO
  BEGIN
    WRITE(waagerecht*16:3,':  ');
    FOR senkrecht := 0 TO 15 DO
    BEGIN
      Nr := waagerecht*16 + senkrecht;
      WRITE(CHR(Nr):2);
    END; {von FOR senkrecht}
    WRITELN;
  END; {von FOR waagerecht}
END.
```

```
Running
 Nr:    ASCII-Zeichen von 32 bis 127:      'Zeichensatz ASCII normal'
 --     ----------------------------

 32:      ! " # $ % & ' ( ) * + , - . /
 48:    0 1 2 3 4 5 6 7 8 9 : ; < = > ?
 64:    @ A B C D E F G H I J K L M N O
 80:    P Q R S T U V W X Y Z [ \ ] ^ _
 96:    ` a b c d e f g h i j k l m n o
112:    p q r s t u v w x y z { | } ~
```

```
Running
 Nr:    ASCII-Zeichen von 32 bis 127:      'Deutscher Zeichensatz'
 --     ----------------------------

 32:      ! " # $ % & ' ( ) * + , - . /
 48:    0 1 2 3 4 5 6 7 8 9 : ; < = > ?
 64:    § A B C D E F G H I J K L M N O
 80:    P Q R S T U V W X Y Z Ä Ö Ü ^ _
 96:    ` a b c d e f g h i j k l m n o
112:    p q r s t u v w x y z ä ö ü ß
```

Die Ausführungen zu Programm ZEISATZ zeigen, daß die Zeichen des ASCII-Zeichensatzes (American Standard Code for Information Interchange) als Ziffern, Buchstaben bzw. Sonderzeichen druckbar sein können (Nummern 32-127) oder als Steuerzeichen nicht druckbar sind (z.B. Nummern 0-31).
Buchstaben sind alphabetisch und Ziffern gemäß ihrem Wert geordnet. Für die Sonderzeichen gilt z.B. "'#' kleiner als '/'".

Beispiele zum Datentyp CHAR:

- CHR(ORD('A')) ergibt wieder 'A', da CHR die Umkehrfunktion zu ORD ist.
- ORD(CHR(65)) ergibt demnch wieder die ASCII-Codezahl 65.
- CHR(65) ergibt den Großbuchstaben 'A' und CHR(65+32) wandelt ihn in die Kleinschreibung 'a' um, da im ASCII-Code die entsprechenden Buchstaben um 32 Nummern 'versetzt' auftauchen.
- Z:=' ' ist korrekt, Z:=' a' dagegen nicht (da zwei Zeichen).

Datentypen CHAR und STRING:
Der Datentyp CHAR bietet sich zur Verarbeitung einzelner Zeichen an. Sollen Zeichenketten wie z.B. 'Tillmann' als Einheit verarbeitet werden, ist dafür der Datentyp STRING vorgesehen. STRINGs als strukturierte Datentypen werden in Abschnitt 3.6 behandelt. Dabei wird auch auf den Typkompatibilität zwischen 'q' vom CHAR-Typ und 'q' vom STRING-Typ eingegangen.

3.5.5 Datentyp BOOLEAN für Wahrheitswerte

Es gibt zwei W a h r h e i t s w e r t e : 'wahr' bzw. TRUE oder 'falsch' bzw. FALSE. Dem nach dem englischen Mathematiker Boole benannten Datentyp BOOLEAN liegt in Pascal implizit die Vereinbarung

```
TYPE BOOLEAN = (TRUE, FALSE)
```

zugrunde; eine Variable vom Typ BOOLEAN kann also nur die beiden Werte TRUE oder FALSE annehmen.

3.5.5.1 Wahrheitswerte als Ergebnis von Vergleichen

Die Wahrheitswerte TRUE bzw. FALSE treten immer als Ergebnis von Vergleichen auf. Das Programm BOOLEAN1 zeigt dies am Beispiel des Vergleichs 'X=Y': Ist X gleich Y, wird der Wert TRUE als Vergleichsergebnis der Booleschen Variablen B1 zugewiesen. Ist X dagegen ungleich Y, erhält B1 den Wert FALSE. Mittels

```
B1 := X=Y
^      |
|      |      1. Vergleichsoperator "=" ergibt z.B. TRUE
|    TRUE
|      |      2. Zuweisungsoperator ":=" bringt nach B1
+------+
```

wird der BOOLEAN-Variablen B1 das Ergebnis eines Vergleiches zugewiesen. Mit der anschließenden IF-Anweisung

```
IF B1 THEN ... ELSE ...
```

wird der Wert der BOOLEAN-Variablen B1 als Bedingung für eine zweiseitige Auswahl eingesetzt.
Ein Vergleichsausdruck kann auch in der WRITELN-Anweisung angegeben werden. Das Programm BOOLEAN2 demonstriert dies anhand der Ausgabe WRITELN('...',3=4).

Beispiele für gültige Zuweisungen an Boolesche Variablen sind:

- `B1 := TRUE;`	weist TRUE zu.
- `WEITER := FALSE;`	weist FALSE zu.
- `ERGEBNIS := B1;`	weist den Wert von B1 zu.
- `B1 := 100>1000;`	weist FALSE zu.
- `B1 := Var1<Var2`	weist z.B. FALSE zu.
- `WEITER := (100<88)OR(0.3>0.4)`	weist FALSE zu.
- `B1 := FALSE<TRUE`	weist TRUE zu.
- `WEITER := FALSE>TRUE`	weist FALSE zu.
- `B1 := (ABS(-200)>100)`	weist TRUE zu.
- `B1 := (ZAHL MOD 5 = 0)`	weist TRUE zu, wenn ohne Rest durch 5 teilbar.
- `B2 := B2=FALSE`	weist TRUE zu für B2=FALSE und umgekehrt (=Schalter).

In **Turbo** Pascal kann man den Inhalt einer Booleschen Variablen direkt ausgeben, nicht aber umgekehrt direkt eingeben. Die Anweisung WRITELN(B1); ergibt so z.B. die Bildschirmausgabe von TRUE. Die Anweisung READLN(B1); hingegen führt zum Fehler 66 (I/O are not allowed für 'unerlaubte Eingabe'), da man nach B1 den Wert TRUE oder FALSE nicht direkt über READLN, sondern nur über eine Wertzuweisung eingeben kann.

Pascal-Codierung und Ausführung zu Programm BOOLEAN1:

```
PROGRAM BOOLEAN1;
VAR
  B1:  BOOLEAN;
  X,Y: INTEGER;
BEGIN
  WRITE('Zwei Zahlen (mit Blank getrennt) eingeben: ');
  READLN(X,Y);
  B1 :=  X = Y ;
  IF B1 THEN WRITELN('Beide Zahlen gleich')
        ELSE WRITELN('Beide Zahlen sind ungleich');
  WRITELN('Ende.');
END.
```

```
Running
Zwei Zahlen (mit Blank getrennt) eingeben: 100 101
Beide Zahlen sind ungleich
Ende.
```

Pascal-Codierung und Ausführung zu Programm BOOLEAN2:

```
PROGRAM BOOLEAN2;
BEGIN
  WRITELN('Datentyp BOOLEAN als:');
  WRITELN('WAHR   bzw. TRUE  -> ', 3 = 3 );
  WRITELN('UNWAHR bzw. FALSE -> ', 3 = 4 );
  WRITELN('Ende.');
END.
```

```
Running
Datentyp BOOLEAN als:
WAHR   bzw. TRUE  -> TRUE
UNWAHR bzw. FALSE -> FALSE
Ende.
```

3.5.5.2 Boolesche Operatoren

Turbo Pascal sieht die Booleschen Operatoren AND, OR, XOR und NOT zum Verknüpfen von Wahrheitswerten vor. AND, OR sowie XOR benötigen zwei Wahrheitswerte (z.B. B1 AND B2), während sich die Verneinung NOT auf nur einen Wert bezieht (z.B. NOT B2). Im Programm BOOLEAN3 werden die Operatoren AND, OR und NOT zum Vergleichen von drei Worten verwendet. AND wird auch als Konjunktion und OR als Disjunktion bezeichnet.

B1	B2	logisch "UND" B1 AND B2	logisch "ODER" B1 OR B2	ausschließlich "ODER" B1 XOR B2	Verneinung "NICHT" NOT B1
TRUE	TRUE	TRUE	TRUE	FALSE	FALSE
TRUE	FALSE	FALSE	TRUE	TRUE	FALSE
FALSE	TRUE	FALSE	TRUE	TRUE	TRUE
FALSE	FALSE	FALSE	FALSE	FALSE	TRUE

Wahrheitstabellen für logisch AND, OR, XOR und NOT

Die Operatoren AND und OR sind austauschbar:
Der Ausdruck (KLEIN<=X) AND (X<=GROSS) wird TRUE, wenn X im Intervall zwischen KLEIN und GROSS liegt. Dementsprechend wird der Ausdruck (KLEIN>X) OR (X>GROSS) wahr, wenn X außerhalb des Intervalls liegt. Dieser Ausdruck ist deshalb gleichbedeutend mit dem Ausdruck NOT((KLEIN<=X) AND (X<=GROSS)) .

Pascal-Codierung und Ausführung zu Programm BOOLEAN3:

```
Running
Drei Worte nacheinander eintippen:
TURBO
Pascal
TURBO
Die letzten beiden Worte ungleich.
Ende.
```

```
PROGRAM BOOLEAN3;
VAR
  A,B,C:  STRING[20];
  B1, B2: BOOLEAN;
BEGIN
  WRITELN('Drei Worte nacheinander eintippen:');
  READLN(A); READLN(B); READLN(C);
  B1 :=  A = B ;      {Ergebnis eines Booleschen Ausdrucks zuweisen}
  B2 :=  B = C ;
  IF B1 AND B2 THEN WRITELN('Alle drei Worte gleich.');
  IF B1 OR B2 THEN WRITELN('Die ersten oder letzten beiden Worte gleich.');
  IF NOT B2 THEN WRITELN('Die letzten beiden Worte ungleich.');
  WRITELN('Ende.');
END.
```

3.5.5.3 Boolesche Variablen als Laufvariablen

Wie die Datentypen INTEGER, BYTE und CHAR gehört auch der Typ BOOLEAN zu den vorvereinbarten Aufzählungstypen: es gibt zwei Wahrheitswerte TRUE und FALSE, d.h. man kann den Wertevorrat dieses Datentyps aufzählen. Das bedeutet, daß der BOOLEAN-Typ als Kontrollvariable der CASE-Anweisung (mehrseitige Auswahl) und als Laufvariable der FOR-Anweisung (Zählerschleife) eingesetzt werden kann. Das Programm ODER zeigt dazu ein Beispiel.

Pascal-Codierung und Ausführung zu Programm ODER:

```
PROGRAM ODER;
  {Darstellung einer Wahrheitstabelle fuer logisch ODER bzw. OR}
CONST
  W: STRING[9] = 'wahr     ';
  F: STRING[9] = 'falsch   ';

VAR
  X,Y,ERGEBNIS: BOOLEAN;

BEGIN
  WRITELN('  X         Y        X OR Y');
  WRITELN('-------------------------');
  FOR X := FALSE TO TRUE DO
    FOR Y := FALSE TO TRUE DO
    BEGIN
      ERGEBNIS := X OR Y;
      IF X THEN WRITE(W) ELSE WRITE(F);
      IF Y THEN WRITE(W) ELSE WRITE(F);
      IF ERGEBNIS THEN WRITE(W) ELSE WRITE(F);
      WRITELN
    END; {von FOR Y}
   {END von FOR X}
END.
```

```
   X         Y        X OR Y
-------------------------
falsch    falsch    falsch
falsch    wahr      wahr
wahr      falsch    wahr
wahr      wahr      wahr
```

- In FOR X:=FALSE TO TRUE DO nimmt die Laufvariable X zuerst den Wert FALSE und dann den Wert TRUE an.
- W und F werden als Stringkonstanten typisiert neun Stellen lang vereinbart: in der Tabelle stehen die Strings damit geordnet untereinander.
- Das Programm ODER erzeugt eine Wahrheitstabelle für logisch "ODER" bzw. den OR-Operator.
- Die Anweisung WRITELN schreibt einen Zeilenvorschub (da zuvor mehrere WRITE verwendet werden).

Im Programm FLAECHE1 wird über Boolesche Variablen überprüft, ob ein Punkt innerhalb oder außerhalb einer Fläche liegt. Dazu wird der Boolesche Ausdruck

```
IF RECHTS AND LINKS AND OBEN AND UNTEN ...
```

abgefragt. Man kann also mehrere logische Operatoren in einem Ausdruck setzen. Ebenso können zusätzlich Vergleichsoperatoren benutzt werden. Für die *Priorität* bzw. Rangfolge bei der Ausführung zusammengesetzter Ausdrücke gilt folgendes:

- OR und XOR zählen zu den Additionsoperatoren, während AND zu den Multiplikationsoperatoren gehört.
- AND wird *vor* OR bzw. XOR ausgeführt (wie die Multiplikation vor der Addition).
- NOT wird *vor* AND ausgeführt (wie die Potenzierung vor der Multiplikation).
- Die logischen Operatoren haben eine höhere Priorität als die Vergleichsoperatoren. Aus diesem Grund müssen z.B. in dem Ausdruck (B1<B2) AND B3 die Klammern beibehalten werden, wenn das Ergebnis des Vergleichs B1<B2 durch AND mit B3 verknüpft werden soll.

		groß ↑
( )	Klammern	
-	Vorzeichenumkehrung	
NOT	Verneinung, Negation (arith., logisch)	
* /	Multiplikation, REAL-Division	
DIV	INTEGER-Division	
MOD	Modulus bzw. Restbildung	
AND	UND (arithmetisch, logisch)	
SHL	Shift nach links	
SHR	Shift nach rechts	
+	Addition, Verkettung (String)	
-	Subtraktion	
OR	ODER (arith., logisch)	
XOR	Ausschließliches ODER (arith., logisch)	
=	Gleichheit	
<>	Ungleichheit	
>=	Größer oder gleich	
<=	Kleiner oder gleich	
>	Größer als	
<	Kleiner als	
IN	Enthalten in einer Menge	
		klein

Prioritäten der Operatoren in TURBO Pascal

Das Setzen von Klammern ist bei längeren Booleschen Ausdrücken unumgänglich. So muß die in der Mathematik erlaubte Folge von Ungleichungen

```
KLEIN < MITTE < GROSS       (MITTE zwischen KLEIN und GROSS?)
```

in Pascal in jedem Fall mit Klammern und mit AND in der Form

```
(KLEIN<MITTE) AND (MITTE<GROSS)
```

geschrieben werden (Klammerausdrücke vor AND). In der Schleife

```
REPEAT
  ...
UNTIL (NOT SORTIERT) OR EOLN
```

hingegen kann die Klammer weggelassen werden, da NOT eine höhere Priorität als OR besitzt und die Operation NOT SORTIERT in jedem Fall v o r der OR-Operation ausgeführt wird.

Pascal-Codierung und Ausführung zu Programm FLAECHE1:

```
Punkt mit Koordinaten X Y? 29 19
Der Punkt liegt innerhalb der Flaeche.

Punkt mit Koordinaten X Y? 30 20
Der Punkt liegt ausserhalb der Flaeche.

Punkt mit Koordinaten X Y? 1 1
Der Punkt liegt innerhalb der Flaeche.
```

```
PROGRAM FLAECHE1;
  {Ein Punkt liegt innerhalb oder ausserhalb einer Flaeche}

CONST
  RECHTSGRENZE = 30;
  OBERGRENZE   = 20;
  INNEN        = 'Der Punkt liegt innerhalb der Flaeche.';
  AUSSEN       = 'Der Punkt liegt ausserhalb der Flaeche.';

VAR
  RECHTS, LINKS, OBEN, UNTEN: BOOLEAN;
  X, Y:                       BYTE;

BEGIN
  WRITE('Punkt mit Koordinaten X Y? '); READLN(X,Y);
  RECHTS:=X<RECHTSGRENZE; LINKS:=X>0;      {True oder False zuweisen}
  OBEN  :=Y<OBERGRENZE;   UNTEN:=Y>0;
  IF RECHTS AND LINKS AND OBEN AND UNTEN   {True oder False verknuepfen}
    THEN WRITELN(INNEN)
    ELSE WRITELN(AUSSEN)
END.
```

Fläche im Programm FLAECHE1:

Koordinatenkreuz mit (0/0) links unten. Schraffierte Fläche gleich 'innerhalb'.

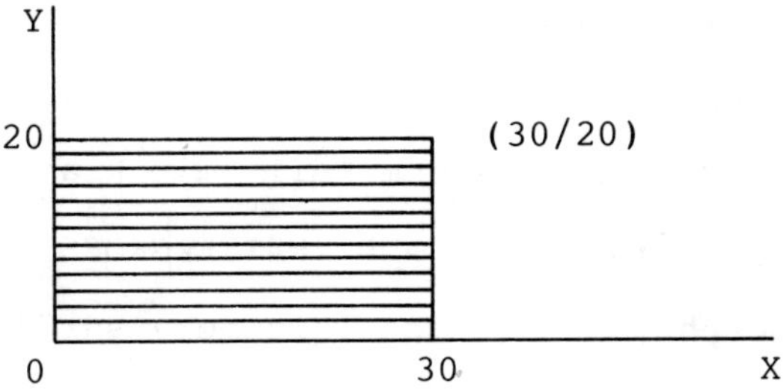

3.5.5.4 Anwendung von AND, OR und XOR auf INTEGER-Zahlen

Die logischen Operatoren AND, OR, XOR und NOT erwarten Eingaben vom Typ BOOLEAN und erzeugen Ergebnisse vom gleichen Typ. Wie das Programm BOOLEAN4 zeigt, können diese Operatoren auch als a r i t h m e t i s c h e Operatoren auf dem INTEGER-Typ zur Ausführung gebracht werden. Durch 12 AND 10 werden die beiden INTEGER-Zahlen 12 und 10 als Bitfolgen dargestellt und bitweise mit AND verknüpft (vgl. Abbildung). Die bitweise Verarbeitung wird im "TURBO Pascal-Wegweiser Aufbaukurs" erklärt.

Boolesche Operatoren

<u>arithmetisch AND, OR, XOR, NOT</u>:	<u>logisch AND, OR, XOR, NOT</u>:
- Parameter vom INTEGER-Typ	- Parameter vom BOOLEAN-Typ
- Ergebnis vom INTEGER-Typ	- Ergebnis vom BOOLEAN-Typ
- Verknüpfung bitweise	- Verknüpfung von TRUE/FALSE
- Beispiel: 12 AND 10 ergibt 8	- Beispiel: TRUE AND FALSE ergibt als Ergebnis FALSE

```
12  =  1  1  0  0    4-Bit-Folge           TRUE
10  =  1  0  1  0    4-Bit-Folge           FALSE

AND   ___________    Nur 1 AND 1     AND   ______
                     ergibt 1.
 8  =  1  0  0  0                          FALSE
```

Arithmetisch bzw. logisch AND, OR, XOR und NOT

Die Operatoren SHL bzw. SHR verschieben die Werte einer Bitfolge nach links (SHL für SHift nach Left) bzw. rechts. Dabei wird die Anzahl der Stellen als zweites Argument angegeben:

1 SHL 3	1 = 0001 8 = 1000	1 um 3 Stellen nach links verschoben ergibt 8.
7 SHR 2	7 = 0111 1 = 0001	7 um 2 Stellen nach rechts verschoben ergibt 1.
2 SHL 7	2 = 00000010 256 = 1 00000000	2 um 7 Stellen nach links verschoben ergibt 256.

Pascal-Codierung und Ausführung zu Programm BOOLEAN4:

```
PROGRAM BOOLEAN4;
BEGIN
  WRITELN('Verknuepfungen zwischen Booleschen Werten:');
  WRITELN;
  WRITELN('NOT FALSE -> ', NOT FALSE);
  WRITELN('NOT TRUE  -> ', NOT TRUE);
  WRITELN;
  WRITELN('FALSE AND FALSE -> ', FALSE AND FALSE);
  WRITELN('FALSE AND TRUE  -> ', FALSE AND TRUE);
  WRITELN('TRUE  AND FALSE -> ', TRUE AND FALSE);
  WRITELN('TRUE  AND TRUE  -> ', TRUE AND TRUE);
  WRITELN;
  WRITELN('FALSE OR FALSE  -> ', FALSE OR FALSE);
  WRITELN('FALSE OR TRUE   -> ', FALSE OR TRUE);
  WRITELN('TRUE  OR FALSE  -> ', TRUE OR FALSE);
  WRITELN('TRUE  OR TRUE   -> ', TRUE OR TRUE);
  WRITELN;
  WRITELN('FALSE XOR FALSE -> ', FALSE XOR FALSE);
  WRITELN('FALSE XOR TRUE  -> ', FALSE XOR TRUE);
  WRITELN('TRUE  XOR FALSE -> ', TRUE XOR FALSE);
  WRITELN('TRUE  XOR TRUE  -> ', TRUE XOR TRUE);
  WRITELN;
  WRITELN('Anwendung der logischen Operatoren auf INTEGER-Typen');
  WRITELN('(Ausfuehrung dabei  b i t w e i s e ):');
  WRITELN;
  WRITELN('NOT (MAXINT+1)  -> ', NOT (MAXINT + 1));
  WRITELN('NOT 0           -> ', NOT 0);
  WRITELN;
  WRITELN('12 AND 10       -> ', 12 AND 10);
  WRITELN('12 OR 10        -> ', 12 OR 10);
  WRITELN('12 XOR 10       -> ', 12 XOR 10);
  WRITELN('1 SHL 3         -> ', 1 SHL 3);
  WRITELN('7 SHR 2         -> ', 7 SHR 2);
END.
```

Ausführung zu Programm BOOLEAN4:

```
Running
Verknuepfungen zwischen Booleschen Werten:

NOT FALSE -> TRUE
NOT TRUE  -> FALSE

FALSE AND FALSE -> FALSE
FALSE AND TRUE  -> FALSE
TRUE  AND FALSE -> FALSE
TRUE  AND TRUE  -> TRUE

FALSE OR FALSE  -> FALSE
FALSE OR TRUE   -> TRUE
TRUE  OR FALSE  -> TRUE
TRUE  OR TRUE   -> TRUE

FALSE XOR FALSE -> FALSE
FALSE XOR TRUE  -> TRUE
TRUE  XOR FALSE -> TRUE
TRUE  XOR TRUE  -> FALSE

Anwendung der logischen Operatoren auf INTEGER-Typen
(Ausfuehrung dabei  b i t w e i s e ):

NOT (MAXINT+1)  -> 32767
NOT 0           -> -1

12 AND 10       -> 8
12 OR 10        -> 14
12 XOR 10       -> 6
1 SHL 3         -> 8
7 SHR 2         -> 1
```

3.5.5.5 Standardfunktionen mit Booleschem Ergebnis

Das Programm BOOLEAN5 zeigt einige Beispiele zu Funktionen, die als Ergebnis einen Funktionswert vom Typ BOOLEAN liefern. Man spricht von B o o l e s c h e n F u n k t i o n e n.

Die Funktion ODD liefert für ungerade INTEGER-Zahlen den Wert TRUE. ODD arbeitet wie folgt:
- FALSE wird intern als *******0 und TRUE als *******1 dargestellt, also als Bitfolge, wobei jeweils das niedrigste Bit signifikant bzw. entscheidend ist (* bedeutet 'egal'). Eine Boolesche Größe nimmt somit ein Byte in Anspruch (obwohl ein Bit ausreichen würde).
- Die Funktion ODD prüft jeweils die einer INTEGER-Zahl entsprechende Bitfolge.
- Bei einer ungeraden Zahl ist das letzte bzw. niedrigste Bit stets 1 bzw. 'gesetzt'. ODD findet also den Wert TRUE.
- Die Funktion ORD geht gerade umgekehrt vor und ermittelt aus einem Booleschen Wert ein Ergebnis vom Typ INTEGER.

Die Funktion KEYPRESSED hat kein Argument und ergibt den Wert TRUE, sobald eine Taste gedrückt wurde. Wie die Warteschleife im Programm BOOLEAN5 zeigt, ergibt KEYPRESSED danach wieder den Wert FALSE.

Zur Steuerung der Eingabe besitzt Pascal die Funktionen EOLN (End Of LiNe für 'Zeilenende) und EOF (End Of File für Dateiende). EOLN ergibt den Wert TRUE, wenn das Zeilenende erreicht ist, und kann durch Eingabe von /RETURN/ bzw. /CTRL-C/ erzeugt werden. Wenn EOF wahr ist, wird auch EOLN wahr. RESET(INPUT) setzt den Eingabekanal zurück. Auf EOLN und EOF wird im "Turbo Pascal-Wegweiser Aufbaukurs" im Zusammenhang mit der Dateiverarbeitung ausführlich eingegangen.

Pascal-Codierung und Ausführung zu Programm BOOLEAN5:

```
PROGRAM BOOLEAN5;
  {Standardfunktionen, die Boolesche Ergebniswerte liefern}
VAR
  B: BOOLEAN;
  S: STRING[80];
BEGIN
  WRITELN('ODD(12)    = ', ODD(12), '   keine ungerade Zahl ');
  WRITELN('ODD(11)    = ', ODD(11), '    ungerade Zahl ');
  WRITELN;
  WRITELN('KEYPRESSED = ', KEYPRESSED );
  WRITELN('Bitte eine Taste druecken.');
  REPEAT
    B := KEYPRESSED
  UNTIL B;
  WRITELN('B          = ', B);
  WRITELN('KEYPRESSED = ', KEYPRESSED );
  WRITELN;

  WRITELN('EOLN       = ', EOLN );
  WRITELN('EOF        = ', EOF );
  REPEAT
    WRITE('Eingabe mit /RETURN/ beenden: '); READ(S);
    B := EOLN;
  UNTIL B;
  WRITELN; WRITELN('B = ',B);
  WRITELN('EOLN       = ', EOLN );
  WRITELN('EOF        = ', EOF(INPUT) );
  WRITELN;

  RESET(INPUT);                       {setzt EOF und EOLN auf FALSE }
  WRITELN('EOLN       = ', EOLN ); WRITELN('EOF = ', EOF );
  REPEAT
    WRITE('Eingabe mit /RETURN/ beenden: '); READ(S);
  UNTIL EOF;
  WRITELN;
  WRITELN('EOF        = ', EOF );
  WRITELN('EOLN       = ', EOLN );
END.
```

Ausführung zu Programm BOOLEAN5:

```
Running
ODD(12)    = FALSE   keine ungerade Zahl
ODD(11)    = TRUE    ungerade Zahl

KEYPRESSED = FALSE
Bitte eine Taste druecken.
B          = TRUE
KEYPRESSED = FALSE

EOLN       = FALSE
EOF        = FALSE
Eingabe mit /RETURN/ beenden:
B = TRUE
EOLN       = TRUE
EOF        = TRUE

EOLN       = FALSE
EOF = FALSE
Eingabe mit /RETURN/ beenden:
EOF        = TRUE
EOLN       = TRUE
```

3.5.6 Benutzervereinbarte Aufzählungstypen

In der Programmiersprache BASIC stehen nur standardisierte (also vorvereinbarte) Datentypen zur Verfügung. In Pascal hingegen kann der Benutzer selbst eigene Datentypen vereinbaren, um diese gesondert oder mit den Standardtypen kombiniert zu verarbeiten. Wie die Abbildung zeigt, kann der Benutzer seine Datentypen durch Aufzählung (Aufzählungstypen) oder durch Bezugnahme auf andere Datentypen (Unterbereichstypen) festlegen. Der Abschnitt 3.5.6 wendet sich den Aufzählungstypen zu.

	Aufzählungs-typen:	Unterbereichs-typen:	Nicht abzählbarer Typ:
vor-vereinbart	INTEGER, BYTE, CHAR, BOOLEAN	-	REAL
benutzer-vereinbart	z.B. TOMATE in Programm AUFZL0	z.B. WUERFEL in Programm UBER1	-

Datentypen durch Aufzählung oder Unterbereichsangabe selbst vereinbaren

3.5.6.1 Benannte Typvereinbarung mit TYPE

Die einfachste Möglichkeit zum Festlegen eines neuen Datentyps besteht in der A u f z ä h l u n g aller erlaubten Werte. In Pascal ist dazu die Typvereinbarung mit TYPE vorgesehen. Durch

```
TYPE
  NAMEN=(Klaus,Jakob,Tillmann,Severin,Anita,Ekkehard,Werner)
```

wird ein Datentyp NAMEN mit sieben Werten festgelegt. Der Typ NAMEN hat dabei folgende Kennzeichen:

- Die acht Vornamen gelten im Anweisungsteil als Konstanten. Anders ausgedrückt: diese Vornamen bezeichnen die Konstanten des neudefinierten Typs.

- Die Aufzählung legt eine R e i h e n f o l g e fest. Dabei ergeben z.B. Anita<Klaus den Wert FALSE und Jakob>Klaus den Wert TRUE. Mit der Typvereinbarung von NAMEN wird somit eine Reihenfolge festgelegt, die mit der alphabetischen Folge nichts zu tun hat (bzw. haben muß).

- Da die abzählbar vielen Elemente des NAMEN-Typs wohlgeordnet vorliegen, können die Funktionen SUCC, PRED und ORD benutzt werden:
  SUCC(Tillmann) ergibt Severin
  PRED(Severin) ergibt Tillmann
  ORD (Tillmann) ergibt 2 und ORD(Klaus) ergibt 0

- SUCC(Werner) als Nachfolger des letzten sowie PRED(Tillmann) als Vorgänger des ersten Wertes sind nicht definiert.

- Vereinbart man zusätzlich zu NAMEN einen weiteren Datentyp NAMEN1=(Tillmann,Severin), meldet Pascal einen Fehler. Auch die selbstvereinbarten Typen müssen e i n d e u t i g sein, die Konstante Tillmann gehört entweder zu NAMEN oder aber zu NAMEN1, nicht aber zu beiden Typen.

- Der Typ NAMEN enthält wie die vordefinierten Aufzählungstypen INTEGER, BYTE, CHAR und BOOLEAN eine geordnete Wertemenge (vgl. Abbildung).

Typ:	Erster Wert:	Zweiter Wert:	Letzter Wert:
INTEGER	-MAXINT	-MAXINT+1	MAXINT (=32767)
BYTE	0	1	255
CHAR	(durch ASCII-Code bzw. Zeichensatz festgelegt)		
BOOLEAN	FALSE	TRUE	= zweiter Wert
NAMEN	Tillmann	Severin	Werner
TOMATE	KEINE	ROT	GRUEN
WOCHE	MONTAG	DIENSTAG	SONNTAG

Aufzählungstypen als geordnete Wertemengen

Der Datentyp NAMEN kann als solcher nicht manipuliert werden. Dazu muß der Typvereinbarung eine Variablenvereinbarung folgen wie z.B. die folgende Vereinbarung:

```
TYPE
  NAMEN=(Tillmann,Severin,Klaus,Jakob,Anita,Ekkehard,Werner)
VAR
  NAM1, NAM2: NAMEN
  B1:         BOOLEAN
```

Damit wird für eine Variable NAM1 festgelegt, daß sie später Werte des Datentyps NAMEN speichern kann. Das gleiche gilt für die Variable NAM2. Stellt man sich eine Variable als Schachtel vor, dann wird durch TYPE die Form der Schachtel und durch VAR der Name der Schachtel festgelegt. Der Inhalt ist noch nicht definiert und muß im Anweisungsteil durch eine Wertzuweisung oder eine Eingabe erfolgen. Dazu folgende Beispiele:

```
NAM1 := Jakob         Zuweisung einer Konstanten Jakob
                      des Typs NAMEN nach NAM1
NAM2 := NAM1;         Zuweisung eines Variableninhalts
B1   := NAM2=Anita    Zuweisung von FALSE als Ergebnis des
                      Booleschen Ausdrucks nach B1
NAM1 := PRED(NAM2)    Zuweisung von Klaus nach NAM1
```

```
TYPE
  Typname = (Konstante 1, Konstante 2, ... , Konstante n);

VAR
  Variablenname : Typname;
```

Alle n konstanten Werte werden aufgezählt und damit die Wertemenge Konstante1 < Konstante 2 < ... geordnet.

Allgemeine Form einer Typvereinbarung für Aufzählungstypen

3.5.6.2 Anonyme Typvereinbarung mit VAR

Im Programm AUFZL0 wird mit einem Aufzählungstyp gearbeitet, der die drei Werte (KEINE,ROT,GRUEN) umfaßt, aber keinen Typnamen hat. Dieser Datentyp bleibt somit a n o n y m . Man erreicht dies, indem man den Typ auf der rechten Seite einer Variablenvereinbarung unter VAR anführt. Jede anonyme Typvereinbarung läßt sich natürlich auch benannt mittels TYPE durchführen (vgl. Abbildung).

Pascal-Codierung und Ausführung zu Programm AUFZL0:

```
PROGRAM AUFZLO;
VAR
  TOMATE: (KEINE,ROT,GRUEN);       {Variable vom benutzerdefinierten Typ}
  W:      CHAR;                    {Variable vom Standardtyp CHAR}

BEGIN
  WRITELN('Farbe der Tomate ?');
  WRITELN('rot   1');
  WRITELN('gruen 2');
  READ(KBD,W); WRITELN(W);
  CASE W OF
    '1':   TOMATE := ROT;
    '2':   TOMATE := GRUEN;
    ELSE   TOMATE := KEINE;
  END; {von CASE}
  CASE TOMATE OF
    ROT:   WRITELN('Die Tomate ist reif');
    GRUEN: WRITELN('Die Tomate ist unreif');
    KEINE: WRITELN('Keine richtige Eingabe');
  END;
END.
```

```
                                   Running
  Farbe der Tomate ?               Farbe der Tomate ?
rot   1                            rot   1
gruen 2                            gruen 2
2                                  4
Die Tomate ist unreif              Keine richtige Eingabe
```

```
                      Typvereinbarung

      benannt:                               anonym:
      -------                                ------

  TYPE
    REIF = (KEINE,ROT,GRUEN);
  VAR                                  VAR
    TOMATE : REIF;                       TOMATE : (KEINE,ROT,GRUEN)
    BIRNE  : REIF;
```

Aufzählungstyp benannt oder anonym vereinbart

Bei kurzen Programmen wie dem Programm AUFZL0 ist die anonyme Typvereinbarung sicher berechtigt. Bei umfangreichen Programmen hingegen bietet die benannte Vereinbarung mit TYPE folgende Vorteile:

- Übersichtlichkeit durch Wahl geeigneter Namen.
- Mehrere Variablen zu e i n e m Typ vereinbar.
- Unterbereichstypen können vereinbart werden (siehe dazu Abschnitt 3.5.7).

3.5.6.3 Verwendung als Kontrollvariablen

Da die sebstvereinbarten Aufzählungstypen geordnet sind, können sie wie die Typen INTEGER, BYTE, CHAR und BOOLEAN (nicht jedoch REAL!) zur Kontrolle der Anweisungen CASE und FOR verwendet werden. Im Programm AUFZL0 wird eine Fallabfrage über

```
CASE TOMATE OF
  ROT: ...                      TOMATE vom Aufzählungstyp
  GRUEN: ...                    (ROT,GRUEN,KEINE).
  KEINE: ...
```

kontrolliert. Im Programm AUFZL1 hat die Laufvariable I in

```
FOR I := MO TO FR DO            I vom Aufzählungstyp
                                (MO,DI,MI,DON,FR,SA,SO).
```

den Aufzählungstyp WOCHE. Für den Donnerstag muß dabei DON anstelle von DO angegeben werden, da DO als reserviertes Wort bereits belegt ist.

Pascal-Codierung zu Programm AUFZL1:

```
PROGRAM AUFZL1;
CONST
  L      = 17.8;  {Stundenlohn}
TYPE
  WOCHE  = (MO,DI,MI,DON,FR,SA,SO);  {Aufzaehlungstyp}
  TAGTYP = STRING[16];
VAR
  I: WOCHE;  {Variable vom Aufzaehlungstyp WOCHE}
  A: REAL;   {Arbeitsstunden pro Tag}
  S: REAL;   {Stunden gesamt}
  B: REAL;   {Betrag}

FUNCTION TAG(I: WOCHE): TAGTYP;
BEGIN
  CASE I OF
  MO:  TAG := 'Montag          ';
  DI:  TAG := 'Dienstag        ';
  MI:  TAG := 'Mittwoch        ';
  DON: TAG := 'Donnerstag      ';
  FR:  TAG := 'Freitag         ';
  SA:  TAG := 'Samstag         ';
  SO:  TAG := 'Sonntag         ';
  END; {von CASE}
END;

BEGIN
  WRITELN('Lohnberechnung fuer eine Woche.');
  WRITELN('Arbeitsstunden pro Tag eingeben:');
  S := 0;
  FOR I := MO TO FR DO
    BEGIN
      WRITE(TAG(I)); READLN(A);  {Aufzaehlungstypen koennen leider}
      S := S + A;                {nicht ausgegeben werden}
    END; {von FOR}
  B := S * L;
  WRITELN;
  WRITELN('Gesamtstunden:',S:6:2);
  WRITELN('Wochenlohn:    ',B:7:2,' DM');
END.
```

Ausführung zu Programm AUFZL1:

```
Running
Lohnberechnung fuer eine Woche.
Arbeitsstunden pro Tag eingeben:
Montag          6
Dienstag        7.5
Mittwoch        8
Donnerstag      0
Freitag         9

Gesamtstunden: 30.50
Wochenlohn:    542.90 DM
```

Das Programm AUFZL1 zeigt am Beispiel der Funktion TAG, daß benutzervereinbarte Typen auch für die Parameterübergabe bei Unterprogrammen verwendet werden können. Die Funktionsvereinbarung zu TAG zeigt (vgl. Abbildung), daß dabei Ein- wie Ausgabeparameter selbstvereinbarte Datentypen haben (auf den Datentyp STRING wird im nächsten Abschnitt 3.6 eingegangen).

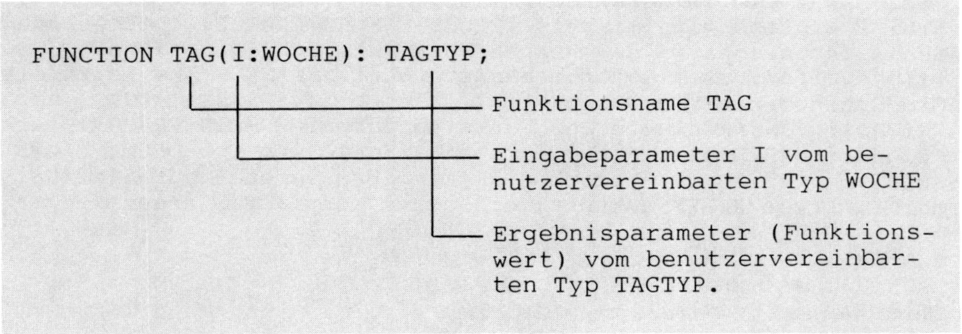

Funktion TAG mit benutzervereinbarten Parametertypen

Pascal-Codierung zu Programm AUFZL2:

```
PROGRAM AUFZL2;
TYPE
  OBST = (AEPFEL,BIRNEN,BANANEN,ZITRONEN,TRAUBEN,KIRSCHEN);
  TXT  = STRING[30];
VAR
  FRUCHT: OBST;
  I: INTEGER;     {Ordnungszahl}

FUNCTION PREIS(A: OBST): TXT;
BEGIN
  CASE A OF
    AEPFEL:    PREIS := 'Die Aepfel kosten 3.70 DM';
    BIRNEN:    PREIS := 'Die Birnen kosten 2.80 DM';
    BANANEN:   PREIS := 'Die Bananen kosten 1.95 DM';
    ZITRONEN:  PREIS := 'Die Zitronen kosten 4.80 DM';
    ELSE       PREIS := 'Ware nicht vorhanden';
  END;
END;

BEGIN
  WRITELN('Aepfel    0');
  WRITELN('Birnen    1');
  WRITELN('Bananen   2');
  WRITELN('Zitronen  3');
  WRITE('Bitte waehlen: '); READLN(I);
  FRUCHT := AEPFEL;  {wird vom System automatisch gesetzt}
  WHILE ORD(FRUCHT) <> I  DO
    FRUCHT := SUCC(FRUCHT);
  WRITELN(PREIS(FRUCHT));
END.
```

Im Programm AUFZL2 wird die Variable FRUCHT vom selbstvereinbarten Typ OBST zur Kontrolle einer WHILE-Schleife verwendet:

```
WHILE ORD(FRUCHT)<>I DO
  FRUCHT := SUCC(FRUCHT);              (Nachfolger nach FRUCHT)
```

Bei Eintritt in die Schleife ergibt ORD(FRUCHT) den Wert 0. Gibt man - wie in der Programmausführung angegeben - für I die Wahl 2 ein, so wird mittels FRUCHT:=SUCC(FRUCHT) beim ersten Schleifendurchlauf der Wert BIRNEN in FRUCHT gespeichert und beim zweiten Durchlauf der nächste Wert BANANEN. Da jetzt die Ordnungsnummer von BANANEN (=2) gleich I (=2) ist, kann nach Verlassen der Schleife der Funktionsaufruf PREIS(FRUCHT) erfolgen. FRUCHT ist eine globale Variable vom Typ OBST. A ist auch vom Typ OBST, jedoch als Eingabeparameter nur innerhalb der Funktion PREIS bekannt, d.h. eine lokale Variable.

Ausführung zu Programm AUFZL2:

```
Running
Aepfel    0
Birnen    1
Bananen   2
Zitronen  3
Bitte waehlen: 2
Die Bananen kosten 1.95 DM
```

```
Running
Aepfel    0
Birnen    1
Bananen   2
Zitronen  3
Bitte waehlen: 1.5

I/O error 10, PC=01A3
Program aborted
```

Zum Problem der Ausgabe von Aufzählungstypen:
Wie im Programm AUFZL1 bereits dargestellt, wird die Anweisung

```
WRITELN(I);                    (I ist vom Typ WOCHE)
```

eine Fehlermeldung erzeugen, nicht aber die Wochentagsnamen MO, DI, ..., SO am Bildschirm ausgeben. Aufzähungstypen können leider nicht direkt ausgegeben werden. Man muß also stets eine spezielle Ausgabeschleife programmieren.

3.5.7 Benutzervereinbarte Unterbereichstypen

3.5.7.1 Unterbereiche zur Sicherheit

Im Programm UBER1 wird vereinbart, daß der Typ WUERFEL nur die Zahlen 1,2,3,4,5 und 6 umfassen soll. WUERFEL ist also ein Unterbereich des Standardtyps INTEGER:

TYPE
  WUERFEL = 1..6;
VAR
  N : WUERFEL;
	VAR
	  N : INTEGER;

Einschränkung: N kann nur die Werte 1-6 annehmen.	Keine Einschränkung: N kann zwischen -32767 und 32767 liegen.

Pascal-Codierung und Ausführung zu Programm UBER1:

```
PROGRAM UBER1;
TYPE
  WUERFEL = 1..6;
VAR
  N: WUERFEL;

BEGIN
  WRITELN('Voreinstellung {$R-}, keine Pruefung auf Bereichsueberschreitung');
  FOR N := 1 TO 9 DO
    WRITE(' ',N); WRITELN;
  {$R+}
  WRITELN('Pruefung auf Bereichsueberschreitung mit {$R+}.');
  WRITELN('Run-time error wenn N > 6.');
  FOR N := 1 TO 9 DO
    WRITELN(N);
END.
```

```
Running
Voreinstellung {$R-}, keine Pruefung auf Bereichsueberschreitung
 1 2 3 4 5 6 7 8 9

Pruefung auf Bereichsueberschreitung mit {$R+}.
Run-time error wenn N > 6.
1
2
3
4
5
6

Run-time error 91, PC=0120
Program aborted
```

Der C o m p i l e r - B e f e h l "R" dient der Bereichs-Prüfung. Aktiviert man diesen Befehl mit "R+", bricht Pascal die Ausführung von Programm UBER1 automatisch ab, wenn N einen über 6 liegenden Wert 'annehmen soll'. Die Verwendung des Unterbereichstyps erhöht somit die S i c h e r h e i t . Kennt man die Werte, die eine Variable als Unterbereich eines Standardtyps annehmen darf, sollte dieser Bereich auch vereinbart werden:

```
VAR                                       VAR
  BUCHSTABE: 'A'..'Z';                      BUCHSTABE: CHAR;
  ZIFFER:    0..9;          besser          ZIFFER:    INTEGER;
  LOTTO:     1..49;         als             LOTTO:     BYTE;
  POSITIV:   0..MAXINT;                     POSITIV:   INTEGER;
```

Wie bei den Aufzählungstypen wird man die Vereinbarungen auch bei den Unterbereichstypen möglichst nicht anonym, sondern mit eigenen Typnamen vorsehen:

```
TYPE
  GROSS:     'A'..'Z';                GROSS als Typname
  LOTTOZAHL: 1..49;
VAR
  BUCHSTABE: GROSS;                   BUCHSTABE als Variablenname
  LOTTOZAHL: LOTTO;
```

Ein sicher extremes Beispiel: Wird statt GEHALT:INTEGER; die Vereinbarung

```
TYPE AUSZAHLUNG = 1000..5000;
VAR  GEHALT : AUSZAHLUNG;
```

vorgenommen, weist das System die Zuweisung GEHALT:=9000 als außerhalb des erlaubten Bereichs liegend ab.

```
TYPE
  Typname = Beginnkonstante..Endekonstante;
VAR
  Variablenname : Typname;
```

Die beiden Punkte trennen den 1. und letzten Wert des Bereichs

Allgemeine Form der Vereinbarung von Unterbereichstypen

3.5.7.2 Unterbereiche von selbstvereinbarten Aufzählungstypen

Unterbereiche lassen sich nicht nur von den Standardtypen bilden, sondern auch von den eigenen Aufzählungstypen. Mit

```
TYPE
  NAMEN=(Tillmann,Severin,Klaus,Jakob,Anita,Ekkehard,Werner)
  KINDER=Tillmann..Jakob;
  ELTERN=Anita..Werner;
```

werden aus NAMEN die beiden Datentypen KINDER und ELTERN als Unterbereiche herausgeschnitten. Man spricht deshalb oft von den Unterbereichstypen als Teilbereichs-, Bereichs-, Eingrenzungs- oder A u s s c h n i t t s t y p e n .

Das Programm UBER2 zeigt, wie aus einem LEBENSMITTEL-Typ vier Unterbereiche FLEISCHWAREN, OBST, GEMUESE und OBSTUNDGEMUESE ausgeschnitten werden. Dabei dürfen die jeweils genannten Beginn- und Endekonstanten dem Grundtyp LEBENSMITTEL natürlich nicht widersprechen (OBST2=PFLAUMEN..BIRNEN) wäre fehlerhaft). Die FOR-Schleife von Programm UBER2 verdeutlicht, daß sich die über die ORD-Funktion abgefragten Ordnungsnummern unmittelbar auf LEBENSMITTEL als G r u n d t y p beziehen. Im Programm UBER3 ist CHAR als Grundtyp gewählt. Die Ordnungsnummern 65-90 stellen aus diesem Grunde die entsprechenden ASCII-Codenummern dar.

Pascal-Codierung und Ausführung zu Programm UBER2:

```
PROGRAM UBER2;
TYPE
  LEBENSMITTEL   = (Aepfel,Birnen,Pflaumen,Kartoffeln,Karotten,Tomaten,
                    Spinat,Mortadella,Salami,Tartar);
  FLEISCHWAREN   = Mortadella..Tartar;
  OBST           = Aepfel..Pflaumen;
  GEMUESE        = Kartoffeln..Spinat;
  OBSTUNDGEMUESE = Aepfel..Spinat;
VAR
  G: GEMUESE;

BEGIN
  FOR G := Kartoffeln TO Spinat DO
    WRITELN(ORD(G),'...........');
END.
```

```
Running
3...........
4...........
5...........
6...........
```

Pascal-Codierung und Ausführung zu Programm UBER3:

```
PROGRAM UBER3;
VAR
  ALFA: 'A'..'Z';

BEGIN
  FOR ALFA := 'A' TO 'Z' DO
    WRITE(' ',ORD(ALFA));
END.
```

```
Running
 65 66 67 68 69 70 71 72 73 74 75 76 77 78 79 80 81 82 83 84 85 86 87 88 89 90
```

Im Programm LOTTO1 werden für die Variablen ZIEHUNG und Z zwei Unterbereichstypen anonym vereinbart, um Lottozahlen zufällig zu erzeugen. Wie die Ausführung zeigt, weisen die Lottotips Mängel auf: die Ausgabe erfolgt unsortiert und dieselbe Zahl kann sich wiederholen (z.B. die 11 in der ersten Tipreihe). Im Programm LOTTO2 (vgl. Abschnitt 3.7) werden diese Mängel behoben. Das Struktogramm verdeutlicht, daß in der nicht-abweisenden Schleife (UNTIL) eine Zählerschleife (FOR) eingeschachtelt angeordnet ist.

Pascal-Codierung zu Programm LOTTO1:

```
PROGRAM LOTTO1;
  {Lottozahlen bei Verwendung von Unterbereichstypen}
VAR
  ZIEHUNG: 1..49;
  Z:       1..6;
  EINGABE: CHAR;

BEGIN
  REPEAT
    FOR Z := 1 TO 6 DO
    BEGIN
      ZIEHUNG := RANDOM(49)+1;
      WRITE(ZIEHUNG:4);
    END; {von FOR}
    WRITELN; WRITE('Ende mit E: '); READLN(EINGABE)
 UNTIL EINGABE ='E'
 END.
```

Struktogramm zu Programm LOTTO1:

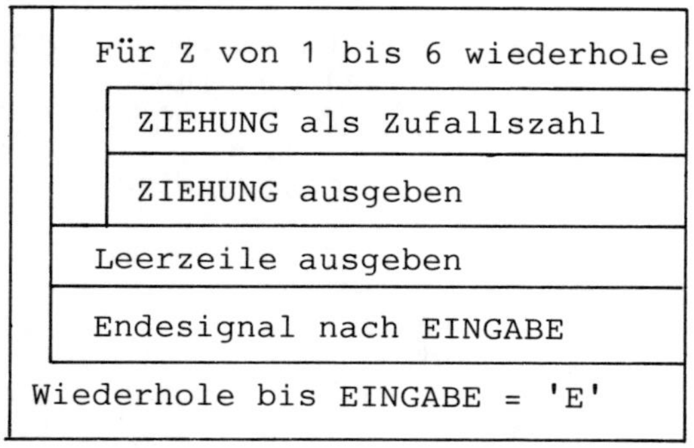

Ausführung zu LOTTO1:

```
Running
 21  27  11  32  11  30
Ende mit E:
  7  21   4  20  36  11
Ende mit E:
  6   6   4  45  38  13
Ende mit E:
 25   8  42  48  12  15
Ende mit E:
 47  35   4  23  27  26
Ende mit E:
  8  43  13  42   1   6
Ende mit E: E
```

3.5.7.3 Vereinbarung über CONST, TYPE und VAR

Häufig wird in einer TYPE-Vereinbarung auf Konstanten Bezug genommen, die zuvor über CONST festgelegt wurden. Im Beispiel

```
CONST                                  Konstanten-Vereinbarung
  ANFANG = 20000;
TYPE                                   Datentyp-Vereinbarung
  ZAHLEN = ANFANG..MAXINT;
VAR                                    Variablen-Vereinbarung
  Z1, Z2 : ZAHLEN;
```

wird der Datentyp ZAHLEN als Unterbereich der ganzen Zahlen zwischen ANFANG und MAXINT vereinbart. ANFANG ist eine vom benutzer mit 20000 und MAXINT eine vom Pascal-System mit 32767 vereinbarte Konstante.

Turbo Pascal schreibt keine bestimmte Reihenfolge für die Konstanten-, Datentyp- und Variablenvereinbarung vor.

3.5.8 Beziehungen zwischen den einfachen Datentypen

Im Programm VERGLEI1 werden zu den einfachen Datentypen einige typisierte Konstanten (vgl. Abschnitt 3.5.2.2) vereinbart, um anhand dieser Konstanten Vergleichsoperationen zu untersuchen:

- Die Datentypen INTEGER und BYTE sind kompatibel (siehe auch Abschnitt 3.5.2.3).
- Beim Vergleich zwischen REAL und INTEGER findet eine Typanpassung statt (vgl. Abschnitt 3.5.3.3).
- Der strukturierte Typ STRING und der einfache Typ CHAR sind kompatibel. Der Vergleich der Konstanteninhalte S und C ergibt TRUE, da das 'E' von 'EVA' im ASCII vor 'K' rangiert.
- Die Vergleiche der Booleschen Werte TRUE und FALSE verdeutlichen, daß dieser Standardtyp als TYPE BOOLEAN=(FALSE,TRUE) vereinbart ist, d.h. daß FALSE v o r TRUE rangiert.

Pascal-Codierung zu Programm VERGLEI1:

```
PROGRAM VERGLEI1;
CONST
  I: INTEGER = 7;
  B: BYTE = 65;
  R: REAL = 7.0;
  C: CHAR = 'K';
  S: STRING[8] = 'EVA';
  W: BOOLEAN = TRUE;
  F: BOOLEAN = FALSE;
BEGIN
  WRITELN('Vergleiche der einfachen Datentypen:');
  WRITELN(I,' < ',B,' ', I<B );
  WRITELN(I,' = ',B,' ', I=B );
  WRITELN(I,' >= 7',' ', I>=7 );
  WRITELN(I,' <> ',B,' ', I <> B );
  WRITELN(R,' = ',I,'  ', R=I );
  WRITELN;
  WRITELN(S,' < ',C,'  ', S<C );
  WRITELN;
  WRITELN(W,' > ',F,'  --> ', W>F );
  WRITELN(W,' < ',F,'  --> ', W<F );
  WRITELN(W,' <> ',F,' --> ', W<>F );
END.
```

Ausführung zu Programm VERGLEI1:

```
Running
Vergleiche der einfachen Datentypen:
7 < 65 TRUE
7 = 65 FALSE
7 >= 7 TRUE
7 <> 65 TRUE
  7.0000000000E+00 = 7  TRUE

EVA < K  TRUE

TRUE > FALSE  --> TRUE
TRUE < FALSE  --> FALSE
TRUE <> FALSE --> TRUE
```

Im Programm AUSFORM werden für die einfachen Datentypen wieder Konstanten typisiert vereinbart, um die Ausgabeformatierung an diesen Beispielen aufzuzeigen. Auf die Formatangabe in der Anweisung WRITELN wurde bereits in Abschnitt 3.1.5 eingegangen:

WRITELN(D)	D in 18 Stellen langes Feld rechtsbündig in Fließkommadarstellung.
WRITELN(D:M)	D in M Stellen langes Feld rechtsbündig in Fließkommadarstellung.
WRITELN(D:M:N)	N Nachkommastellen mit Rundung.

Ausführung zu Programm AUSFORM:

```
Running
Ausgabeformate der einfachen Datentypen:

INTEGER- oder BYTE-Typ: (ganze Zahl)
-12
         7
256

REAL-Typ: (reelle Zahl)
  5.6780000000E+01
5.6780E+01
      56.8
-1.700E+01
     -17.0

CHARACTER-Typ (einzelnes Zeichen)
         AA

STRING-Typ (Zeichenkette, Text)
   2+2 = 52+2 = 5

BOOLEAN-Typ (Logischer Wert TRUE oder FALSE)
      TRUETRUE
```

Pascal-Codierung zu Programm AUSFORM:

```
PROGRAM AUSFORM;
CONST                          {einfache typisierte Konstanten}
  I:  BYTE = 7;
  I1: INTEGER = -12;
  I2: INTEGER = $100;          {als Hexadezimalzahl}
  R:  REAL = 56.78; R1: REAL = -17;
  C:  CHAR = 'A';
  S:  STRING[30] = '2+2 = 5';  {String S mit 30 Zeichen}
  B:  BOOLEAN = TRUE;

BEGIN
  WRITELN('Ausgabeformate der einfachen Datentypen:');
  WRITELN;
  WRITELN('INTEGER- oder BYTE-Typ: (ganze Zahl)');
  WRITELN(I1); WRITELN(I:10);
  WRITELN(I2);
  WRITELN;
  WRITELN('REAL-Typ: (reelle Zahl)');
  WRITELN(R);
  WRITELN(R:10);
  WRITELN(R:10:1);
  WRITELN(R1:10);
  WRITELN(R1:10:1);
  WRITELN;
  WRITELN('CHARACTER-Typ (einzelnes Zeichen)');
  WRITELN(C:10,C);
  WRITELN;
  WRITELN('STRING-Typ (Zeichenkette, Text)');
  WRITELN(S:10,S);
  WRITELN;
  WRITELN('BOOLEAN-Typ (Logischer Wert TRUE oder FALSE)');
  WRITELN(B:10,B);
END.
```

3

Programmierkurs mit Turbo Pascal

Grundkurs

3.6.1 Überblick

Häufig ist man weniger an der Verarbeitung einzelner Zeichen wie 'E' und 'q' interessiert als an Zeichenketten wie 'Tillmann' und 'DM 125.-'. Pascal stellt dazu den Datentyp STRING zur Verfügung. Ein String wie z.B. 'DM 125.-' ist insofern ein strukturierter Datentyp, als

- er aus mehreren Zeichen aufgebaut ist, die in einer bestimmten Reihenfolge abgelegt sind. Der String 'DM 125.-' besteht aus acht Zeichen.
- die Zeichen (Ziffern, Buchstaben bzw. Sonderzeichen) vom Typ CHAR sind.
- der einfache Standardtyp CHAR kompatibel mit dem Typ STRING ist.
- bei der Vereinbarung die Maximallänge angegeben werden muß; so wird z.B. mit VAR BETRAG: STRING[80]; ein String BETRAG mit maximal 80 Zeichen vereinbart.
- man Zuweisungen vornehmen kann; so z.B. BETRAG:='DM 125.-'.
- man auf jedes einzelne Stringelement mittels Indizierung zugreifen kann; BETRAG[2] ergibt z.B. das Zeichen 'M'.

Die beiden Vereinbarungen

```
VAR BETRAG: STRING[80] ;                 BETRAG vom STRING-Typ
VAR BETRAG: ARRAY[1..80] OF CHAR;        BETRAG vom ARRAY-Typ
```

ähneln sich, stimmen jedoch nicht überein. Im vorliegenden Abschnitt 3.6 wird gezeigt, daß die "ausgeschöpfte" Länge eines Strings BETRAG zwischen 0 und 80 schwanken kann, während beim Array die Elementanzahl konstant 80 ist. Im Abschnitt 3.7 wird auf den ARRAY-Typ ausführlich eingegangen.

In Abschnitt 3.6.2 wird gezeigt, wie man einen STRING als Einheit oder über die Indizierung zeichenweise verarbeiten kann.

In Abschnitt 3.6.3 wird auf die speziell für den STRING vorgesehenen
- Stringprozeduren DELETE (Löschen), INSERT (Einfügen), STR und VAL (Umwandlung von Zahl in String und umgekehrt) sowie auf die
- Stringfunktionen COPY (Teilstring entnehmen), CONCAT bzw. + (Verkettung), LENGTH (Anzahl gespeicherter Zeichen) und POS (Position eines Teilstrings)

eingegangen.

In den Abschnitten 3.6.4 bis 3.6.10 werden einige grundlegende Anwendungen der Stringverarbeitung aufgezeigt.

3.6.2 String als Zeichenkette mit fester Länge

3.6.2.1 String als eine Einheit wortweise verarbeiten

Im Programm STRING1 wird durch die Vereinbarung

```
CONST
  Laenge = 9;
VAR
  Zeichenkette: STRING [Laenge];
```

eine Variable namens Zeichenkette vom Typ STRING eingerichtet, in der später maximal 9 Zeichen gespeichert werden können. Die Variable Zeichenkette ist zu diesem Zeitpunkt (noch) leer:

1	2	3	4	5	6	7	8	9	Element 1-9
									Inhalt: leer

Bei der Vereinbarung eines S t r i n g s muß die vorgesehene Maximallänge stets in eckigen Klammern angegeben werden. Ein String kann 1 bis 255 Stellen lang sein. Durch die Anweisung

```
READLN(Zeichenkette);              Eingabe von der Tastatur
```

wird in die Variable Zeichenkette die Tastatureingabe zugewiesen. Im 1. Ausführungsbeispiel zu Programm STRING1 ist dies der String 'Klaus':

1	2	3	4	5	6	7	8	9	Element 1-9
K	l	a	u	s					Inhalt: 5 Zeichen

Die Wertzuweisung in einen String erfolgt also stets linksbündig ab der 1. Stelle. In einem String können dabei Buchstaben, Ziffern und/oder Sonderzeichen gespeichert werden, also eine beliebige Zeichenfolge. Durch die Anweisung

```
WRITELN(Zeichenkette);             Ausgabe des Gesamtinhalts
```

wird im Programm STRING1 der Inhalt von Zeichenkette ausgegeben: am Bildschirm erscheint Klaus .

3.6.2.2 String zeichenweise verarbeiten

Der weitere Ablauf zu Programm STRING1 zeigt, daß man die Möglichkeiten hat, einen String entweder als eine Einheit oder aber z e i c h e n w e i s e zu verarbeiten. So wird mittels

```
WRITELN(Zeichenkette[3]);          Ausgabe der 3. Stelle
```

die 3. Stelle von Zeichenkette ausgegeben, also der Buchstabe 'a'. Entsprechend wird durch die Anweisung

```
WRITELN(Zeichenkette[Index]);     Ausgabe der Stelle, die
                                  in Index gespeichert ist
```

ebenfalls das 'a' ausgegeben, wenn in der Variablen Index gerade der Wert 3 gespeichert ist. Die Variable Index (man könnte sie auch VV nennen) wird als I n d e x v a r i a b l e bezeichnet, da sie eine bestimmte der neun Stellen des Strings Zeichenkette anzeigt (Index = Anzeiger; indizieren = anzeigen; indizierte Variable = Variable, auf die ein Index zeigt). In Pascal wird der Index stets in eckige Klammern hinter den Namen der anzuzeigenden Variablen gesetzt.
Erhöht man den Wert einer Indexvariablen innnerhalb einer Zählerschleife jeweils um eins, kann man den Inhalt eines Strings z.B. z e i c h e n w e i s e ausgeben. Die zwei Anweisungen

```
WRITELN(Zeichenkette);                Als Einheit ausgeben:
                                      'Klaus' erscheint.
und

FOR Index:=1 TO 5 DO                  Zeichenweise ausgeben:
  WRITE(Zeichenkette[Index]);         'Klaus' erscheint.
WRITELN;
```

bewirken also dasselbe (Annahme dabei: im String Zeichenkette sind die fünf Zeichen 'Klaus' gespeichert).

Pascal-Codierung zu Programm STRING1:

```
PROGRAM STRING1;
  {Einfacher Datentyp CHAR und strukturierter Datentyp STRING}

CONST
  Laenge = 9;
VAR
  Zeichen: CHAR;
  Zeichenkette: STRING[Laenge];
  Index: BYTE;

BEGIN
  WRITE('Text bis 9 Zeichen: '); READLN(Zeichenkette);
  WRITELN(Zeichenkette);                     {1. Ausgabe insgesamt}
  FOR Index := 1 TO LENGTH(Zeichenkette) DO  {2. Ausgabe zeichenweise LENGTH}
    WRITELN(Index,Zeichenkette[Index]);
  WRITELN('Ende LENGHTH.');
  FOR Index := 1 TO Laenge DO                {3. Ausgabe zeichenweise Laenge}
    WRITELN(Index,Zeichenkette[Index]);
  WRITELN('Ende Laenge.');

  Zeichen := Zeichenkette[1];
  WRITELN('1. Element: ',Zeichen);
  Zeichen := Zeichenkette;           {nur bei Stringlaenge=1 fehlerfrei}
  WRITELN('STRING in CHAR-Variable: ',Zeichen);
END.
```

Zwei Ausführungen zu Programm STRING1:

```
Running
Text bis 9 Zeichen: Klaus
Klaus
1K
2l
3a
4u
5s
Ende LENGHTH.
1K
2l
3a
4u
5s
6#
7
8
9B
Ende Laenge.
1. Element: K

Run-time error 10, PC=014D
```

```
Text bis 9 Zeichen: q
q
1q
Ende LENGHTH.
1q
2
3
4*
5
6
7
8
9C
Ende Laenge.
1. Element: q
STRING in CHAR-Variable: q
```

Im Programm STRING1 werden zwei Schleifen zur Ausgabe des derzeitigen Wertes von String Zeichenkette gezeigt (vgl. auch die Abbildung): Ausgeben bis zum letzten im String gespeicherten Zeichen (hier: bis zum 's' von 'Klaus') bzw. Ausgeben bis zum letzten im Zuge der Vereinbarung festgelegten Stringelement (hier: bis zum 9. Element).

1. Den derzeitigen Inhalt des Strings ausgeben:

```
FOR Index:=1 TO LENGTH(Zeichenkette) DO      Index=1,2,3,4,5
  WRITELN(Zeichenkette[Index]);
```

2. Den String in der vereinbarten Länge ausgeben:

```
FOR Index:=1 TO Laenge DO                    Index=1,2,3,...,9
  WRITELN(Zeichenkette[Index]);
```

1	2	3	4	5	6	7	8	9	Elemente 1-9
K	l	a	u	s					Inhalt: 5 Zeichen von Zeichenkette

Annahmen:
Laenge=9, Zeichenkette: STRING[Laenge] ,LENGTH(Zeichenkette)=5

String namens Zeichenkette zeichenweise ausgeben

3.6.2.3 Vereinbarung und Indizierung eines Strings

Die Angabe von NAME[20] bedeutet entweder "20 Elemente für den String NAME" oder aber "das 20. Element von NAME". Entscheidend für diese unterschiedliche Auslegung der in Klammern gesetzten 20 ist, ob NAME[20] im Vereinbarungs- oder Anweisungsteil geschrieben wird. Im Vereinbarungsteil wird die maximale Anzahl von Stellen einer Stringvariablen festgelegt. Im Anweisungsteil hingegen wird e i n e bestimmte Stelle angezeigt bzw. indiziert (siehe Abbildung).

Vereinbarung: ... n Elemente

VAR NAME: STRING[20];	Richte einen String NAME ein mit 20 Elementen.

Indizierung: ... das n. Element

READLN(NAME[20]);	In das 20. Element von NAME ein Zeichen eingeben.
WRITELN(NAME[12]);	Das 12. Element von NAME ausgeben.
NAME[9] := 't'	Dem 9. Element von NAME das Zeichen 't' zuweisen.
NAME[2] := NAME[13];	Das 2. Element durch das 13. Element von NAME ersetzen.

"20 Elemente" sowie "das 20. Element" eines Strings

Zum 0. Element eines Strings:

An der ersten Stelle eines Strings (0. Element) wird die Stringlänge gespeichert. Wie das Programm TEST zeigt, ergibt der Aufruf ORD(NAME[0]) demnach dasselbe wie LENGTH(NAME).

```
PROGRAM TEST;
VAR NAME: STRING[20];
BEGIN
  NAME:='Tillmann';
  WRITELN (ORD(NAME[0]));
  WRITELN (NAME);
END.

Running
8
Tillmann
```

3.6.3 Stringprozeduren und Stringfunktionen

Turbo Pascal stellt die Funktionen COPY, CONCAT, LENGTH sowie POS und die Prozeduren DELETE, INSERT, STR und VAL zur Verarbeitung von Strings standardmäßig zur Verfügung. In den nachfolgenden Programmen TEXT0 - TEXT9 werden diese 'Anweisungen' in überschaubaren Beispielen eingesetzt.

3.6.3.1 Anfangsstelle eines Teilstring suchen mit POS

Im Programm TEXT0 wird die Funktion POS(Z,E) aufgerufen, um den Eingabetext E nach dem ersten Vorkommen des Teilstrings Z zu durchsuchen:

Eingabetext E:	Teilstring Z:	POS(Z,E) ergibt als INTEGER:
'Wegweiser'	'eis'	5
'Wegweiser'	'eisl'	0 (=nicht gefunden)
'Wegweiser'	'e'	2

Da die Funktion POS den Funktionswert vom Typ INTEGER ergibt, muß vor der Wertzuweisung S:=POS(Z,E) die Variable S ganzzahlig vereinbart werden.

Pascal-Codierung und drei Ausführungen zu Programm TEXT0:

```
PROGRAM TEXT0;
  {Einen Teilstring suchen mittels Funktion POS}
VAR
  E: STRING[255];  {Eingabetext}
  Z: STRING[30];   {In E zu suchender Teilstring (auch einzelnes Zeichen)}
  S: INTEGER;      {Stelle in E, an der Z beginnt}

BEGIN
  WRITELN('String in einem Text suchen (mit POS)');
  WRITE('Welcher Text ? ');
  READLN(E);
  WRITE('Welchen Teilstring suchen ? ');
  READLN(Z);
  S := POS(Z,E);
  IF S = 0
    THEN WRITELN(Z,' in ',E,' nicht vorhanden.')
    ELSE WRITELN(Z,' beginnt an Stelle ',S,'.');
  WRITELN('Ende.');
END.
```

```
  String in einem Text suchen (mit POS)
Welcher Text ? Wegweiser
Welchen Teilstring suchen ? eis
eis beginnt an Stelle 5.
Ende.

Running
String in einem Text suchen (mit POS)
Welcher Text ? Wegweiser
Welchen Teilstring suchen ? eisl
eisl in Wegweiser nicht vorhanden.
Ende.

Running
String in einem Text suchen (mit POS)
Welcher Text ? Wegweiser
Welchen Teilstring suchen ? e
e beginnt an Stelle 2.
Ende.
```

3.6.3.2 Teilstring entnehmen mit COPY

Das Programm TEXT1 sucht wie das Programm TEXT0 einen Teilstring Z in einem Eingabestring E. Anstelle der Funktion POS wird dabei jedoch eine S u c h s c h l e i f e verwendet:

- Die Funktion LENGTH(Z) ergibt die Länge des Strings Z.
- Die Funktion COPY(E,I,LENGTH(Z)) sucht im String E ab Stelle I einen Teilstring, der LENGTH(Z) Stellen lang ist, also genauso lang wie der String Z.
- Im Unterschied zu Programm TEXT0 (Funktion POS) wird im Programm TEXT1 (Suchschleife) ein String bis zum Ende durchsucht. Das Zeichen 'e' wird im String 'Wegweiser' durch das Programm TEXT1 deshalb an der 8. Stelle angezeigt, durch das Programm TEXT0 hingegen an der 2. Stelle.

Pascal-Codierung und zwei Ausführungen zu Programm TEXT1:

```
PROGRAM TEXT1;
  {Einen Teilstring suchen ueber eine Schleife mit COPY}
VAR
  E: STRING[255];  {Eingabetext}
  Z: STRING[30];   {In E zu suchender Teilstring (auch einzelnes Zeichen)}
  S: INTEGER;      {Stelle in E, in der Z beginnt}
  I: INTEGER;      {Laufvariable}

BEGIN
  WRITELN('String in einem Text suchen (ohne Verwendung von POS)');
  WRITE('Welcher Text ? ');
  READLN(E);
  WRITE('Welchen Teilstring suchen ? ');
  READLN(Z);
  S := 0;
  FOR I := 1 TO (LENGTH(E)-LENGTH(Z)+1) DO
    IF COPY(E,I,LENGTH(Z)) = Z THEN S:=I;
  IF S > 0
    THEN WRITELN(Z,' beginnt an Stelle ',S,'.')
    ELSE WRITELN('... nicht gefunden. Fehlanzeige.');
  WRITELN('Ende.');
END.
```

```
Running
String in einem Text suchen (ohne Verwendung von POS)
Welcher Text ? Wegweiser
Welchen Teilstring suchen ? eis
eis beginnt an Stelle 5.
Ende.
```

```
Running
String in einem Text suchen (ohne Verwendung von POS)
Welcher Text ? Wegweiser
Welchen Teilstring suchen ? e
e beginnt an Stelle 8.
Ende.
```

3.6.3.3 Strings verketten mit "+" oder CONCAT

Im Programm TEXT2 wird ein String T1 umgekehrt im String T2 abgespeichert. Vor dem Eintritt in die Zählerschleife wird mit

```
T2 := '';
```

ein L e e r s t r i n g zugewiesen, um dann an diesen String T2 mit der S t r i n g z u w e i s u n g

```
T2 := T2 + COPY(T1,I,1);
```

jeweils das I. Zeichen des Strings T1 anzuhängen. Der Operator "+" bewirkt eine S t r i n g a d d i t i o n im Sinne einer S t r i n g v e r k e t t u n g . Anstelle des Operators "+" kann man auch die Stringfunktion CONCAT in der Form

```
T2 := CONCAT(T2,(COPY(T1,I,1));
```

verwenden, um den String T2 mit dem Teilstring COPY(T1,I,1) zu verketten. CONCAT('P','a','s','ca','l') z.B. verkettet vier Teilstrings zum Ergebnisstring 'Pascal'.

Pascal-Codierung und Ausführung zu Programm TEXT2:

```
PROGRAM TEXT2;
  {Einen String ueber eine Zaehlerschleife mit COPY umkehren}
VAR
  T1,                   {Eingegebener Text}
  T2: STRING[255];      {Ausgegebener Umkehrtext}
  L,                    {Laenge von T1 bzw. T2}
  I:  BYTE;             {Laufvariable fuer Zaehlerschleife}

BEGIN
  WRITELN('Demonstration zum Umkehren von Text.');
  WRITELN('Welchen Text umkehren ? ');
  READLN(T1);
  L := LENGTH(T1);                        {Laenge des Strings T1}
  T2 := '';                               {T2 als Leerstring mit Laenge 0}
  FOR I := L DOWNTO 1 DO                  {Von L bis 1 hinunterzaehlen}
    BEGIN
      T2 := T2 + COPY(T1,I,1);            {Das I. Zeichen an T2 anhaengen}
      WRITELN(L-I+1,'. Durchlauf: ',T2);  {Kontrollausgabe}
    END;  {von FOR}
  WRITELN;
  WRITELN(T1,' umgekehrt zu ',T2);
END.
```

```
Running
Demonstration zum Umkehren von Text.
Welchen Text umkehren ?
Kaier
1. Durchlauf: r
2. Durchlauf: re
3. Durchlauf: rei
4. Durchlauf: reia
5. Durchlauf: reiaK

Kaier umgekehrt zu reiaK
```

3.6.3.4 Eine Zahl in einen String umwandeln mit STR

Das Programm TEXT3 zieht die Ziffern einer REAL-Zahl auseinander. Dazu wird der numerische Eingabewert mittels der Prozedur STR in einen String umgewandelt. Über den Prozeduraufruf

```
STR( ZahlR:10:2, ZahlS );
```

wird eine in der Variablen ZahlR gespeicherte REAL-Zahl in der Länge 10 mit 2 Nachkommastellen umgewandelt und in Stringform rechtsbündig in die Variable ZahlS abgelegt. Drei Beispiele zu der Funktion STR:

```
REAL-Zahl ZahlR     Prozeduraufruf              String ZahlS
als Eingabe:        zur Umwandlung:             als Ergebnis:
--------------------------------------------------------------

16578.05                                        '  16578.05'
1          ------ STR(ZahlR:10:2,ZahlS) ------> '      1.00'
1234567.90                                      '1234567.90'
```

Pascal-Codierung und Ausführung zu Programm TEXT3:

```
PROGRAM TEXT3;
  {Eine Zahl in einen String umwandeln und auseinanderziehen}
VAR
  ZahlR: REAL;
  ZahlS: STRING[10];
  I:     INTEGER;

BEGIN
  WRITELN('Ziffern auseinanderziehen.');
  WRITE('Welche Zahl ? '); READLN(ZahlR);
  STR(ZahlR:10:2, ZahlS );
  FOR I := 1 TO LENGTH(ZahlS) DO
    WRITE(COPY(ZahlS,I,1),' ');
END.
```

```
A>Ziffern auseinanderziehen.
Welche Zahl ? 16578.05
    1 6 5 7 8 . 0 5
```

3.6.3.5 Einen Teilstring einfügen mit INSERT

Die Programme TEXT4 bis TEXT6 behandeln einige häufig wiederkehrende Probleme der Stringsverarbeitung:

- Im Programm TEXT4 wird ein String unterstrichen.
- Im Programm TEXT5 wird ein String mit Leerstellen aufgefüllt und dann rechtsbündig ausgegeben.
- Im Programm TEXT6 wird eine Zahl in einen String umgewandelt und dann um führende Nullen erweitern.

Pascal-Codierung und Ausführung zu Programm TEXT4:

```
PROGRAM TEXT4;
  {Einen String in beliebiger Laenge unterstreichen}
VAR
  T: STRING[255];
  L: INTEGER;
  I: INTEGER;

BEGIN
  WRITELN('Text unterstreichen.');
  WRITE('Text eingeben: ');
  READLN(T);
  L := LENGTH(T);            {Laenge von T in L ablegen}
  WRITELN(T);
  FOR I := 1 TO L DO
    WRITE('-');
END.
```

```
Running
Text unterstreichen.
Text eingeben: Turbo Pascal-Wegweiser von Vieweg
Turbo Pascal-Wegweiser von Vieweg
---------------------------------
```

Pascal-Codierung und Ausführung zu Programm TEXT5:

```
Running
Text mit Leerstellen auffuellen und rechtsbuendig ausgeben.
Stellenanzahl bzw. Zeilenbreite? 40
Texteingabe (unter 40 Stellen): Wegweiser-Buecher von Vieweg

Textausgabe rechtsbuendig:
            Wegweiser-Buecher von Vieweg
```

```
PROGRAM TEXT5;
VAR
  EIN,                {Eingegebener Text}
  AUS: STRING[255];   {String mit Leerzeichen, Ausgabezeile}
  Z:  INTEGER;        {Zeilenbreite}
  I:  INTEGER;        {Laufvariable}

BEGIN
  WRITELN('Text mit Leerstellen auffuellen und rechtsbuendig ausgeben.');
  WRITE('Stellenanzahl bzw. Zeilenbreite? '); READLN(Z);
  WRITE('Texteingabe (unter ',Z,' Stellen): '); READLN(EIN);
  AUS := '';
  FOR I := 1 TO (Z - LENGTH(EIN)) DO
    AUS := AUS + ' ';
  AUS := AUS + EIN;
  WRITELN;
  WRITELN('Textausgabe rechtsbuendig:');
  WRITELN(AUS);
END.
```

Pascal-Codierung und Ausführung zu Programm TEXT6:

```
PROGRAM TEXT6;
  {Eine Zahl als String um fuehrende Nullen erweitern}
VAR
  Anzahl,              {Anzahl der Stellen}
  ZahlI: INTEGER;      {Eingegebene Zahl als INTEGER-Wert}
  ZahlS: STRING[30];   {Zahl als String}
  I:     INTEGER;      {Laufvariable}

BEGIN
  WRITELN('Zahl um fuehrende Nullen erweitern.');
  WRITE('Anzahl der Stellen insgesamt:'); READLN(ANZAHL);
  WRITE('Welche positive ganze Zahl ? '); READLN(ZahlI);
  STR(ZahlI, ZahlS);
  FOR I := 1 TO (Anzahl - LENGTH(ZahlS)) DO
    ZahlS := '0' + ZahlS;
  WRITELN(ZahlS);
  WRITELN('Ende.');
END.
```

```
Running
Zahl um fuehrende Nullen erweitern.
Anzahl der Stellen insgesamt:15
Welche positive ganze Zahl ? 123
000000000000123
Ende.
```

Das Programm TEXT7 verwendet die Stringprozedur INSERT, um den Eingabestring S um Blanks zu erweitern. Durch

```
INSERT(' ',S,I);
```

wird der String ' ' in den String S an der Stelle I eingefügt. Da I dabei größer als LENGTH(S) ist, wird ' ' jeweils an den String S angehängt.

Pascal-Codierung und Ausführung zu Programm TEXT7:

```
PROGRAM TEXT7;
  {Einen String zu einer bestimmten Laenge mittels INSERT erweitern}
VAR
  S:   STRING[255];
  A,I: INTEGER;

BEGIN
  WRITELN('String mit Blanks erweitern.');
  WRITE('Welche Gesamtzahl von Stellen ? '); READLN(A);
  WRITE('Zu erweiternder String        ? '); READLN(S);
  FOR I := (LENGTH(S) + 1) TO A DO
    INSERT(' ',S,I);
  WRITELN('-->',S,'<--');
  WRITELN('Ende.');
END.
```

```
Running
String mit Blanks erweitern.
Welche Gesamtzahl von Stellen ? 30
Zu erweiternder String        ? Tillmann
-->Tillmann                      <--
Ende.
```

3.6.3.6 Zeichen aus einem String löschen mit DELETE

Im Programm TEXT8 werden aus einem String die am Ende befindlichen Leerstellen bzw. Blanks durch die Prozedur DELETE gelöscht. Der Aufruf

```
DELETE(S,LENGTH(S),1);
```

löscht aus dem String S an der letzten Stelle (=LENGTH(S)) genau eine Stelle (=1): der String S wird somit um eine Stelle verkürzt.

Pascal-Codierung und Ausführung zu Programm TEXT8:

```
PROGRAM TEXT8;
  {Aus einem String Blanks mittels DELETE entfernen bzw. abschneiden}
VAR
  S: STRING[255];

BEGIN
  WRITELN('Blanks von String abschneiden.');
  WRITE('String mit Blanks am Ende? '); READLN(S);
  WRITELN('Eingabe -->',S,'<--');
  REPEAT
    IF S[ LENGTH(S) ] = ' '
      THEN DELETE(S,LENGTH(S),1);     {Stringlaenge wird um 1 kleiner}
  UNTIL S[ LENGTH(S) ] <> ' ';
  WRITELN('Ausgabe -->',S,'<--');
  WRITELN('Ende.');
END.
```

```
Running
Blanks von String abschneiden.
String mit Blanks am Ende? Klaus
Eingabe -->Klaus                  <--
Ausgabe -->Klaus<--
Ende.
```

Das Programm TEXT9 stellt die Positionen der Blanks fest, die sich in einem an der Tastatur eingegebenen Text EINTEXT befinden.

```
PROGRAM TEXT9;
  {Position von Blanks in einem String feststellen}
VAR
  EINTEXT:  STRING[255];
  ANZAHL,I: BYTE;

BEGIN
  WRITELN('Position und Anzahl von Blanks in einem Text feststellen.');
  WRITELN('Welchen Text mit Blanks durchsuchen ?');
  READLN(EINTEXT);
  WRITELN;
  WRITE('Stellen mit Blanks: ');
  ANZAHL := 0;
  FOR I := 1 TO LENGTH(EINTEXT) DO
    IF EINTEXT[I] = ' '
      THEN
        BEGIN
          WRITE(I,' ');
          ANZAHL := ANZAHL + 1;
        END;
  WRITELN;
  WRITELN('Anzahl der Blanks:  ',ANZAHL);
  WRITELN('Ende.');
END.
```

Ausführung zu Programm TEXT9:

```
Running
Position und Anzahl von Blanks in einem Text feststellen.
Welchen Text mit Blanks durchsuchen ?
Die kompakten Wegweiser-Buecher von Vieweg - stets aktuell

Stellen mit Blanks: 4 14 32 36 43 45 51
Anzahl der Blanks:  7
Ende.
```

3.6.4 Datumsangaben verarbeiten mit VAL

Das Programm DATUMZA wandelt das als String eingegebene Datum in eine REAL-Zahl um. Das Eingabeformat "Tag.Monat.Jahr" wird dabei zum Format "Jahr.Monat.Tag" umgekehrt. In diesem Format kann es dann leicht sortiert werden.
Die Prozedur VAL wandelt einen String in einen numerischen Datentyp um (REAL oder INTEGER). Der Prozeduraufruf

```
VAL(DS1,D,CODE);
```

wandelt die STRING-Variable DS1 in eine REAL-Variable D um. In die INTEGER-Variable CODE legt die Prozedur VAL eine Null ab (falls die Typumwandlung fehlerfrei erfolgt ist) oder aber die erste fehlerhafte Stelle im umzuwandelnden String DS1.

Pascal-Codierung und Ausführung zu Programm DATUMZA:

```
PROGRAM DATUMZA;
  {Datum aus einem String in eine sortierfaehige Zahl umwandeln}
VAR
  DS:     STRING[8];  {Datum als String als Eingabe}
  DS1:    STRING[6];
  J,M,T:  STRING[2];  {Jahr, Monat, Tag}
  D:      REAL;       {Datum als Zahl zur Ausgabe}
  CODE:   INTEGER;

BEGIN
  WRITELN('Datum aus String in eine Zahl umwandeln zwecks Sortieren.');
  WRITELN('Datum im Format  TT.MM.JJ  eingeben?'); READLN(DS);
  J := COPY(DS,7,2);
  M := COPY(DS,4,2);
  T := COPY(DS,1,2);
  DS1 := CONCAT(J,M,T);
  WRITELN('Datum als sortierfaehiger String: ',DS1);
  VAL(DS1,D,CODE);          {kann nur in eine REAL-Zahl umgewandelt werden,
                             da eine 6-stellige Zahl > MAXINT}
  IF CODE <> 0 THEN WRITELN('Fehler aufgetreten');
  WRITELN('Datum als sortierfaehige Zahl:    ',D:6:0);
  WRITELN('Ende.');
END.
```

```
  Datum aus String in eine Zahl umwandeln zwecks Sortieren.
Datum im Format  TT.MM.JJ  eingeben?
11.02.80
Datum als sortierfaehiger String: 800211
Datum als sortierfaehige Zahl:    800211
Ende.
```

3.6.5 Teilstrings aufbereiten

Aus Gründen der Speicherplatzersparnis speichert man die Sätze einer Datei oft als Strings ab, wobei man die Satzkomponenten z.B. durch das Zeichen ";" voneinander trennt. Das Programm ETIKETT demonstriert, wie aus dem String S die Teilstrings T zu einem Drucketikett aufbereitet werden. Das Beispiel bezieht sich dabei auf eine Artikeldatei mit Datensätzen (Strings S), die aus jeweils sieben Datenfeldern (Teilstrings T) bestehen.

Pascal-Codierung zu Programm ETIKETT:

```
PROGRAM ETIKETT;
  {Aus einem String durch ";" getrennte Teilstrings aufbereiten}
VAR
  S,              {Satz mit durch ; getrennten Datenfeldern}
  T: STRING[255]; {Teilstring zur Aufnahme eines Datenfeldes}
  I: INTEGER;     {Laufvariable}

BEGIN
  WRITELN('Aus einem String (Datensatz) einzelne Teilstrings');
  WRITELN('(Datenfelder) entnehmen und als Drucketikett ausgeben.');
  WRITELN('Datensatz mit ; als Trennungszeichen eingeben:');
  READLN(S);
  WRITELN; WRITELN('Ausgabe als Etikett:');
  T := '';
  FOR I := 1 TO LENGTH(S) DO
    IF S[I] = ';'
      THEN
        BEGIN
          WRITELN('     ',T);
          T := '';
        END
      ELSE
        T := T + S[I];
  IF S[LENGTH(S)] <> ';' THEN WRITELN('     ',T);
  WRITELN('Ende.');
END.
```

```
Running
Aus einem String (Datensatz) einzelne Teilstrings
(Datenfelder) entnehmen und als Drucketikett ausgeben.
Datensatz mit ; als Trennungszeichen eingeben:
102;Diskette;5.25;DS/DD;Plastikbox;10 Stk.;DM45.-
```

```
Ausgabe als Etikett:
     102
     Diskette
     5.25
     DS/DD
     Plastikbox
     10 Stk.
     DM45.-
Ende.
```

3.6.6 Stringvergleich mit Wildcard-Zeichen

Bei den Betriebssystemen CP/M und MS-DOS können die Wildcard-Zeichen '*' und '?' benutzt werden, um einen Ordnungsbegriff mit einem anderen String als Suchbegriff zu vergleichen. Das Programm WILDCARD zeigt, wie diese "Wildcards" (oft auch als Joker-Zeichen bezeichnet) arbeiten.

1. Verwendet man das Wildcard-Zeichen '*', werden 'T*', 'Tu*' und 'Tur*' jeweils als "gleich" mit 'Turbo' erkannt. Das '*' ersetzt also eine Zeichenfolge. Dieser Vergleich wird in der Prozedur GLEICHZEICHENVERGLEICH vorgenommen. Die Eingabeparameter SV und OV stehen für "Suchbegriff-Vergleich" und "Ordnungsbegriff-Vergleich".

2. Das Wildcard-Zeichen '?' ersetzt ein Einzelzeichen. 'Tu?bo' wie auch 'T??bo' werden so als "gleich" mit 'Turbo' erkannt. Die Prozedur FRAGEZEICHENVERGLEICH führt diese Vergleichsform durch.

3. Der Gesamtvergleich vergleicht die beiden Strings von links nach rechts miteinander. Haben die Strings eine verschiedene Länge, wird in der Länge des kürzeren Strings verglichen und der kürzere als der kleinere String erkannt. In der Prozedur GESAMTVERGLEICH wird dieser Vergleich durchgeführt. Die Variable GLEICH ist global gültig und dient der Ablaufsteuerung.

Ausführung zu Programm WILDCARD:

```
Running
Demonstration von drei Arten des Stringvergleichs.
Welcher Ordnungsbegriff ? Turbo
--> Erster Suchbegriff (999 fuer Ende) Tu*
Tu* gleich Turbo
--> Neuer Suchbegriff (999=Ende) Tu?bo
Tu?bo gleich Turbo
--> Neuer Suchbegriff (999=Ende) Tu
Tu ungleich Turbo
--> Neuer Suchbegriff (999=Ende) TURB
TURB ungleich Turbo
--> Neuer Suchbegriff (999=Ende) 999
Ende.
```

Pascal-Codierung zu Programm WILDCARD:

```
PROGRAM WILDCARD;
TYPE
  VERGLEICHSTEXT = STRING[50];
VAR
  SS,                     {Suchbegriff als String}
  OS:     VERGLEICHSTEXT; {Ordnungsbegriff als String}
  GLEICH: BOOLEAN;

PROCEDURE GESAMTVERGLEICH (OV,SV: VERGLEICHSTEXT);
BEGIN
  IF OV = SV
    THEN GLEICH := TRUE;
END; {von GESAMTVERGLEICH}

PROCEDURE GLEICHZEICHENVERGLEICH (SV,OV: VERGLEICHSTEXT) ;
VAR
  S,I: INTEGER;
BEGIN
  S := 0;
  FOR I := 1 TO LENGTH(SS) DO
    IF SV[I] = '*' THEN S := I;  {suchen von '*'}
  IF S <> 0
    THEN GESAMTVERGLEICH( COPY(OS,1,I-1), COPY(SV,1,I-1) );
END; {von GLEICHZEICHENVERGLEICH}

PROCEDURE FRAGEZEICHENVERGLEICH (SV: VERGLEICHSTEXT);
VAR
  I: INTEGER;
BEGIN
  FOR I := 1 TO LENGTH(SS) DO
    BEGIN
      IF SV[I] = '?' THEN SV[I] := OS[I];
      IF SV[I] = '*' THEN GLEICHZEICHENVERGLEICH( SV, OS );
    END;
  GESAMTVERGLEICH(SV, OS);
END; {von FRAGEZEICHENVERGLEICH}


BEGIN
  WRITELN('Demonstration von drei Arten des Stringvergleichs.');
  WRITE('Welcher Ordnungsbegriff ? '); READLN(OS);
  WRITE('--> Erster Suchbegriff (999 fuer Ende) '); READLN(SS);
  WHILE SS <> '999' DO
  BEGIN
    GLEICH := FALSE;
    GESAMTVERGLEICH (SS,OS);
    IF NOT GLEICH THEN GLEICHZEICHENVERGLEICH(SS,OS); {Vergleich mit '*'}
    IF NOT GLEICH THEN FRAGEZEICHENVERGLEICH( SS );   {Vergleich mit '?'}
    IF GLEICH
      THEN WRITELN(SS,' gleich ',OS )
      ELSE WRITELN(SS,' ungleich ',OS );
    WRITE('--> Neuer Suchbegriff (999=Ende) '); READLN(SS);
  END; {von WHILE}
  WRITELN('Ende.');
END.  {von WILDCARD}
```

3.6.7 Blocksatz erstellen

Im Programm BLOCKSAT wird der Blocksatz als Textdarstellung mit linkem u n d rechtem R a n d a u s g l e i c h aufgezeigt:

- Die Prozedur LUECKENZAHL bestimmt die Anzahl der Leerstellen im Eingabetext EIN.
- Die Prozedur STRINGAUFBAU erweitert diese Leerstellen bis zu der in LA vorgegebenen Länge der Ausgabezeile AUS.

Ausführung zu Programm BLOCKSAT:

```
Running
Demonstration zum automatischen Randausgleich.
Eingabezeile: Der junge Mann und der Computer und PAscal
Laenge fuer Ausgabezeile: 60
------------------------------------------------------------
Der junge Mann und der Computer und PAscal
Der     junge     Mann     und     der     Computer     und     PAscal
```

```
Running
Demonstration zum automatischen Randausgleich.
Eingabezeile: Der junge Mann und der Computer und Pascal
Laenge fuer Ausgabezeile: 50
--------------------------------------------------
Der junge Mann und der Computer und Pascal
Der   junge  Mann  und  der  Computer  und  Pascal
```

Pascal-Codierung zu Programm BLOCKSAT:

```
PROGRAM BLOCKSAT;
  {Blocksatz bzw. Randausgleich anhand eines einzelnen Strings}

TYPE
  BLANKS = STRING[50];

VAR
  EIN,                 {Eingabezeile}
  AUS: STRING[255];    {Ausgabezeile}
  LE,                  {Laenge der Eingabezeile}
  LA,                  {Laenge der Ausgabezeile}
  LZ,                  {Lueckenzahl, d.h. Blanks in EIN}
  LG,                  {Lueckengroesse}
  RL,                  {Restliche Blanks}
  I: INTEGER;
```

Pascal-Codierung zu Programm BLOCKSAT (Fortsetzung):

```
PROCEDURE LUECKENZAHL;
VAR I: INTEGER;
BEGIN
  LZ := 0;
  FOR I := 1 TO LENGTH(EIN) DO
    IF EIN[I] = ' ' THEN LZ := LZ + 1;
END; {von LUECKENZAHL}

FUNCTION BLANKEIN: BLANKS;        {einzufuegende Luecke}
VAR
  BEIN1: STRING[50];
BEGIN
  BEIN1 := '';
  FOR I := 1 TO LG - 1 DO
    BEIN1 := BEIN1 + ' ';
  BLANKEIN := BEIN1;
END; {von BLANKEIN}

PROCEDURE STRINGAUFBAU;
VAR
  BE: STRING[50];     {einzufuegende Luecke}
  I:  INTEGER;
BEGIN
  AUS := '';
  BE := BLANKEIN;
  FOR I := 1 TO LE DO
    BEGIN
      AUS := AUS + EIN[I];
      IF EIN[I] = ' '
        THEN IF RL > 0
          THEN
            BEGIN
              AUS := AUS + BE + ' ';
              RL := RL - 1;
            END
        ELSE AUS := AUS + BE;
    END; {von FOR}
END; {von STRINGAUFBAU}


BEGIN
  WRITELN('Demonstration zum automatischen Randausgleich.');
  WRITE('Eingabezeile: '); READLN(EIN);
  WRITE('Laenge fuer Ausgabezeile: '); READLN(LA);
  LE := LENGTH(EIN);
    LUECKENZAHL;
  LG := (LA - LE + LZ) DIV LZ;  {Lueckengroesse}
  RL := (LA - LE + LZ) MOD LZ;  {restliche Blancs}
    STRINGAUFBAU;
  FOR I := 1 TO LA DO WRITE('-'); WRITELN;
  WRITELN(EIN); WRITELN(AUS);
END.
```

3.6.8 Verschlüsselung zwecks Datenschutz

In Klartext gespeicherte Daten kann jeder lesen, verschlüsselte Daten hingegen zumindest nicht so leicht. Die Kryptographie als Lehre von der Textverschlüsselung kennt drei wichtige Verfahren:

- Die Umcodierung (z.B. Information im ASCII schreiben),
- die Versatz-Verfahren und die
- Ersetzungs-Verfahren.

Versatz bedeutet, daß das Ausgangs-Alphabet versetzt und umgestellt wird; ein Beispiel haben wir mit dem 'von hinten nach vorne schreiben' in Programm TEXT2 (Abschnitt 3.6.3) schon behandelt. Bei den Ersetzungs-Verfahren wird das zugrundeliegende Alphabet ersetzt. Das Programm GEHEIM zeigt hierzu ein einfaches auf Julius Cäsar zurückgehendes Verfahren. Wie geht man dabei vor? Jedes Zeichen des Klartextes EIN wird durch das S-te nachfolgende Zeichen ersetzt. Dabei geben die Codezahlen des ASCII die Reihenfolge vor. Die ORD-Funktion stellt mit dem Aufruf ORD(EIN[I]) die Codezahl des I. Zeichens vom Eingabetext EIN zur Verfügung; addiert man S hinzu, gelangt man zu H als der Codezahl des verschlüsselten Zeichens.
Die Funktion ERSETZUNG wird über die aktuellen Parameter EIN, S und W innerhalb der WRITELN-Anweisung aufgerufen:

```
ERSETZUNG(EIN,S,W)
           |  |  |
           +--+--+---EINgabetext, der zu verschlüsseln ist.
              +--+---Schlüssel, d.h. Anzahl der Ordnungsnum-
                 |   mern im ASCII zum Ersetzen.
                 +---Wahl 1 bzw. 2 zum Ver-/Entschlüsseln.
```

```
Running
Textverschluesselung nach dem Verfahren 'Ersetzung Caesar':
Verschluesseln (1) oder Entschluesseln (2)? 1
Eingabetext: Kaier
Schluessel:  4
Ausgabetext: Oemiv

>

Running
Textverschluesselung nach dem Verfahren 'Ersetzung Caesar':
Verschluesseln (1) oder Entschluesseln (2)? 2
Eingabetext: Oemiv
Schluessel:  4
Ausgabetext: Kaier


Running
Textverschluesselung nach dem Verfahren 'Ersetzung Caesar':
Verschluesseln (1) oder Entschluesseln (2)? 1
Eingabetext: Bilanz 1285563.76
Schluessel:  10
Ausgabetext: Lsvkx$*;<B??@=8A@
```

Pascal-Codierung zu Programm GEHEIM:

```
PROGRAM GEHEIM;
  {Einen Text durch ein Ersetzungsverfahren verschluesseln}
TYPE
  TXT = STRING[255];

VAR
  EIN: TXT;      {Eingabetext, der zu verschluesseln ist}
  S:   INTEGER;  {Schluessel zum Ersetzen}
  W:   CHAR;

FUNCTION ERSETZUNG(EIN:TXT; S:INTEGER; W:CHAR): TXT;
VAR
  A: STRING[255];
  H,               {ASCII-Codezahl}
  I: INTEGER;
BEGIN
  A := '';
  FOR I := 1 TO LENGTH(EIN) DO
    BEGIN
      H := ORD(EIN[I]) + S;
      IF H > 127 THEN H := H - 96; {von 0..31 keine druckbaren Zeichen}
      IF H < 32 THEN H := H + 96;
      A := A + CHR(H);
    END;
  ERSETZUNG := A;
END; {von ERSETZUNG}


BEGIN
  WRITELN('Textverschluesselung nach dem Verfahren ''Ersetzung Caesar'':');
  REPEAT
    WRITELN('Wollen Sie');
    WRITELN('Verschluesseln (1) oder Entschluesseln (2)?');
    WRITE('Bitte 1 oder 2 waehlen: '); READLN(W);
  UNTIL W IN ['1','2'];
  WRITE('Eingabetext: '); READLN(EIN);
  WRITE('Schluessel:  '); READLN(S);
  IF W = '2' THEN S := -S;
  WRITELN(ERSETZUNG(EIN,S,W));              {Aufruf der Funktion ERSETZUNG}
END. {von GEHEIM}
```

Zum Ausdruck REPEAT ... UNTIL W IN ['1','2']; :
Die Schleife wird solange wiederholt, bis in W das Zeichen '1' oder '2' gefunden wird; oder anders ausgedrückt: bis "W ein Element der Zeichenmenge ['1','2'] ist". Auf den Datentyp SET (Menge) und die Mengenoperation IN wird im "Turbo Pascal-Wegweiser Aufbaukurs" näher eingegangen.

3.6.9 Spiel zum Erraten eines Strings

Im RATSPIEL muß ein Wort erraten werden, von dem zunächst nur die Länge bekannt ist. Wird ein passendes Zeichen getippt, so setzt das Programm dieses Zeichen an die zugehörige Stelle. Die bei der 1. Ausführung zum Programm RATSPIEL untereinanderstehenden Buchstaben g,e,i,q,W ... wurden über Tastatur eingetippt. "Wegweiser" als zu erratendes Wort wurde dabei der Einfachheit halber eingetippt. Man könnte es z.B. in einer Datei zusammen mit weiteren Worten speichern und zufällig auswählen.

Zum Pascal-Programmtext von RATSPIEL:
Die Zählerschleife baut einen Ausgabestring Antwort mit zunächst ausschließlich nur Sternchen auf. Die Eingabe wird über READ(KBD,Eingabezeichen); angefordert. Dabei wird als logische Geräteeinheit KBD (für Keyboard bzw. Tastatur) angegeben, um die jeweilige Eingabe o h n e Drücken der RETURN-Taste vornehmen zu können. Da KBD kein Echo hat, muß das Zeichen mit einer zusätzlichen WRITELN-Anweisung ausgegeben werden. In der FOR-Schleife wird das zu erratende Wort zeichenweise mit dem Eingabezeichen verglichen, um bei Übereinstimmung dann das geratene Zeichen in den Antwort-String zu übernehmen.

Struktogramm zu Programm RATSPIEL:

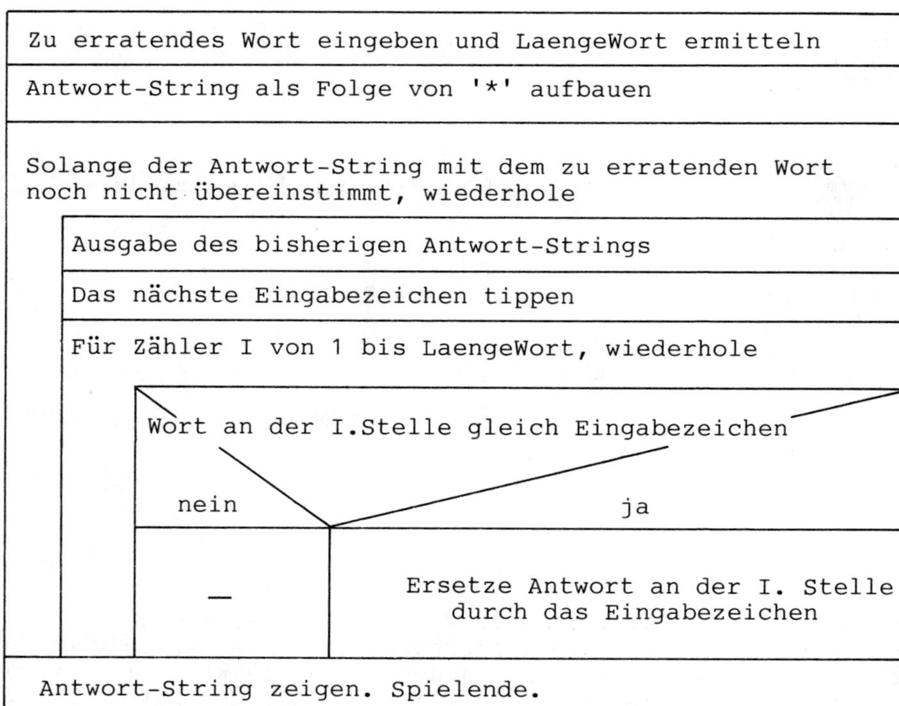

Pascal-Codierung zu Programm RATSPIEL:

```
PROGRAM RATSPIEL;
  {Zeichenfolge eines Strings bzw. Wortes erraten}

VAR
  Wort, Antwort:  STRING[20];
  LaengeWort,I:   INTEGER;
  Eingabezeichen: CHAR;

BEGIN
  WRITELN('Welches Wort raten? '); READLN(Wort);
  LaengeWort := LENGTH(Wort);
  Antwort := '';
  FOR I := 1 TO LaengeWort DO
    Antwort := Antwort + '*';
  CLRSCR;              {Bildschirm loeschen}
  WRITELN('Nun Einzelzeichen tippen:');
  WRITELN;
  WHILE Antwort <> Wort DO
  BEGIN
    WRITE(Antwort,'   ');
    READ(KBD,Eingabezeichen); WRITELN(Eingabezeichen);
    FOR I := 1 TO LaengeWort DO
      IF Wort[I] = Eingabezeichen
        THEN Antwort[I] := Eingabezeichen;
  END; {von WHILE}
  WRITELN(Antwort,'     Spielende.');
END.
```

Zwei Ausführungen zu Programm RATSPIEL:

```
Running
Welches Wort raten?
Wegweiser
Nun Einzelzeichen tippen:

*********   g
**g******   e
*eg*e**e*   i
*eg*ei*e*   q
*eg*ei*e*   W
Weg*ei*e*   w
Wegwei*e*   r
Wegwei*er   f
Wegwei*er   s
Wegweiser     Spielende.
```

```
Running
Welches Wort raten?
Pascal
Nun Einzelzeichen tippen:

******   l
*****l   a
*a**al   s
*as*al   c
*ascal   w
*ascal   P
Pascal     Spielende.
```

3.6.10 Einfache Eingabemaske

In dem Programm EINGABEB wird eine einfache M a s k e für die Tastatureingabe aufgebaut, um die Eingabe sicherer zu gestalten:

- Die maximale Anzahl der Eingabestellen wird mit Punkten markiert. Jedes eingegebene Zeichen ersetzt den Punkt, auf dem sich der Cursor gerade befindet.

- Die Anweisung GOTOXY(1,6) positioniert den Cursor in die 1. Spalte und 6. Zeile. GOTOXY(18+I,6) rückt den Cursor, ausgegend von der Position (18,6), mit jedem X:=X+1 um eine Position weiter nach rechts.

- Durch die Eingabeanforderung über KBD (=logische Geräteeinheit für Keyboard bzw. Tastatur) wird jedes getippte Zeichen o h n e RETURN-Taste angenommen.

- Beim Erreichen der maximalen Zeilenlänge LM wird die Eingabe automatisch abgebrochen.

Pascal-Codierung zu Programm EINGABEB:

```
PROGRAM EINGABEB;
  {Eingabe durch eine Eingabemaske begrenzen}
  {$B-} {Compiler Befehl, damit EOF und EOLN funktionieren}

VAR
  I,
  LM:     INTEGER;     {Laenge maximal}
  E:      CHAR;        {Eingegebenes Zeichen}
  B:      STRING[30];  {Beruecksichtigter Eingabetext}
  EINEND: BOOLEAN;     {Eingabeende}

BEGIN
  CLRSCR;
  WRITELN('Markierte Begrenzung der Tastatureingabe.');
  WRITE('Laenge Ihrer Tastatureingabe? '); READLN(LM);
  B := '';
  GOTOXY(1,6);
  WRITE('Tastatureingabe: ');
  FOR I := 1 TO LM DO
    WRITE('.');
  EINEND := FALSE; I := 0;
  REPEAT
    GOTOXY(18+I,6);
    READ(KBD,E); WRITE(E);
    I := I + 1;
    IF E = CHR(13)            {<RETURN> fuer Zeilenende}
      THEN EINEND := TRUE;
    IF NOT EINEND THEN B := B + E;
  UNTIL EINEND OR (I = LM);
  WRITELN;
  WRITELN(B);
END.
```

Ausführung zu Programm EINGABEB:

```
Running
Markierte Begrenzung der Tastatureingabe.
Laenge Ihrer Tastatureingabe? 30
% Tastatureingabe: ..............................
Wegweiser
```

3

Programmierkurs mit Turbo Pascal

Grundkurs

3.7.1 Überblick

In einem A r r a y können mehrere Datenelemente des gleichen Typs gespeichert werden. Jedes Element hat einen festen Platz bzw. Index und kann durch Angabe des Indexwertes direkt aufgerufen werden. Die Vereinbarung eines Arrays geschieht in dieser Form:

```
ARRAY  Indextyp  OF Elementtyp
```

Dabei müssen die Datentypen für die D a t e n e l e m e n t e (Komponenten) und die I n d i z e s (Platznummern als Adressen) festgelegt werden. Jeder Array ist durch den Elementtyp und den Indextyp gekennzeichnet. Den folgenden Array kann man sich als Regalschrank mit 7 Fächern für 7 Mengen vorstellen.

Array REGAL durch REGAL: ARRAY[1..7] OF INTEGER vereinbart:

- 7 Elemente (Komponenten, Fächer) 12,23,11,88,24,17 und 5.
- 7 Indizes (Fachnummern) 1,2,3,4,5,6 und 7.

Elementtyp:

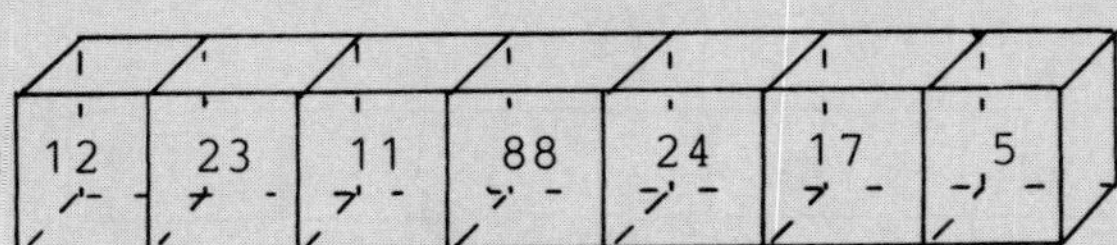

7 Elemente als Inhalt

Indextyp: 1 2 3 4 5 6 7 — 7 Indizes als Fachnummern

7-Elemente-Array namens REGAL mit sieben Lagermengen

E l e m e n t t y p e n von Arrays:

Der Elementtyp eines Arrays ist beliebig. Da er selbst wieder strukturiert sein kann, sind mehrdimensionale Anordnungen in Pascal möglich.
In den Abschnitten 3.7.2 bis 3.7.8 wird auf ein-, zwei-, drei- und vierdimensionale Arrays eingegangen. Als Elementtyp wird dabei INTEGER, BYTE, REAL, CHAR, BOOLEAN und STRING gewählt.

I n d e x t y p e n von Arrays:

Der Indextyp muß abzählbar (für die Indizierung kommt der Typ REAL demnach nicht in Frage) und einfach sein. Neben den Standardtypen INTEGER/BYTE, CHAR und BOOLEAN können natürlich auch benutzervereinbarte Aufzählungs- und Unterbereichstypen in der Array-Vereinbarung gewählt werden.
In Abschnitt 3.7.9 werden Arrays mit benutzervereinbarten Indextypen an Beispielen erklärt. Dabei zeigt sich, daß der Elementtyp völlig unabhängig vom Indextyp vereinbart werden kann.

3.7.2 Eindimensionaler numerischer Array

Einen eindimensionalen Array kann man sich in einer Richtung waagerecht als Zeile oder senkrecht als Spalte angeordnet vorstellen. Das Programm LAGREGAL arbeitet mit einem Array namens REGAL, dessen sieben Elemente wie Regalfächer zur Aufbewahrung der Lagermengen von sieben Artikeln vorgesehen sind. Zum Zeitpunkt der Vereinbarung sind die Elemente des Strings REGAL natürlich noch leer bzw. nicht definiert (vgl. Abbildung).

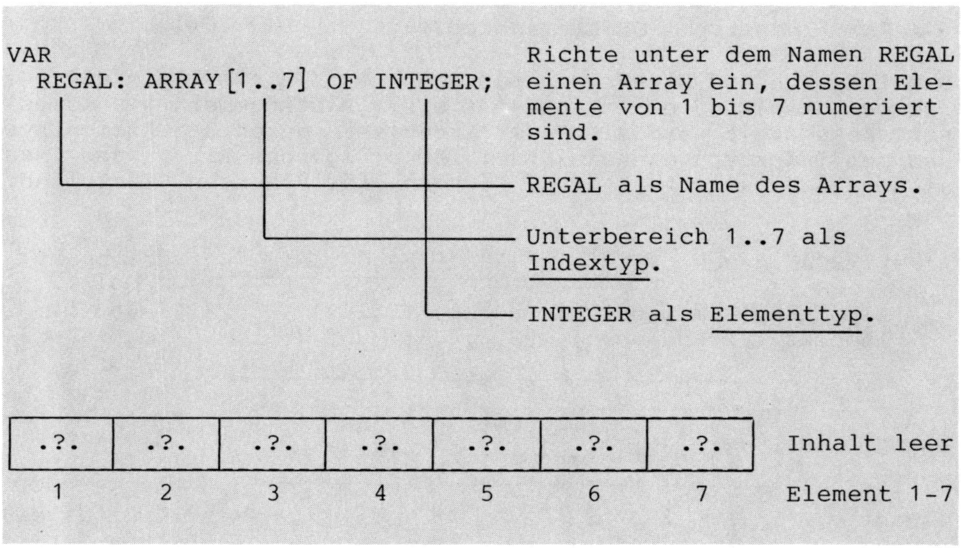

Vereinbarung eines Arrays namens REGAL

Um einen Array zu vereinbaren, gibt man hinter dem Schlüsselwort ARRAY in eckigen Klammern die Stellen bzw. Elementanzahl und hinter dem Wort OF den für alle Elemente gleichen Datentyp an. Für einen Array sind somit stets zwei Vereinbarungen notwendig: der I n d e x t y p (hier z.B. 1..7) einerseits und der E l e m e n t t y p (hier z.B. INTEGER) andererseits.

3.7.2.1 Werte in den Array eingeben

Mit dem Programm LAGREGAL werden sieben Absatzmengen über die Tastatur in den Array REGAL eingegeben, um diese dann aufzusummieren und geordnet in Form einer Übersicht auszugeben. Als Mengen kann man sich die Tagesabsatzzahlen vom Montag bis zum Sonntag vorstellen.

Die Eingabe in den Array REGAL geschieht über diese Schleife:

```
FOR I := 1 TO 7 DO
  BEGIN
    WRITE('Menge fuer Fach ',I,'? ');     =Eingabeanforderung
    READLN( REGAL[I] );                    =Eingabe in I. Fach
  END;
```

Die Zählerschleife wird sieben Mal durchlaufen, um bei jeder Wiederholung mittels READLN die gerade eingetippte Menge ins Regalfach REGAL[I] (lies: "REGAL an die I. Stelle" oder auch "I. Element von REGAL") einzulesen. Die Schleife wird deshalb als Lese- bzw. Eingabeschleife bezeichnet. Die Variable I kontrolliert dabei als L a u f v a r i a b l e und Z ä h l e r die Wiederholungen und als I n d e x v a r i a b l e die Ablage der Mengen in den Regalfächern des Arrays REGAL. In der Eingabeschleife für einen Array kommen dem Zähler somit stets zwei Aufgaben zu: er ist Zähler und Index.

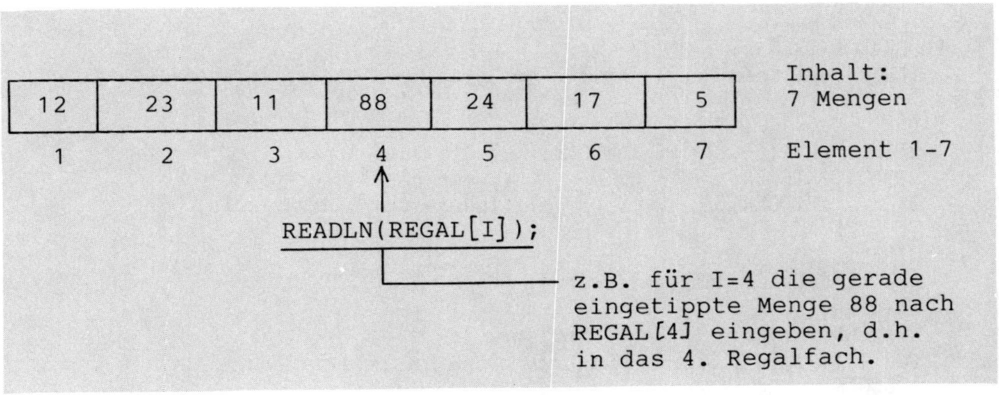

Inhalt des Arrays REGAL nach Durchlaufen der Eingabeschleife

```
      Eindimensionaler Array (Lagerregal).

Eingabe in Regalfaecher:
Menge fuer Fach 1?   12
Menge fuer Fach 2?   23
Menge fuer Fach 3?   11
Menge fuer Fach 4?   88
Menge fuer Fach 5?   24
Menge fuer Fach 6?   17
Menge fuer Fach 7?   5

Fach:        Menge:
  1            12
  2            23
  3            11
  4            88
  5            24
  6            17
  7             5
Summe:        180
```

Ausführung zu Programm LAGREGAL

3.7.2.2 Werte verarbeiten und aus dem Array ausgeben

Die zweite Zählerschleife von Programm LAGREGAL gibt den Array REGAL geordnet aus und summiert ihn in die Variable SUMME auf:

```
FOR I := 1 TO 7 DO
  BEGIN
    WRITELN(I:4,REGAL[I]:13);
    SUMME := SUMME + REGAL[I];
  END;
```

Über die WRITELN-Anweisung wird der Index rechtsbündig in ein 4-Zeichen-Feld (Formatangabe I:4) und das Arrayelement rechtsbündig in ein 13-Zeichen-Feld ausgegeben (Angabe REGAL[I]:13).

Pascal-Codierung zu Programm LAGREGAL:

```
PROGRAM LAGREGAL;
  {Lagerregal als Modell fuer einen eindimensionalen Integer-Assay}

VAR
  REGAL: ARRAY[1..7] OF INTEGER;  {7-Elemente-Array}
  SUMME: INTEGER;                 {Summe der 7 Elemente}
  I:     INTEGER;                 {Index- und Laufvariable}

BEGIN
  WRITELN('Eindimensionaler Array (Lagerregal).');
  WRITELN;
  WRITELN('Eingabe in Regalfaecher: ');
  FOR I := 1 TO 7 DO
    BEGIN
      WRITE('Menge fuer Fach ',I,'?   ');
      READLN( REGAL[I] );
    END;
  WRITELN; WRITELN('Fach:        Menge:');
  SUMME := 0;
  FOR I := 1 TO 7 DO
    BEGIN
      WRITELN(I:4, REGAL[I]:13 );
      SUMME := SUMME + REGAL[I];
    END;
  WRITELN('Summe:', SUMME:11 );
END.
```

Den Array namens REGAL hätte man im Programm LAGREGAL auch wie folgt vereinbaren können:

```
TYPE
  INDEXTYP = 1..7;
VAR
  REGAL: ARRAY(INDEXTYP  OF INTEGER;
```

2.7.2.3 Allgemeine Form der Array-Vereinbarung

Zu der in der Abbildung wiedergegebenen allgemeinen Form einer Array-Vereinbarung:
"Konstante1" und "Konstante2" geben die Indexgrenzen und damit die Ausdehnung des Arrays an. Die zwei Punkte zeigen, daß die Indizes vom unteren Wert bis zum oberen Wert reichen. In jedem Fall muß "Konstante1" kleiner als "Konstante2" sein.
Die Vereinbarung

```
VAR REGAL: ARRAY [2+I..7] ;
```

ist fehlerhaft, da die Indexgrenzen Konstanten sein müssen und "Konstante1" als 2+I jedoch ein Ausdruck ist. Die Zuweisung

```
REGAL [2+I]:=333;
```

hingegen ist (für I von -1 bis 5) erlaubt, da Indizes im Ausführungsteil eines Programmes auch Ausdrücke sein können.

```
VAR
  Arrayname: ARRAY [Konstante1..Konstante2] OF Typname;
                         |                       |
                         |_______________________|___Indextyp
                                                 |
                                                 |___Elementtyp
```

Allgemeine Form der Vereinbarung eines Arrays

Nachfolgend wird an einigen Beispielen aufgezeigt, wie Arrays mit ganzzahligen Elementen vereinbart werden können:

- VAR FE: ARRAY [1..30] OF INTEGER;
  Array FE mit 30 Elementen vom Typ INTEGER.

- CONST A1=1; A2=30;
  VAR FE: ARRAY [A1..A2] OF INTEGER;
  Array FE wie oben, aber Indexgrenzen als Konstanten A1, A2.

- VAR Z: ARRAY [-30..30] OF INTEGER;
  Elemente für Array Z von -30 bis 30 durchnumeriert. Z umfaßt somit 61 Elemente mit den Nummern -30,-29,...,-1,0,1,...,30. Indizes können negativ, müssen aber abzählbar sein.

- VAR ZAHL: ARRAY [3..6] OF -3..4;
  Array ZAHL mit den Indexnummern 3,4,5 und 6, wobei als Elemente nur die 9 INTEGER-Zahlen von -2 bis 6 zugelassen sind.

- CONST MAX = 6;
  TYPE ZAHLENTYP = -3..4;
  VAR ZAHL: ARRAY [3..MAX] OF ZAHLENTYP;
  Array ZAHL wie oben, aber mit expliziter Typen- und Konstantenvereinbarung.

3.7.2.4 Verarbeitung eines Arrays an Beispielen

Im folgenden werden an einfachen Beispielen einige grundlegende Formen der Verarbeitung von Arrays gezeigt. Diese beziehen sich auf den INTEGER-Array REGAL von Programm LAGREGAL, der mittels VAR REGAL: ARRAY [1..7] OF INTEGER; vereinbart wurde.

- REGAL [2] :=REGAL [2] +1;
  Inhalt des 2. Elements von Array REGAL um 1 erhöhen.

- REGAL [2] :=REGAL [2+1] ;
  Inhalt des 2. Elements erhält den Inhalt des 3. Elementes.

- I:=3; WRITELN(REGAL [I]);
  Ausgabe des 3. Elements von Array REGAL (I = Indexvariable).

- I:=4; REGAL [I] :=REGAL [I-1] ;
  Der Inhalt des 5. Elementes wird in das 4. Fach zugewiesen.

- FOR I:=1 TO 7 DO REGAL[I]:=0;
  Alle sieben Elemente des Arrays REGAL "auf 0 setzen".

- FOR Z:=2 TO 4 DO REGAL [Z] :=REGAL [Z] *3;
  Die Regalinhalte der Elemente 2, 3, 4 werden verdreifachen.

- FOR I:=1 TO 7 DO REGAL [I]:= I;
  In REGAL wird 1,2,3,4,5,6 und 7 gespeichert. Der Inhalt jedes Elements entspricht seinem Index bzw. seiner Fachnummer.

- FOR I:=1 TO 7 DO REGAL [I] :=-10*I;
  Regalfächer 1-7 mit den Werten -10,-20,-30,...,-70 belegen.

- FOR I:=1 TO 7 DO REGAL [I]:=2*I+7;
  Fächer 1-7 mit den Werten 9,11,13,...21 belegen.

- FOR I:=1 TO 7 DO
      IF I MOD 2 = 0 THEN REGAL [I]:=0 ELSE REGAL [I]:=1;
  Fächer 1-7 mit den Werten 1,0,1,0,1,0 und 1 belegen.

- FOR I:=1 TO 7 DO
      IF I>3 THEN REGAL [I] :=1 ELSE REGAL [I] :=0;
  Fächer 1-7 mit 0,0,0,1,1,1 und 1 belegen.

- IF REGAL [3] = 100 THEN WRITE('Im 3. Fach steht die 100.');
  Inhalt des 3. Elementes in einem Vergleichsausdruck.

- WHILE REGAL [5] =REGAL [7] DO ...
  Wiederholung, solange die Elemente 5 und 7 gleich sind.

3.7.2.5 BYTE-Array, INTEGER-Array und REAL-Array

Für einen numerischen Array kann als Elementtyp der Standardtyp BYTE, INTEGER oder REAL vereinbart werden. Das Prinzip der Verarbeitung und Indizierung des jeweiligen Arrays bleibt dabei gleich.
In Programm LAGREGAL wurde ein Integer-Array verarbeitet. Im folgenden Programm BALKENDI wird mit der Vereinbarung

```
MESS: ARRAY [1..20] OF REAL;
```

ein Real-Array MESS mit 20 Elementen festgelegt. In MESS können bis zu 20 Messwerte abgelegt werden, um diese grafisch als B a l k e n d i a g r a m m darzustellen. Dazu werden in MIN und MAX die extremen Meßwerte festgehalten, an denen sich die Balkenausgabe dann über die Balkeneinheit BE ausrichten kann.

```
PROGRAM BALKENDI;
  {Balkendiagramm erstellen aus Messwerten in einem REAL-Array}

CONST
  BS = '####################';        {Balkenstring}

VAR
  MESS:     ARRAY[1..20] OF REAL;     {20 Messwerte}
  EIN,                                {Einzelner eingegebener Messwert}
  MAX,MIN,                            {Maximaler und minimaler Messwert}
  BE:       REAL;                     {Balkeneinheit}
  ANZ,                                {Anzahl der Messwerte}
  I,BL:     INTEGER;                  {Balkenlaenge}

BEGIN
  WRITELN('Erstellen eines Balkendiagramms.');
  MAX := -9999999999.0; MIN := 9999999999.0;
  ANZ := 0;
  REPEAT
    WRITE( ANZ+1,'. Messwert (-1=Ende) '); READLN(EIN);
    IF EIN <> -1
      THEN
        BEGIN
          ANZ := ANZ + 1; MESS[ANZ] := EIN;
          IF EIN < MIN THEN MIN := EIN;
          IF EIN > MAX THEN MAX := EIN;
        END;
  UNTIL (ANZ = 20) OR (EIN = -1);
  WRITELN;
  BE := 20/MAX;
  FOR I := 1 TO ANZ DO
    BEGIN
      BL := ROUND(MESS[I]*BE);
      WRITELN( I:2,'   ',COPY(BS,1,BL) );
    END;
  WRITELN('Maximum: ',MAX:7:1);
  WRITELN('Minimum: ',MIN:7:1);
  WRITELN('Ende.');
END.
```

Zwei Ausführungen zu Programm BALKENDI:

```
Running
Erstellen eines Balkendiagramms.
1. Messwert (-1=Ende) 12000
2. Messwert (-1=Ende) 14000
3. Messwert (-1=Ende) 11500
4. Messwert (-1=Ende) 10000
5. Messwert (-1=Ende) 14000
6. Messwert (-1=Ende) 13500
7. Messwert (-1=Ende) -1

 1   #################
 2   ###################
 3   ################
 4   ##############
 5   ###################
 6   ###################
Maximum: 14000.0
Minimum: 10000.0
Ende.
```

```
Erstellen eines Balkendiagramms.
1. Messwert (-1=Ende) 103
2. Messwert (-1=Ende) 67
3. Messwert (-1=Ende) 95
4. Messwert (-1=Ende) 15
5. Messwert (-1=Ende) 187
6. Messwert (-1=Ende) -1

 1   ###########
 2   #######
 3   ##########
 4   ##
 5   ###################
Maximum:   187.0
Minimum:    15.0
Ende.
```

3.7.2.6 Problem der dynamischen Dimensionierung

Im Programm BALKENDI zeigt sich ein Problem: Da die Anzahl der Meßwerte von Anwendung zu Anwendung schwankt, ist es sinnvoll, für den Array eine variable Anzahl von Elementen zu vereinbaren, etwa in der folgenden Form:

```
VAR
  ANZAHL: INTEGER;
  MESS: ARRAY[1..ANZAHL]OF REAL;
BEGIN
  WRITE('WIEVIELE MESSUNGEN? '); READLN(N);
  ...
```

(Achtung: in Pascal nicht erlaubt)

Der oberen Indexgrenze ANZAHL wird erst während der Programmausführung ein Wert zugewiesen. Am Anfang der Ausführung ist dem Pascal-Übersetzer also nicht bekannt, wieviele Elemente er für den Array MESS einrichten soll.
Eine solche d y n a m i s c h e Vereinbarung eines Arrays ist in Pascal nicht erlaubt, da die Anzahl der Arrayelemente immer schon v o r der Ausführung bekannt sein muß. Deshalb wird im Programm BALKENDI für den Array MESS mit 20 absichtlich eine sehr große Anzahl von Stellen reserviert, die ggf. nicht ausgenutzt wird.

3.7.3 Eindimensionaler String-Array

3.7.3.1 Elementares Drillprogramm

Das folgende Programm VOKABELD weist wie das Programm LAGREGAL einen eindimensionalen Array auf. In den Fächern werden jedoch keine Zahlen aufbewahrt, sondern Strings. Einen solchen Array mit dem Elementtyp STRING bezeichnet man als String-Array. Die im Programm VOKABELD getroffene Vereinbarung

```
  TYPE
    WORT = STRING[20];
  VAR
    D,F: ARRAY[1..50] OF WORT;
```

richtet zwei Variablen D und F als Arrays mit jeweils 50 Elementen (Indextyp 1..50) ein, wobei in jedes Element bzw. Fach später ein String von bis zu 20 Zeichen Länge gespeichert werden kann (Elementtyp WORT).

Ein String und ein Array weisen gewisse Gemeinsamkeiten auf: So bestehen beide Datenstrukturen aus einer geordneten Anzahl

Pascal-Codierung zu Programm VOKABELD:

```
PROGRAM VOKABELD;
  {Vokabeldrill mit zwei String-Arrays zu je 50 Elementen}

TYPE
  WORT = STRING[20];
VAR
  D,F:     ARRAY[1..50] OF WORT;     {Arrays fuer Deutsch und Franzoesisch}
  ANTWORT: WORT;                     {Antwort auf Franzoesisch}
  A,I:     INTEGER;                  {Anzahl der Vokabeln, Laufvariable}

BEGIN
  WRITELN('Elementarer Drill Deutsch - Franzoesisch.');
  WRITE('Anzahl der Vokabeln: '); READLN(A);
  WRITELN('Zu uebende Vokabeln deutsch/franzoesisch eintippen:');
  FOR I := 1 TO A DO
    BEGIN
      WRITE(I,'. Wort deutsch:       '); READLN( D[I] );
      WRITE(I,'. Wort franzoesisch: '); READLN( F[I] );
    END;
  CLRSCR;
  WRITELN('Beginn der Uebung:');
  FOR I := 1 TO A DO
    BEGIN
      WRITE( D[I],' heisst? '); READLN( ANTWORT );
      IF ANTWORT = F[I]
        THEN WRITELN('Gut.')
        ELSE WRITELN('Falsch. ',D[I],' heisst ',F[I]);
    END;
  WRITELN('Ende.');
END.
```

von Elementen, die in eckigen Klammern vereinbart werden. Jedes Element kann mittels Indizierung direkt aufgerufen werden. Der große Unterschied besteht jedoch darin, daß beim String in Klammern eine Maximalzahl von Elementen bzw. Zeichen vereinbart wird, wobei die aktuelle Länge dynamisch zwischen 1 und dieser Maximalzahl schwanken kann, während beim Array die Anzahl der Elemente starr festgelegt ist (ob sie nun später ausgenutzt wird oder nicht).

Das Programm VOKABELD ist ein Drillprogramm: im Array D sind deutsche Vokabeln abgespeichert und im Array F dir zugehörigen französischen Worte. Wie die Programmausführung zeigt, unterscheidet VOKABELD nur zwischen "richtig" und "falsch". Dieses Programm zeigt demnach einen Drill in seiner elementaren Form und ist natürlich erweiterungsbedürftig (Zufallsauswahl von Vokabeln, Antwortanalyse und Ablaufmodifikation, Abspeicherung von Vokabeln in einer Datei, "Drill&Practice-Algorithmus"). Versuchen Sie es einmal mit einer Programmerweiterung?

Auführung zu Programm VOKABELD:

```
Running
Elementarer Drill Deutsch - Franzoesisch.
Anzahl der Vokabeln: 3
Zu uebende Vokabeln deutsch/franzoesisch eintippen:
1. Wort deutsch:       Frau
1. Wort franzoesisch: femme
2. Wort deutsch:       Mann
2. Wort franzoesisch: homme
3. Wort deutsch:       Kind
3. Wort franzoesisch: enfant
Beginn der Uebung:
Frau heisst? famme
Falsch. Frau heisst femme
Mann heisst? homme
Gut.
Kind heisst? enfant
Gut.
Ende.
```

3.7.3.2 Methode der parallelen Arrays

Das Programm VOKABELD stellt ein einfaches Beispiel zur Methode der *parallelen Arrays* dar: die Anordnung der Elemente der beiden Arrays D und F kann man durch zwei nebeneinanderstehende Spalten darstellen. Dabei gehören jeweils die waagerechten Elemente zusammen (vgl. Abbildung).

```
Array D:                                               Array F:
-------                                                --------

(1) Mann                                             (1) Homme
(2) Frau <--- Element (2) zu Element (2) --->        (2) Femme
(3) Kind                                             (3) Enfant
(4) ...                                              (4) ...
...                                                  ...
(n) Mond     Gleiche Anzahl von Elementen            (n) Lune
```

Methode der parallelen Arrays an einem Beispiel

Die Methode der parallelen Arrays findet man oft bei tabellenförmigen Abspeicherungen von Daten wie Umsatztabellen, Adreßverzeichnissen usw..

3.7.3.3 Datum als String-Array und als String

Die Programme DATUMPR1 und DATUMPR2 prüfen, ob ein Testdatum innerhalb einer durch eine untere und obere Datumsgrenze festgelegten Zeitspanne liegt. Die Datumseingabe erfolgt im Format TT.MM.JJ, während die Abfragen in der Abfolge JJ.MM.TT vorgenommen werden müssen.

Problemlösung über String-Arrays:
Im Programm DATUMPR1 wird das Problem über die String-Arrays T, M und J gelöst, die nach der Methode der parallelen Arrays (vgl. Abschnitt 3.7.3.2) verarbeitet werrden. DATUMPR1 besteht aus *einem* Programm mit *einer* mehrseitigen Auswahlstruktur.

Problemlösung über Strings:
Im Programm DATUMPR2 wird dasselbe Problem über drei Strings UD (=Untere Datumsgrenze), OD und TD (=Testdatum) gelöst. Das Programm ist dabei über vier Prozeduren strukturiert.

Pascal-Codierung und Ausführung zu Programm DATUMPR1:

```
PROGRAM DATUMPR1;
  {Datum pruefen mittels String-Array und mehrseitiger Auswahlstruktur}
VAR
  D:     ARRAY[1..3] OF STRING[8];
  T,M,J: ARRAY[1..3] OF STRING[2];
  I:     INTEGER;

BEGIN
  WRITELN('Pruefen, ob ein Datum in einer bestimmten Zeitspanne liegt.');
  WRITE('Untere Datumgrenze TT.MM.JJ ? '); READLN( D[1] );
  WRITE('Obere Datumgrenze  TT.MM.JJ ? '); READLN( D[2] );
  WRITE('Testdatum          TT.MM.JJ ? '); READLN( D[3] );
  FOR I := 1 TO 3 DO
    BEGIN
      T[I] := COPY(D[I],1,2);
      M[I] := COPY(D[I],4,2);
      J[I] := COPY(D[I],7,2);
    END; {von FOR}
  IF J[3] > J[2] THEN WRITELN('Jahr zu jung.') ELSE
  IF J[3] < J[1] THEN WRITELN('Jahr zu alt.')  ELSE
  IF (J[3]=J[2]) AND (M[3]>M[2]) THEN WRITELN('Monat zu jung.') ELSE
  IF (J[3]=J[1]) AND (M[3]<M[1]) THEN WRITELN('Monat zu alt.')  ELSE
  IF (J[3]=J[2]) AND (M[3]=M[2]) AND (T[3]>T[2]) THEN WRITELN('Tag zu jung.') ELSE
  IF (J[3]=J[1]) AND (M[3]=M[1]) AND (T[3]<T[1]) THEN WRITELN('Tag zu alt.')  ELSE
  WRITELN('Datum liegt innerhalb der Zeitspanne.');
END.
```

```
Running
Pruefen, ob ein Datum in einer bestimmten Zeitspanne liegt.
Untere Datumgrenze TT.MM.JJ ? 31.01.84
Obere Datumgrenze  TT.MM.JJ ? 31.01.85
Testdatum          TT.MM.JJ ? 04.02.85
Monat zu jung.
```

Pascal-Codierung und Ausführung zu Programm DATUMPR2:

```
Running
Datumseingabe TT.MM.JJ
Untere Datumsgrenze: 31.01.84
Obere Datumsgrenze:  31.01.85
Testdatum:           04.02.85
84.01.31  85.01.31  85.02.04
Monat zu jung.
Running
Datumseingabe TT.MM.JJ
Untere Datumsgrenze: 24.11.84
Obere Datumsgrenze:  13.03.85
Testdatum:           30.12.84
84.11.24  85.03.13  84.12.30
Datum liegt innerhalb der Datumsgrenzen.
```

```
PROGRAM DATUMPR2;
  {Datum pruefen mittels Stringverarbeitung und Prozeduren}
TYPE
  DATFORM = STRING[8];
VAR
  UD,OD,TD: DATFORM;

PROCEDURE UMSTELLEN(VAR D: DATFORM);
VAR
  J,M,T: STRING[2];
BEGIN
  J := COPY(D,7,2);
  M := COPY(D,4,2);
  T := COPY(D,1,2);
  D := J + '.' + M + '.' + T;
END; {Ende UMSTELLEN}

PROCEDURE EINGABE;
BEGIN
  WRITELN('Datumseingabe TT.MM.JJ');
  WRITE('Untere Datumsgrenze: '); READLN(UD);
  WRITE('Obere Datumsgrenze:  '); READLN(OD);
  WRITE('Testdatum:           '); READLN(TD);
  UMSTELLEN(UD); UMSTELLEN(OD); UMSTELLEN(TD);
  WRITELN(UD,'  ',OD,'  ',TD);
END; {Ende EINGABE}

PROCEDURE ZUALT;
BEGIN
  IF COPY(TD,1,2) < COPY(UD,1,2)
    THEN WRITELN('Jahr zu alt.')
    ELSE IF COPY(TD,4,2) < COPY(UD,4,2)
           THEN WRITELN('Monat zu alt.')
           ELSE WRITELN('Tag zu alt.');
END; {Ende ZUALT}

PROCEDURE ZUJUNG;
BEGIN
  IF COPY(TD,1,2) > COPY(OD,1,2)
    THEN WRITELN('Jahr zu jung.')
    ELSE IF COPY(TD,4,2) > COPY(OD,4,2)
           THEN WRITELN('Monat zu jung.')
           ELSE WRITELN('Tag zu jung.');
END; {Ende ZUJUNG}


BEGIN
  EINGABE;
  IF (UD<=TD) AND (TD<=OD)
    THEN
      WRITELN('Datum liegt innerhalb der Datumsgrenzen.')
    ELSE
      BEGIN
        IF TD < UD THEN ZUALT;
        IF TD > OD THEN ZUJUNG;
      END;
END. {von DATUMPR2}
```

Prozeduren-Hierarchie zu Programm DATUMPR2:

0: Hauptprogramm DATUMPR2	Ebene 0 als höchste Ebene
1: Prozedur EINGABE	Ebene 1 als 1. Unterordnung
2: Prozedur UMSTELLEN	Ebene 2 als 2. Unterordnung
1: Prozedur ZUALT	Ebene 1
1: Prozedur ZUJUNG	Ebene 1

3.7.4 Eindimensionaler Boolean-Array

Im Programm LOTTO2 wird mittels

```
VAR
  TIP: ARRAY [1..49] OF BOOLEAN;
```

- TIP als Name des Arrays.
- 1..49 als Indextyp.
- BOOLEAN als Elementtyp.

ein B o o l e a n - A r r a y vereinbart. In einem Arrayelement kann somit entweder TRUE oder FALSE abgelegt werden. Der Array TIP wird zum Erzeugen von Lottozahlen verwendet. Dabei geht man wie folgt vor:

- Alle Elemente von Array TIP erhalten über die Zählerschleife FOR Z1:=1 TO 49 DO TIP [Z1] :=FALSE; zunächst den Anfangswert FALSE. Entspricht jedes Arrayelement einer "Lottokugel", so steht FALSE für "Kugel nicht gezogen".

- Jetzt werden 6 Ziehungen (von 6 Kugeln) simuliert: die Zählerschleife FOR Z2:=1 TO 6 DO ... steuert diesen Vorgang.

- Mit ZIEHUNG:=RANDOM(49)+1 wird solange eine Zahl aus 1-49 gezogen, bis NOT TIP [ZIEHUNG] erfüllt ist, d.h. sichergestellt ist, daß tatsächlich eine neue Zahl gezogen wurde. Steht an der ZIEHUNG. Stelle von Tip der Wert FALSE, wird die Verneinung über NOT zu TRUE, um die Schleife zu beenden.

- Die Arrayzuweisung TIP[ZIEHUNG]:=TRUE zeigt für die folgenden Ziehungen an, daß diese "Kugel" bzw. Stelle bereits gezogen wurde.

- Das Ausgeben der Tipreihe geschieht wiederum über eine Zählerschleife. Dabei wird über

  IF TIP[Z1] THEN WRITE(Z1:4)

  der Indexwert (=Kugelnummer) ausgegeben, wenn im zugehörigen Arrayelement der Wert TRUE abgelegt ist.

Pascal-Codierung und Ausführung zu Programm LOTTO2:

```
PROGRAM LOTTO2;
  {Lottozahlen ueber einen Array mit Komponententyp BOOLEAN}
VAR
  TIP:               ARRAY[1..49] OF BOOLEAN;
  ZIEHUNG, Z1:       1..49;
  Z2:                1..6;
  EINGABE:           CHAR;

BEGIN
  REPEAT
  FOR Z1 := 1 TO 49 DO TIP[Z1]:=FALSE;          {Anfangszustand}
    FOR Z2 := 1 TO 6 DO                         {Erzeugen der Tipreihe}
    BEGIN
      REPEAT
        ZIEHUNG := RANDOM(49)+1;
      UNTIL NOT TIP[ZIEHUNG];
      TIP[ZIEHUNG] := TRUE
    END; {von FOR}
  FOR Z1 := 1 TO 49 DO                          {Ausgabe der Tipreihe}
  BEGIN
    IF TIP[Z1] THEN WRITE(Z1:4)
  END; {von FOR}
  WRITELN; WRITE('Ende mit E: '); READLN(EINGABE)
UNTIL EINGABE ='E'
END.
```

```
Running
  11  19  21  27  30  42
Ende mit E:
   4   7  11  21  30  32
Ende mit E:
   4   6  11  20  36  45
Ende mit E: d
   8  13  25  38  42  48
Ende mit E: w
   4  12  15  23  35  47
Ende mit E: g
   8  13  26  27  42  43
Ende mit E:
   1   6  17  21  33  35
Ende mit E: e
   4   7  29  34  37  42
Ende mit E: E
```

Wie die Ausführung zu Programm LOTTO2 zeigt, werden alle Tips aufsteigend sortiert und ohne 'Doppelnennungen" ausgegeben. Im Programm LOTTO1 (vgl. Abschnitt 3.5.7.2) konnte dies nicht geleistet werden.

3.7.5 Eindimensionaler Char-Array als String

Ein Char-Array bzw. Zeichen-Array besitzt den Elementtyp CHAR. Einen Char-Array kann man sich als String (vgl. Abschnitt 3.6) vorstellen, wobei die Länge aber konstant ist. Der Char-Array Wort1 und der String Wort3 können beide bis zu 13 Zeichen aufnehmen:

```
VAR
  Wort1: ARRAY [1..13] OF CHAR;
  Wort3: STRING [13];
```

Das Programm ZEIARRAY zeigt die Kompatibilität der Datenstruk-

Pascal-Codierung zu Programm ZEIARRAY:

```
PROGRAM ZEIARRAY;
  {Zeichenkette als CHAR-Array bzw. als STRING}

TYPE
  WorttypA = ARRAY[1..13] OF CHAR;
  WorttypS = STRING[13];

VAR
  Wort1, Wort2: WorttypA;
  Wort3, Wort4: WorttypS;
  Z:            INTEGER;

BEGIN
  WRITELN('Gegenueberstellung von CHAR-Array und STRING an einem Beispiel.');
  Wort1:='TURBO Pascal-';
  {Wort2:='Wegweiser' ergibt Fehler 'Type mismatch'}
  Wort2:='Wegweiser    ';
  WRITELN; WRITELN('1. STRING-Operationen auf einem CHAR-Array:');
  WRITELN(Wort1+Wort2);
  WRITELN('Laenge von Wort2: ',LENGTH(Wort2));

  WRITELN; WRITELN('2. Zuweisung von CHAR-Array nach STRING:');
  Wort3:=Wort1;
  Wort4:='Wegweiser';
  WRITELN(Wort3+Wort4);
  WRITELN('Laenge von Wort4: ',LENGTH(Wort4));

  WRITELN; WRITELN('3. Zuweisung von STRING nach CHAR-Array:');
  {Wort1:=Wort3; ergibt Fehler 'Type mismatch'}
  WRITELN('... nicht moeglich.'); WRITELN;

  WRITELN('4. Ausgabe zeichen- oder wortweise:');
  FOR Z:=1 TO LENGTH(Wort2) DO WRITE(Wort2[Z]); WRITELN('Ende');
  WRITE(Wort2); WRITELN('Ende');
  FOR Z:=1 TO LENGTH(Wort4) DO WRITE(Wort4[Z]); WRITELN('Ende');
  WRITE(Wort4); WRITELN('Ende')
END.
```

turen ARRAY OF CHAR und STRING auf:

- Ein Char-Array kann durch Stringprozeduren und -funktionen verarbeitet werden. Die Länge des Arrays bestimmt dabei die Länge des Strings.
- Umgekehrt kann ein String jedoch nicht einem Char-Array zugewiesen werden.

Ausführung zu Programm ZEIARRAY:

```
  Gegenueberstellung von CHAR-Array und STRING an einem Beispiel.

1. STRING-Operationen auf einem CHAR-Array:
TURBO Pascal-Wegweiser
Laenge von Wort2: 13

2. Zuweisung von CHAR-Array nach STRING:
TURBO Pascal-Wegweiser
Laenge von Wort4: 9

3. Zuweisung von STRING nach CHAR-Array:
... nicht moeglich.

4. Ausgabe zeichen- oder wortweise:
Wegweiser    Ende
Wegweiser    Ende
WegweiserEnde
WegweiserEnde
```

3.7.6 Zweidimensionaler Integer-Array

3.7.6.1 Vereinbarung in Kurzform und in Langform

Im Programm ABTABELL wird mit einem zweidimensionalen Array gearbeitet, den man sich waagerecht in Zeilen und senkrecht in Spalten geordnet vorstellen kann. Der Array heißt TABELLE und hat 101 waagerechte Zeilen (von 0 bis 100 durchnumeriert) und 11 senkrechte Spalten (0 bis 10). In den insgesamt 1111 Elementen (=101*11) können 1111 INTEGER-Zahlen abgelegt werden:

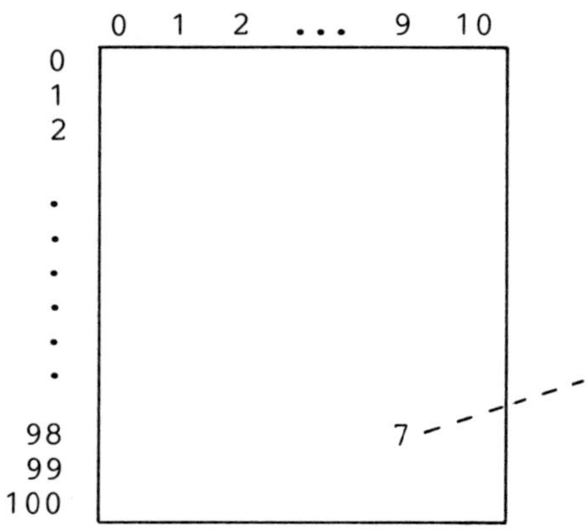

Vereinbarung von TABELLE als:
ARRAY [0..100,0..10] OF INTEGER

Wertzuweisung z.B. durch:
TABELLE [98,9] :=7

Zahl 7 im Array TABELLE an der Zeile 98 und Spalte 9 abgelegt, d.h. in TABELLE [98,9] .

Die Vereinbarung wird man zumeist in der K u r z f o r m angegeben, wobei die Indextypen für die Zeilen und Spalten in Klammern durch ein Komma getrennt werden (vgl. Abbildung). In der L a n g f o r m hingegen wird als Elementtyp des 'ersten' Arrays ein weiterer eindimensionaler Array definiert.

```
Kurzform (zwei Indextypen mit Komma getrennt):
----------------------------------------------
VAR
  TABELLE: ARRAY [0..100,0..10] OF INTEGER;

Langform (zwei eindimensionale Arrays geschachtelt):
----------------------------------------------------
VAR
  TABELLE: ARRAY [0..100] OF ARRAY [0..10] OF INTEGER;
```

Zwei Möglichkeiten zur Vereinbarung des Arrays TABELLE

Die Langform ist vorteilhaft, wenn Teilarrays zuzuweisen sind:

```
TABELLE [98] [9] := 7;           7 nach Zeile 98/Spalte 9 bzw.
TABELLE [98]     := TABELLE [3]; Zeile 3 nach Zeile 98 zuweisen.
```

Das untere Beispiel zeigt, wie durch e i n e Zuweisung eine Zeile mit 10 Elementen (10-Elemente-Teilarray) kopiert wird.

Pascal-Codierung zu Programm ABTABELL:

```
PROGRAM ABTABELL;
  {Absatztabelle als zweidimensionaler Integer-Array}
VAR
  Z,S,I,J: INTEGER;
  TABELLE: ARRAY[0..100,0..10] OF INTEGER;

PROCEDURE EINGABE;
BEGIN
  WRITELN('Tabellenverarbeitung: Absatztabelle Kunde/Vierteljahr');
  WRITELN('als zweidimensionaler Array (bzw. Feld, Bereich, Matrix).');
  WRITE('Anzahl der Zeilen (waagrecht)?  '); READLN(Z);
  WRITE('Anzahl der Spalten (senkrecht)? '); READLN(S);
  WRITELN;
  WRITELN('Eingabe zeilenweise:');
  FOR I := 1 TO Z DO
    BEGIN
      WRITELN('Naechste Zeile, naechster Kunde:');
      FOR J := 1 TO S DO
        BEGIN
          WRITE('Kunde ',I,', Vierteljahr ',J,'? ');
          READLN( TABELLE[I,J] );
        END; {von FOR J}
    END; {von FOR I}
END; {von EINGABE}

PROCEDURE ZEILENSUMMEN;
BEGIN
  FOR I :=1 TO Z DO
    BEGIN;
      TABELLE[I,0] := 0;
      FOR J := 1 TO S DO
        TABELLE[I,0] := TABELLE[I,0] + TABELLE[I,J];
    END; {von FOR I}
END; {von ZEILENSUMMEN}

PROCEDURE GESAMTSUMME;
BEGIN
  TABELLE[0,0] := 0;
  FOR I := 1 TO Z DO
    TABELLE[0,0] := TABELLE[0,0] + TABELLE[I,0];
END; {von GESAMTSUMME}

PROCEDURE SPALTENSUMMEN;
BEGIN
  FOR J := 1 TO S DO
    BEGIN
      TABELLE[0,J] := 0;
      FOR I := 1 TO Z DO
        TABELLE[0,J] := TABELLE[0,J] + TABELLE[I,J];
    END;
END; {von SPALTENSUMMEN}
```

Pascal-Codierung zu Programm ABTABELL (Fortsetzung):

```
PROCEDURE AUSGABE;
BEGIN
  WRITELN;
  WRITELN('Uebersicht: ',Z,' Zeilen, ',S,' Spalten:');
  FOR I := 0 TO Z DO
    BEGIN
      FOR J := 0 TO S DO
        WRITE( TABELLE[I,J]:6 );
      WRITELN;
    END;
END; {von AUSGABE}


BEGIN  {des Hauptprogramms}
  EINGABE;
  ZEILENSUMMEN;
  GESAMTSUMME;
  SPALTENSUMMEN;
  AUSGABE;
END. {von Hauptprogramm ABTABELL}
```

Ausführung zu Programm ABTABELL:

```
Running
Tabellenverarbeitung: Absatztabelle Kunde/Vierteljahr
als zweidimensionaler Array (bzw. Feld, Bereich, Matrix).
Anzahl der Zeilen (waagrecht)?  5
Anzahl der Spalten (senkrecht)? 4

Eingabe zeilenweise:
Naechste Zeile, naechster Kunde:
Kunde 1, Vierteljahr 1? 10
Kunde 1, Vierteljahr 2? 20
Kunde 1, Vierteljahr 3? 30
Kunde 1, Vierteljahr 4? 40
Naechste Zeile, naechster Kunde:
Kunde 2, Vierteljahr 1? 20
Kunde 2, Vierteljahr 2? 40
Kunde 2, Vierteljahr 3? 60
Kunde 2, Vierteljahr 4? 80
Naechste Zeile, naechster Kunde:
Kunde 3, Vierteljahr 1? 30
Kunde 3, Vierteljahr 2? 60
Kunde 3, Vierteljahr 3? 90
Kunde 3, Vierteljahr 4? 120
Naechste Zeile, naechster Kunde:
Kunde 4, Vierteljahr 1? 50
Kunde 4, Vierteljahr 2? 100
Kunde 4, Vierteljahr 3? 150
Kunde 4, Vierteljahr 4? 200
Naechste Zeile, naechster Kunde:
Kunde 5, Vierteljahr 1? 40
Kunde 5, Vierteljahr 2? 80
Kunde 5, Vierteljahr 3? 120
Kunde 5, Vierteljahr 4? 160
```

```
Uebersicht: 5 Zeilen, 4 Spalten:
  1500   150   300   450   600
   100    10    20    30    40
   200    20    40    60    80
   300    30    60    90   120
   500    50   100   150   200
   400    40    80   120   160
```

Häufig ist es übersichtlicher, zuerst einen Indextyp und Array mit TYPE zu definieren, um anschließend die Variablenvereinbarung vorzunehmen. So kann anstelle von

```
  VAR
    TABELLE: ARRAY[0..100,0..10] OF INTEGER;
```

die Vereinbarung z.B. auch wie folgt vorgenommen werden:

```
TYPE
  ZeilenZahl  = 0..100;
  SpaltenZahl = 0..10;
  TABELLENTYP = ARRAY[ZeilenZahl,SpaltenZahl] OF INTEGER;
 VAR
  TABELLE: TABELLENTYP;
  TAB2: TABELLENTYP;
```

T y p g l e i c h e Arrays können zugewiesen werden. Mittels

```
  TAB2 := TABELLE;
```

wird der Inhalt des Arrays TABELLE komplett nach TAB2 kopiert.

3.7.6.2 Schleifenschachtelung zur Tabellenverarbeitung

Betrachten wir die Ausführung zum Programm ABTABELL: Zunächst legt der Benutzer mit Z=5 und S=4 fest, daß in den Zeilen 1-5 fünf Kunden erfaßt werden sollen, wobei in den Spalten 1-4 je Kunde vier Quartalsabsatzmengen abgespeichert werden sollen. Da ein Array nicht dynamisch vereinbart werden kann (vgl. Abschnitt 3.7.2.6), wurden 101 Zeilen zu je 11 Spalten vereinbart. Von diesen maximal 1111 Elementen wird im Ausführungsbeispiel zu ABTABELL somit nur ein sehr kleiner Teil genutzt.

Die Tastatureingabe der 20 (5*4) Absatzmengen vollzieht sich in der Prozedur EINGABE über zwei geschachtelte Zählerschleifen wie folgt:

```
  FOR I:=1 TO Z DO                 Äußere Schleife: Kunden 1-5
  BEGIN
    WRITELN('Naechste Zeile:');
    FOR J:=1 TO S DO               Innere Schleife: Quart. 1-4
    BEGIN
      READLN(TABELLE[I,J]);        Eingabe in Fach von Zeile I
    END;                           und Spalte J
  END;
```

Für jeden Kunden (Laufvariable I) wird die innere Schleife für die vier Quartale (Laufvariable J) genau vier Mal durchlaufen. Wie hier am Beispiel des Arrays TABELLE führt das Verarbeiten von zweidimensionalen Arrays stets zur Schleifenschachtelung.

3.7.6.3 Zeile 0 und Spalte 0 für besondere Zwecke

Die Arrayelemente mit dem Index 0 werden häufig zur Ablage besonderer Werte verwendet. Im Programm ABTABELL werden in der Zeile 0 die Quartalssummen 150, 300, 450 und 600 abgelegt, also die vier S p a l t e n s u m m e n . Dazu wird eine Prozedur namens SPALTENSUMMEN aufgerufen.
In der Spalte 0 sind die Kundenabsatzmengen 100, 200, 300, 500 und 400 als Z e i l e n s u m m e n gespeichert. Die Prozedur ZEILENSUMMEN führt dies durch.
Die Prozedur GESAMTSUMME speichert die Gesamtjahresabsatzmenge in Höhe von 1500 Stück im Element TABELLE [0,0] ab.

Das zeilen- wie spaltenweise Aufsummieren läuft wiederum über Schleifenschachtelungen ab.

Wurde der Array TABELLE in der Langform vereinbart, kann durch

```
TAB2[0] := TABELLE[0];
```

natürlich die Zeile 0 auch komplett mit einer einzigen Anweisung zugewiesen bzw. kopiert werden.

3.7.6.4 Addition von Matrizen

Einen zweidimensionalen Array bezeichnet man auch als Tabelle, Bereich und M a t r i x . Das Programm MATADD1 zeigt, wie man zwei Matrizen (gleicher Ausdehnung) addiert: über zwei eingeschachtelte Zählerschleifen werden die an derselben Position stehenden Elemente addiert.

Ausführung zu Programm MATADD1:

```
Running
Demonstration zur Addition zweier Integer-Matrizen.
Inhalt der Matrix MAT1:
     1     2     3     4
     5     6     7     8
     9    10    11    12

Inhalt der Matrix MAT2:
     1     2     3     4
     5     6     7     8
     9    10    11    12

Inhalt der Summen-Matrix MAT3:
     2     4     6     8
    10    12    14    16
    18    20    22    24
```

Pascal-Codierung zu Programm MATADD1:

```
PROGRAM MATADD1;
  {Addition zweier Matrizen bzw. zweidimensionaler Integer-Arrays}

TYPE
  Zeilen    = 1..3;
  Spalten   = 1..4;
  Matrixtyp = ARRAY[Zeilen,Spalten] OF INTEGER;

VAR
  MAT1,MAT2,MAT3: Matrixtyp;
  Z:              Zeilen;
  S:              Spalten;
  Zaehl:          INTEGER;

PROCEDURE AUSGABE(MAT: Matrixtyp);
BEGIN
  FOR Z:=1 TO 3 DO
  BEGIN
    FOR S:=1 TO 4 DO WRITE(MAT[Z,S]:7);
    WRITELN
  END;
  WRITELN
END; {von AUSGABE}


BEGIN
  {Wertbelegung der Matrizen MAT1 und MAT2}
  Zaehl:=1;
  FOR Z:=1 TO 3 DO
    FOR S:=1 TO 4 DO
    BEGIN
      MAT1[Z,S]:=Zaehl; MAT2[Z,S]:=Zaehl;
      Zaehl:=Zaehl+1;
    END;

  {Matrizen-Addition}
  FOR Z:=1 TO 3 DO
    FOR S:=1 TO 4 DO
      MAT3[Z,S] := MAT1[Z,S]+MAT2[Z,S];

  {Ausgabe der Matrizen}
  WRITELN('Demonstration zur Addition zweier Integer-Matrizen.');
  WRITELN('Inhalt der Matrix MAT1:');
  AUSGABE(MAT1);
  WRITELN('Inhalt der Matrix MAT2:');
  AUSGABE(MAT2);
  WRITELN('Inhalt der Summen-Matrix MAT3:');
  AUSGABE(MAT3);
END.
```

3.7.7 Dreidimensionaler Integer-Array

Dreidimensionale Arrays kann man sich gut am Beispiel eines "Zauberwürfels" (Rubik's Cube) veranschaulichen. Ein solcher Würfel besteht z.B. aus 64 (=4*4*4) kleinen und verschiebbaren Elementen. Im Programm DREIDIM1 wird ein Würfel namens A wie folgt vereinbart:

```
VAR
  A: ARRAY [1..4,1..4,1..4] OF INTEGER;
  |         |    |    |        |
  |_________|____|____|________|_____Array A als Würfel
            |____|____|________|_____Spalten (links,rechts)
                 |____|________|_____Zeilen  (oben,unten)
                      |________|_____Ebenen  (vorne,hinten)
                               |_____Elementtyp
```

In der Prozedur TABELLENAUFBAU wird der Array A durch die Ansung A[X,Y,Z]:=I; fortlaufend mit den Werten 1,2,....,64 belegt.
Durch die Prozedur TABELLENANZEIGE wird der Array A am Bildschirm angezeigt. Dabei werden die vier hintereinanderliegenden Ebenen nebeneinander ausgegeben (vgl. Ausführung zum Programm DREIDIM1).
Über die anschließende WHILE-Schleife können Koordinaten des Arrays A getestet werden.

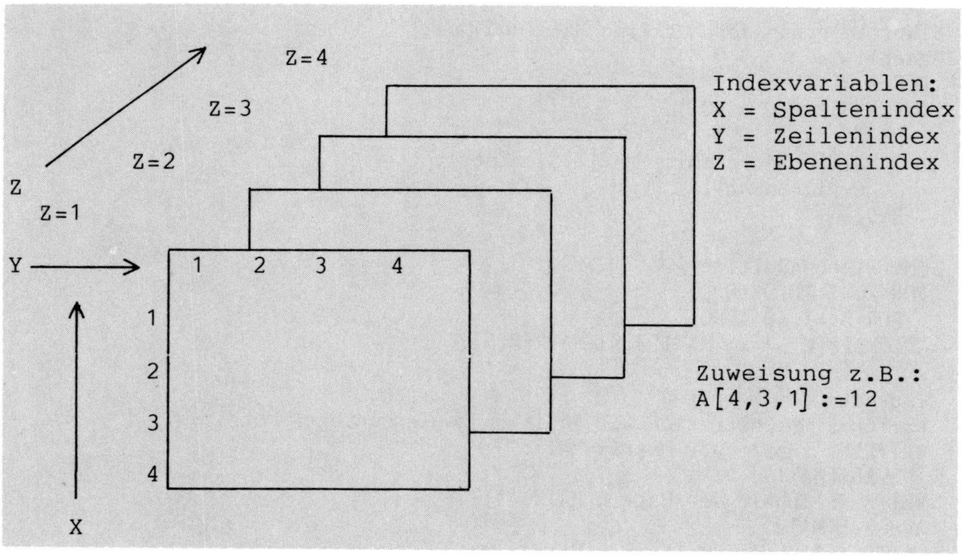

Dreidimensionaler Array A als Beispiel

Ausführung zu Programm DREIDIM1:

```
Running
Derzeitiger Inhalt der 64 Integer-Elemente von Array A:

X=     1  2  3  4    1  2  3  4    1  2  3  4    1  2  3  4

Y=1    1  2  3  4   17 18 19 20   33 34 35 36   49 50 51 52
Y=2    5  6  7  8   21 22 23 24   37 38 39 40   53 54 55 56
Y=3    9 10 11 12   25 26 27 28   41 42 43 44   57 58 59 60
Y=4   13 14 15 16   29 30 31 32   45 46 47 48   61 62 63 64

         Z = 1         Z = 2         Z = 3         Z = 4

Koordinaten des dreidimensionalen Arrays A testen
(Eingabe durch Blanks getrennt (0 0 0 fuer Ende)):
Welcher Punkt (X Y Z)? 3 2 4
55
Welcher Punkt (X Y Z)? 1 1 3
33
Welcher Punkt (X Y Z)? 1 1 1
1
Welcher Punkt (X Y Z)? 4 2 2
24
Welcher Punkt (X Y Z)? 4 4 4
64
Welcher Punkt (X Y Z)? 0 0 0
Ende des Koordinatentestes.
```

Pascal-Codierung zu Programm DREIDIM1:

```
PROGRAM DREIDIM1;
  {Dreidimensionalen Integer-Array mit 4*4*4=64 Elementen testen}

VAR
  X,Y,Z: INTEGER;        {Koordinaten eines Array-Elementes}
  I:     INTEGER;
  A:     ARRAY[1..4,1..4,1..4] OF INTEGER;

PROCEDURE TABELLENAUFBAU;
BEGIN
  I := 1;
  FOR Z := 1 TO 4 DO
    FOR Y := 1 TO 4 DO
      FOR X := 1 TO 4 DO
        BEGIN
          A[X,Y,Z] := I;
          I := I + 1;               {Tabellenelemente fortlaufend belegt}
        END;
END; {von TABELLENAUFBAU}
```

Pascal-Codierung zu Programm DREIDIM1 (Fortsetzung):

```
PROCEDURE TABELLENANZEIGE;
BEGIN
  CLRSCR;
  WRITELN('Derzeitiger Inhalt der 64 Integer-Elemente von Array A:');
  GOTOXY(1,3); WRITE('X=');
  FOR Z := 1 TO 4 DO
    BEGIN
      FOR X := 1 TO 4 DO
        BEGIN
          GOTOXY(3*X+16*(Z-1)+5, 3 ); WRITE(X:3);
        END;
      FOR Y := 1 TO 4 DO
        BEGIN
          GOTOXY(1,Y+4);
          WRITE('Y=',Y);
          FOR X := 1 TO 4 DO
            BEGIN
              GOTOXY(3*X+16*(Z-1)+5, Y+4 );
              WRITE(A[X,Y,Z]:3);
            END;
        END; {von FOR Y}
      GOTOXY(16*(Z-1) + 12, 10 ); WRITE('Z = ',Z);
    END;  {von FOR Z}
    WRITELN;
END; {von TABELLENANZEIGE}

BEGIN
  TABELLENAUFBAU;
  TABELLENANZEIGE;
  WRITELN;
  WRITELN('Koordinaten des dreidimensionalen Arrays A testen');
  WRITELN('(Eingabe durch Blanks getrennt (0 0 0 fuer Ende)):');
  WHILE X <> 0 DO
    BEGIN
      WRITE('Welcher Punkt (X Y Z)? ');
      READLN(X,Y,Z);
      IF X <> 0 THEN WRITELN(A[X,Y,Z]);
    END;  {von WHILE}
  WRITELN('Ende des Koordinatentestes.')
END.
```

Der Array A wird im Programm DREIDIM1 in der Kurzform vereinbart. Die Vereinbarung des gleichen Arrays in der Langform hat das folgende Aussehen:

```
VAR
  A: ARRAY [1..4] OF ARRAY [1..4] OF ARRAY [1..4] OF INTEGER;
```

Beim dreidimensionalen Array ist eine dreifache Indizierung erforderlich, um auf das einzelne Element direkt zuzugreifen. Mit

```
A [4] [3] [1]  :=  12;
```

wird der Wert 12 dem Element zugewiesen, dessen Position durch die Spalte 4 (=senkrechte Spalte ganz rechts), Zeile 3 (=waagerechte Zeile; 3. Zeile von oben) und Ebene 1 (=vorderste Ebene) gegeben ist. Wurde der Array A dagegen in Kurzform vereinbart, können die Indexwerte vereinfacht durch Komma angegeben werden:

```
A[4,3,1] := 12;
```

3.7.8 Vierdimensionaler Real-Array

Das Programm VIERDIM1 enthält einen vierdimensionalen Array T, der Auftragsbeträge in DM speichern soll. Dabei wird angenommen, daß 3 Kunden jeweils zum Quartalsanfang je 2 Aufträge erteilen, die jeweils 15 DM-Positionen enthalten. Im Array T ist Platz für insgesamt 360 DM-Beträge (15*2*4*3=360). Zur Demonstration werden in diesen 360 Elementen des Arrays T mittels

```
T[X1,X2,X3,X4] := I;
```

die Zahlenwerte 1,2,3,...,360 gespeichert. Die Ausführung zu Programm VIERDIM1 wird nach dem 135. Element abgebrochen.

Ausführung zu Programm VIERDIM1:

```
Running
Kunde 1 Quartal 1
          Auftrag 1
   1   2   3   4   5   6   7   8   9  10  11  12  13  14  15
          Auftrag 2
  16  17  18  19  20  21  22  23  24  25  26  27  28  29  30
Kunde 1 Quartal 2
          Auftrag 1
  31  32  33  34  35  36  37  38  39  40  41  42  43  44  45
          Auftrag 2
  46  47  48  49  50  51  52  53  54  55  56  57  58  59  60
Kunde 1 Quartal 3
          Auftrag 1
  61  62  63  64  65  66  67  68  69  70  71  72  73  74  75
          Auftrag 2
  76  77  78  79  80  81  82  83  84  85  86  87  88  89  90
Kunde 1 Quartal 4
          Auftrag 1
  91  92  93  94  95  96  97  98  99 100 101 102 103 104 105
          Auftrag 2
 106 107 108 109 110 111 112 113 114 115 116 117 118 119 120
Kunde 2 Quartal 1
          Auftrag 1
 121 122 123 124 125 126 127 128 129 130 131 132 133 134 135
```

Pascal-Codierung zu Programm VIERDIM1:

```
PROGRAM VIERDIM1;
  {Demonstration eines vierdimensionalen Real-Arrays}

CONST
  PositionsZahl = 15;
  AuftragsZahl  = 2;
  QuartalsZahl  = 4;
  KundenZahl    = 3;

TYPE
  AUFTRAG = ARRAY[1..PositionsZahl] OF REAL;
  QUARTAL = ARRAY[1..AuftragsZahl]  OF AUFTRAG;
  KUNDE   = ARRAY[1..QuartalsZahl]  OF QUARTAL;
  KUNDEN  = ARRAY[1..KundenZahl]    OF KUNDE;

VAR
  T:             KUNDEN;
  I,X1,X2,X3,X4: INTEGER;

PROCEDURE AUSGABE;
BEGIN
  FOR X1 := 1 TO KundenZahl DO
    BEGIN
      FOR X2 := 1 TO QuartalsZahl DO
        BEGIN
          WRITELN('Kunde ',X1,' Quartal ',X2);
          FOR X3 := 1 TO AuftragsZahl DO
            BEGIN
              WRITELN('        Auftrag ',X3);
              FOR X4 := 1 TO PositionsZahl DO
                WRITE( T[X1,X2,X3,X4]:4:0); WRITELN;
            END;
        END;
    END;
END; {von AUSGABE}

BEGIN
  I:=1;
  FOR X1 := 1 TO KundenZahl DO
    FOR X2 := 1 TO QuartalsZahl DO
      FOR X3 := 1 TO AuftragsZahl DO
        FOR X4 := 1 TO PositionsZahl DO
          BEGIN
            T[X1,X2,X3,X4] := I;
            I:=I+1
          END; {von FOR X4}
  AUSGABE;
END. {von VIERDIM1}
```

Die Variablen X1, X2, X3 und X4 dienen als Laufvariablen (FOR-Schleifen vierfach geschachtelt) und als Indexvariablen (Indizierung des Arrays T).

3.7.9 Array-Konstante als strukturierte typisierte Konstante

Für einen Array müssen zumindest zwei Datentypen vereinbart werden: ein Elementtyp (= Datentyp der Array-Elemente) und ein Indextyp (= Datentyp der Indizes, Stellen, 'Plätze' bzw. Komponenten des Arrays). In den Abschnitten 3.7.2 bis 3.7.8 wurden die Elementtypen INTEGER, BYTE, REAL, CHAR, STRING sowie ARRAY betrachtet. Dabei wurde vom Integer-, Byte-, Real-Array usw. gesprochen. Als Indextypen wurden dabei Unterbereiche von INTEGER gewählt, wie z.B. 1..10 oder -9..3. Im Array namens D

```
VAR
  D: ARRAY['a'..'k'] OF BOOLEAN;
```

wird der Unterbereich 'a'..'k' vom Standardtyp CHAR als Indextyp vereinbart. Die Anweisungen

```
D['f'] := 3=4;
IF NOT D['f'] THEN WRITELN('3 und 4 sind verschieden');
```

beziehen sich auf diesen Boolean-Array D. Natürlich kann man verschiedene Indextypen 'mischen'. Wie die folgende Matrix E

```
VAR
  E: ARRAY[BOOLEAN,'a'..'z'] OF 1..20;
```

zeigt, können die Indextypen volkommen unabhängig von dem Elementtyp festgelegt werden. In dem zweidimensionalen Array E können ganze Zahlen 1,2,...,20 gespeichert werden. Dabei kann man z.B. die Wertzuweisung E[TRUE,'g']:=11 vornehmen.

Soll ein Array als i n i t i a l i s i e r t e Variable (Abschnitt 3.5.2.2) mit bestimmten Anfangswerten belegt werden, k a n n dies über typisierte Konstantenvereinbarung vorgenommen werden. Darauf wird in den Abschnitten 3.7.9.1 und 3.7.9.2 eingegangen.

3.7.9.1 Indextyp Unterbereich

Im Programm ARRAY1 wird ein Array NS vom Typ NAMEN als Array-Konstante mit acht Wurstsorten vereinbart. Für den 8-Elemente-Array NS wird der Elementtyp STRING und der Indextyp 1..8 (Unterbereich von INTEGER) festgelegt. Durch

```
TYPE
  NAMEN =     ARRAY[1..8] OF STRING[15];
CONST
  NS: NAMEN = ('Mortadella','Salami',...);
  |   |        |
  |___|________|__________________________ Name des Arrays
      |________|__________________________ Name des Typs
               |
               |__________________________ Konstante als
                                           Anfangswerte
```

wird NS als A r r a y - K o n s t a n t e vereinbart. Die dabei in Klammern aufgezählten Stringkonstanten gelten als Anfangswerte für NS. Damit kann NS wie eine initialisierte Variable benutzt werden.
Über die Prozedur PREISEINGABE werden acht Stückpreise in den Real-Array PR eingegeben, um anschließend das M a x i m u m dieser Preise zu suchen. Dabei wird zunächst der Wert 'null' als PREISMAX angenommen. In einer FOR-Schleife wird PREISMAX fortlaufend mit PR[I] verglichen und - falls kleiner - durch den Wert von PR[I] ersetzt.

Struktogramm zu Programm ARRAY1 (Problem "Maximum suchen"):

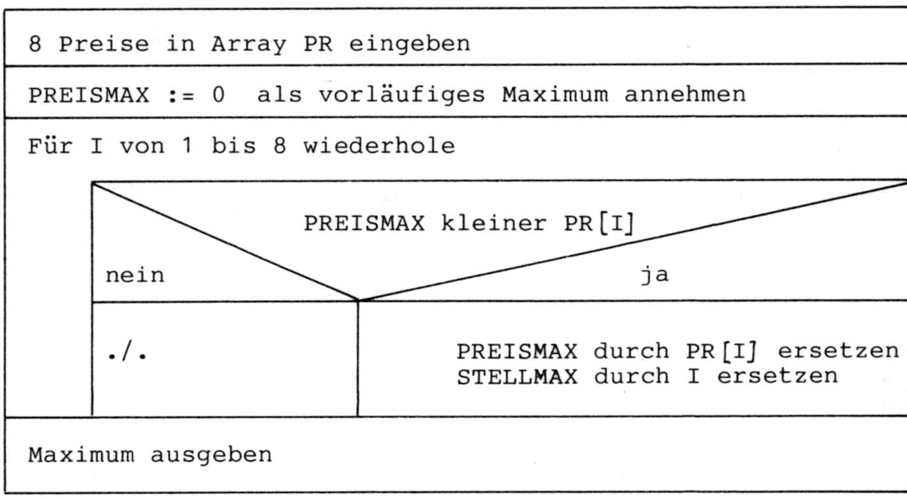

Ausführung zu Programm ARRAY1:

```
Running
1. Preise je kg eingeben:
     Mortadella 12.70
         Salami 19.80
       Krakauer 9.80
     Leberwurst 6.70
       Schinken 22.60
      Mettwurst 7.40
   Fleischwurst 4.60
      Blutwurst 4.40

2. Suche des groessten Preises:
   Groesster Preis 22.60 DM fuer Schinken
```

Pascal-Codierung zu Programm ARRAY1:

```
PROGRAM ARRAY1;
  {Array-Konstante mit Elementtyp STRING und Indextyp Unterbereich}

TYPE
  NAMEN =      ARRAY[1..8] OF STRING[15];
  PREISE =     ARRAY[1..8] OF REAL;

CONST
  NS: NAMEN = ('Mortadella','Salami','Krakauer','Leberwurst','Schinken',
               'Mettwurst','Fleischwurst','Blutwurst');
VAR
  PR:          PREISE;
  I:           INTEGER;
  PREISMAX:    REAL;
  STELLMAX:    INTEGER;

PROCEDURE PREISEINGABE;
BEGIN
  WRITELN('1. Preise je kg eingeben:');
  FOR I := 1 TO 8 DO
    BEGIN
      WRITE(NS[I]:15,' '); READLN(PR[I]);
    END;
END; {von PREISEINGABE}


BEGIN
  PREISEINGABE;
  WRITELN; WRITELN('2. Suche des groessten Preises:');
  PREISMAX := 0;
  FOR I := 1 TO 8 DO
    IF PREISMAX < PR[I]
       THEN
         BEGIN
           PREISMAX := PR[I]; STELLMAX := I;
         END;
  WRITELN('   Groesster Preis ',PREISMAX:5:2,' DM fuer ',NS[STELLMAX]);
END.
```

3.7.9.2 Indextyp Aufzählung

Im Programm ARRAY2 werden zwei Real-Arrays PREIS und MENGE mit dem Indextyp WURST als typisierte Konstanten vereinbart. WURST wird zuvor unter TYPE durch A u f z ä h l u n g seiner acht Elemente definiert.

Pascal-Codierung und Ausführung zu Programm ARRAY2:

```
PROGRAM ARRAY2;
  {Array-Konstanten mit Elementtyp REAL und Indextyp Aufzaehlung}

TYPE
  WURST = (MORTADELLA,SALAMI,KRAKAUER,LEBERWURST,SCHINKEN,METTWURST,
           FLEISCHWURST,BLUTWURST);
CONST
  PREIS:  ARRAY[WURST] OF REAL =
          (17, 32.5, 13.3, 14.5, 36.5, 17, 0.8, 9.9);
  MENGE:  ARRAY[WURST] OF REAL =
          (8.7, 12.5, 15, 13.4, 9.7, 21, 15.6, 19 );
VAR
  I:      WURST;
  BETRAG: REAL;

BEGIN
  WRITELN('Gesamtwertberechnung:');
  BETRAG := 0;
  FOR I := MORTADELLA TO BLUTWURST DO       {Laufvariablentyp WURST}
    BEGIN
      WRITELN(BETRAG:9:2);
      BETRAG := BETRAG + PREIS[I] * MENGE[I];
    END;
  WRITELN('Gesamtwert = ',BETRAG:9:2,' DM');
END.
```

```
Running
Gesamtwertberechnung:
     0.00
   147.90
   554.15
   753.65
   947.95
  1302.00
  1659.00
  1671.48
Gesamtwert =   1859.58 DM
```

Im Programm ARRAY3 wird durch Aufzählung ein Datentyp namens WURST vereinbart. Der Typ WURST dient dann als Indextyp für die Arrays NAME, ALTPREIS und NEUPREIS. NAME und ALTPREIS sind als Array-Konstanten vordefiniert, während NEUPREIS zunächst noch undefiniert ist.
Anstelle von ARRAY[MORTADELLA..BLUTWURST] kann man auch einfacher ARRAY[WURST] schreiben. Eine Unterbereichsbildung wie z.B. ARRAY[SALAMI..SCHINKEN] als 4-Elemente-Array ist natürlich ebenso möglich.

Pascal-Codierung und Ausführung zu Programm ARRAY3:

```
PROGRAM ARRAY3;
  {Array-Konstanten mit Elementtyp STRING bzw. REAL, Indextyp Aufzaehlung}

TYPE
  WURST =       (MORTADELLA,SALAMI,KRAKAUER,LEBERWURST,SCHINKEN,METTWURST,
                FLEISCHWURST,BLUTWURST);
CONST
  NAME:         ARRAY[MORTADELLA..BLUTWURST] OF STRING[15] =
                ('Mortadella','Salami','Krakauer','Leberwurst','Schinken',
                'Mettwurst','Fleischwurst','Blutwurst');
  ALTPREIS:     ARRAY[MORTADELLA..BLUTWURST] OF REAL =
                (17, 32.5, 13.3, 14.5, 36.5, 17, 8.2, 9.9);
  ERHOEHUNG = 0.03;  {Erhoehung um 3%}

VAR
  NEUPREIS:     ARRAY[MORTADELLA..BLUTWURST] OF REAL;
  I:            WURST;

BEGIN
  WRITELN('Preiserhoehung um jeweils 3%:');
  WRITELN('              alter Preis:  neuer Preis:');
  FOR I := MORTADELLA TO BLUTWURST DO
    BEGIN
      NEUPREIS[I] := ALTPREIS[I] + ALTPREIS[I] * ERHOEHUNG;
      WRITELN(NAME[I],'':15-LENGTH(NAME[I]),ALTPREIS[I]:5:2,NEUPREIS[I]:13:2);
    END;
END.
```

```
  Preiserhoehung um jeweils 3%:
              alter Preis:  neuer Preis:
Mortadella      17.00        17.51
Salami          32.50        33.47
Krakauer        13.30        13.70
Leberwurst      14.50        14.93
Schinken        36.50        37.59
Mettwurst       17.00        17.51
Fleischwurst     8.20         8.45
Blutwurst        9.90        10.20
```

Programmverzeichnis

Alle in diesem Buch dargestellten Programme sind auf Disketten in den Formaten 3.0", 3.5" sowie 5.25" als Textfiles gespeichert und können unter CP/M, MS-DOS bzw. MSX-DOS ausgeführt werden.
Die Disketten können vom Verlag über die dem Buch beiliegende Anforderungskarte bestellt werden.

An den "Turbo Pascal-Wegweiser G r u n d k u r s " knüpft der "Turbo Pascal-Wegweiser A u f b a u k u r s " unmittelbar an. Auch zu diesem Buch sind Disketten erhältlich.

Sachwortverzeichnis